Curso

*La diferencia entre aprobar
y sacar plaza*

Auxiliar Administrativo/a

AYUNTAMIENTO DE GUADARRAMA

Accede a tu **Curso MAD360** y disfruta de los siguientes recursos:

AF277947

- Técnicas de Memoria 360.
- MADTEST: Test nivel PRO.
- Temario en formato digital.
- Vídeos.
- Esquemas.
- Planificación de estudio.
- Foro entre opositores hasta la fecha del examen.*
- Recursos y novedades exclusivas.
- Consulta sobre la oposición y el proceso selectivo.
- Actualizaciones legislativas (Boletines Oficiales) hasta 60 días antes de la fecha del examen.*

Para acceder al Curso MAD360** será necesaria la compra de todos los libros para esta especialidad de la edición 2024.

Valida los códigos que encuentras en la última página de tus libros y disfruta de la experiencia MAD360.

Infórmate en: mad.es/registro-campus

NOTA IMPORTANTE:

* Examen de esta categoría profesional correspondiente a la convocatoria publicada en el BOE n.º 68, de 18 de marzo de 2024, o hasta el 30 de junio del 2025, lo que se cumpla antes.

** El acceso al CURSO MAD360 estará disponible desde mayo de 2024 (algunos recursos podrían estar disponibles en fecha posterior). Tendrá una duración de 365 días, desde la validación de códigos, o hasta el 31 de diciembre del 2025, lo que se cumpla antes.

MAD se reserva el derecho a ampliar dichas fechas.

Auxiliar Administrativo/a del Ayuntamiento de Guadarrama

Mayo, 2024

0209-01 X-0-0-0524

Auxiliar Administrativo/a del Ayuntamiento de Guadarrama

Test del temario

Autores

FRANCISCO JESÚS TORRES FONSECA
Licenciada en Derecho

ELENA GARCÍA FERNÁNDEZ
Licenciada en Derecho

RAFAEL MUÑOZ COLLADO
Técnico de Administración General

SERGIO JIMENO MOLINS
Ingeniero Superior en Telecomunicaciones
Profesor de Educación Secundaria Obligatoria y Bachillerato

CARLOS TOJEIRO ALCALÁ
Ingeniero Informático
Titulado MCP de Microsoft

© 7 Editores Recursos para la Cualificación Profesional y el Empleo, S.L. (7 Editores)
© Los autores
Primera edición, mayo 2024 (368 páginas)
Derechos de edición reservados a favor de 7 Editores
IMPRESO EN ESPAÑA
Diseño Portada: 7 Editores
Edita: 7 Editores
Avda. San Francisco Javier, 9 · Edificio Sevilla 2 · Planta 11 · Módulos 25-27 · 41018 Sevilla
Teléfono: 954 784 411 · WEB: www.mad.es · e-mail: administracion@7editores.com
ISBN: 978-84-142-8173-4
© "Editorial Mad" y "Eduforma" son nombres comerciales registrados de
7 Editores Recursos para la Cualificación Profesional y el Empleo, S.L.

Queda rigurosamente prohibida la reproducción total o parcial de esta obra por cualquier medio
o procedimiento sin la autorización por escrito del editor.

Índice

BLOQUE II

BLOQUE I

TEST N.º 1

La Constitución española de 1978. Principios generales. Los Derechos y Deberes fundamentales. Las libertades públicas. La Corona. Las Cortes Generales: Funciones y régimen de funcionamiento

1. ¿En qué se fundamenta la Constitución Española?

a) En un Estado social y democrático de Derecho.
b) En la indisoluble unidad de la Nación española.
c) En la independencia de los poderes del Estado.
d) En la organización territorial del Estado.

2. Según el artículo 3 de la CE, el castellano es la lengua oficial del Estado y todos los españoles:

a) Tienen el deber de usar y el derecho de conocer el castellano.
b) Tienen el derecho y el deber de conocer el castellano.
c) Tienen el deber de conocer y el derecho de usar el castellano.
d) Tienen el derecho de conocer y usar el castellano.

3. La Constitución Española reconoce y garantiza el derecho a la autonomía:

a) De las nacionalidades que la integran.
b) De las regiones que la integran.
c) De las Comunidades Autónomas que la integran.
d) De las nacionalidades y regiones que la integran.

4. El Preámbulo de la Constitución:

a) Tiene en sí carácter de norma jurídica.
b) Es una declaración de intenciones, destinada a interpretar lo que se quiere alcanzar con el contenido normativo de la Constitución.
c) Se trata de un texto sin fuerza jurídica de obligar.
d) Las respuestas b) y c) son correctas.

5. Señala la respuesta correcta, respecto de la aprobación, ratificación y publicación de la Constitución Española:

a) Aprobada por las Cortes el 31 de octubre de 1978, ratificada por el pueblo en referéndum el 6 de diciembre de 1978 y publicada el 29 de diciembre de 1978.
b) Aprobada por las Cortes el 30 de octubre de 1978, ratificada por el pueblo en referéndum el 16 de diciembre de 1978 y publicada el 27 de diciembre de 1978.
c) Aprobada por las Cortes el 31 de octubre de 1978, ratificada por el pueblo en referéndum el 16 de diciembre de 1978 y publicada el 29 de diciembre de 1978.
d) Aprobada por las Cortes el 10 de octubre de 1978, ratificada por el pueblo en referéndum el 26 de diciembre de 1978 y publicada el 30 de diciembre de 1978.

6. ¿En qué parte de la Carta Magna se establece la exposición de motivos que impulsan la norma constitucional y los objetivos que con ella se pretenden alcanzar?

a) En el Título Preliminar.
b) En el Preámbulo.
c) En el Título I.
d) En el Título II.

7. La Constitución Española fue sancionada por:

a) El Rey.
b) El Presidente del Congreso.
c) Las Cortes Generales.
d) El Presidente del Gobierno.

8. ¿Cuáles de los siguientes españoles de origen pueden ser privados de su nacionalidad?

a) Exclusivamente los miembros de grupos terroristas.
b) Los miembros de grupos terroristas y los que atenten contra el Rey u otro miembro de la Casa Real.
c) Los que atenten contra un miembro de la Familia Real o del Gobierno de la Nación.
d) Ningún español de origen podrá ser privado de su nacionalidad.

9. Según la CE son fundamentos del orden político y la paz social:

a) La dignidad de la persona, los derechos violables que les son inherentes y el respeto a la ley.
b) La dignidad de la persona, el desarrollo limitado de la personalidad y el respeto a la ley.
c) El respeto a la ley, a los reglamentos administrativos y demás disposiciones legales.
d) La dignidad de la persona, los derechos inviolables que le son inherentes, el libre desarrollo de su personalidad, el respeto a la ley y a los derechos de los demás.

10. ¿Cuál de los siguientes es considerado por la CE como uno de los valores superiores del ordenamiento jurídico?

a) La jerarquía normativa.
b) El pluralismo político.
c) La publicidad normativa.
d) La equidad.

11. La forma política del Estado español es:

a) Democracia parlamentaria.
b) Gobierno parlamentario.
c) Monarquía parlamentaria.
d) República democrática.

12. La parte de la CE que regula la estructura de los principales órganos del Estado recibe el nombre de:

a) Parte dogmática.
b) Parte orgánica.
c) Parte estatal.
d) Parte estructural.

13. Según la CE, la soberanía nacional:

a) Corresponde a las Cortes Generales, al estar compuestas por los representantes del pueblo.
b) Corresponde al Rey.
c) Reside en el pueblo español.
d) Corresponde al Gobierno de la Nación elegido directamente por el pueblo.

14. ¿En qué parte de la Carta Magna se señalan los valores superiores del ordenamiento jurídico?

a) En el Preámbulo.
b) En el Título Preliminar.
c) En el Título I.
d) Ninguna respuesta es correcta.

15. ¿Cuál de las siguientes es una de las características de nuestra Constitución de 1978?

a) Consensuada.
b) Corta.
c) Conservadora.
d) Originalidad.

16. Son el fundamento del orden político y de la paz social:

a) El libre desarrollo de la personalidad.
b) Los derechos inviolables que les son inherentes.
c) El respeto a la ley y a los derechos de los demás.
d) Todas las respuestas son correctas.

17. ¿Qué quedará excluido de extradición?

a) Los delitos criminales.
b) Los delitos políticos.
c) Los actos de terrorismo.
d) Ninguno.

18. ¿Qué debe ser democrático, a tenor de lo dispuesto en la Constitución Española, en los sindicatos de trabajadores y las asociaciones empresariales?

a) Su funcionamiento.
b) Su estructura interna.
c) Su funcionamiento y estructura interna.
d) Sus órganos asamblearios.

19. ¿De cuántos Capítulos consta el Título I de la CE de 1978?

a) De tres.
b) De cinco.
c) De dos.
d) De cuatro.

20. El principio en virtud del cual un Reglamento no puede contradecir una ley es el de:

a) Legalidad.
b) Jerarquía normativa.
c) Las respuestas a) y b) son correctas.
d) Seguridad jurídica.

21. Según la Constitución, una norma que imponga una nueva pena más leve para un delito:

a) No se aplica retroactivamente.
b) Puede aplicarse retroactivamente.
c) Ha de ser reglamentaria.
d) Atenta contra el principio de legalidad penal si se aplica retroactivamente.

22. Todos los españoles, respecto al castellano, tienen el:

a) Derecho-deber de conocerlo.
b) Derecho de usar y deber de conocerlo.
c) Derecho-deber de usarlo.
d) Nada de lo anterior.

23. La capital del Estado en España es:

a) La propia de cada Comunidad Autónoma.
b) La villa de Madrid.
c) Aquella donde se establezca en cada momento el Gobierno de la Nación.
d) Aquella en la que resida generalmente el Rey.

24. El Título de la Constitución que trata de la reforma constitucional es el:

a) Primero.
b) Décimo.
c) Noveno.
d) Undécimo.

25. Los principios rectores de la política social y económica se regulan en el siguiente Capítulo y Título de la Constitución:

a) Segundo del Primero.
b) Tercero del Primero.
c) Tercero del Preliminar.
d) Primero del Séptimo.

26. La justicia, según nuestra Constitución, es un/una:

a) Principio de nuestro ordenamiento jurídico.
b) Valor superior del anterior.
c) Manifestación del Estado democrático.
d) Todo lo anterior.

27. Un español de origen puede perder esta nacionalidad:

a) Por sanción administrativa.
b) Cuando libremente renuncie a la misma.
c) Por condena penal.
d) En ningún caso.

28. Constituye el fundamento del orden público y de la paz social, según la Constitución, el/la/los:

a) Derechos inviolables inherentes a la persona.
b) Estado social y democrático de Derecho.
c) Seguridad jurídica.
d) Justicia.

29. Las Comunidades Autónomas deben usar o instalar la bandera española:

a) En sus edificios.
b) En los actos oficiales.
c) Cuando lo solicite el Delegado del Gobierno de la Nación en las mismas.
d) Cuando lo estimen oportuno.

30. Deben tener una estructura interna y un funcionamiento democrático los/las:

a) Partidos Políticos.
b) Colegios Profesionales.
c) Organizaciones Profesionales.
d) Todos ellos.

31. La defensa de la integridad territorial de España se atribuye por la Constitución a/al/a las:

a) Fuerzas y Cuerpos de Seguridad.
b) Fuerzas Armadas.
c) Gobierno de la Nación.
d) Todas las anteriores.

32. El Título de la Constitución que trata de las relaciones entre el Gobierno y las Cortes Generales es el:

a) Cuarto.
b) Quinto.
c) Sexto.
d) Tercero.

33. La Constitución entró en vigor:

a) Al día siguiente de su publicación en el Boletín Oficial del Estado.
b) El 27 de diciembre de 1978.
c) El 29 de diciembre de 1978.
d) Al ser aprobada en la sesión conjunta por el Congreso de los Diputados y el Senado.

34. ¿En qué fecha aprobaron las Cortes Generales la Constitución Española?

a) El 31 de octubre de 1978.
b) El 6 de diciembre de 1978.
c) El 27 de diciembre de 1978.
d) El 29 de diciembre de 1978.

35. ¿Cuál de las siguientes no es una característica de la Carta Magna?

a) Su rigidez.
b) El establecimiento, como forma política del Estado, de la monarquía hereditaria.
c) Su codificación en un solo texto.
d) Su extensión.

36. ¿De cuántos artículos consta la Constitución Española de 1978?

a) De 154.
b) De 163.
c) De 169.
d) De 171.

37. ¿Cuál de los siguientes no es uno de los valores superiores de nuestro ordenamiento jurídico?

a) El pluralismo político.
b) La solidaridad.
c) La libertad.
d) La igualdad.

38. A tenor del artículo 11 de la Constitución, los españoles de origen podrán ser privados de su nacionalidad:

a) Cuando así lo determinen las leyes.
b) Cuando entren al servicio de las armas de un país extranjero.
c) Cuando así lo apruebe el Consejo de Ministros.
d) En ningún caso un español de origen podrá ser privado de su nacionalidad.

39. Las Cortes Generales, ¿en qué Título de nuestra Constitución se recogen?

a) En el Título II.
b) En el Título III.
c) En el Título IV.
d) En el Título VI.

40. Según la Disposición Final de nuestra Constitución, esta entrará en vigor:

a) Al día siguiente de su publicación en el Boletín Oficial del Estado.
b) A los veinte días de la publicación de su texto oficial en el Boletín Oficial del Estado.
c) El mismo día de la publicación de su texto oficial en el Boletín Oficial del Estado.
d) Al año de la publicación de su texto oficial en el Boletín Oficial del Estado.

41. El derecho a la propiedad en nuestra Constitución es un Derecho:

a) Inherente a la condición humana.
b) Absoluto.
c) Que está limitado por la función social de la misma.
d) Ninguna de las respuestas anteriores es correcta.

42. Dispone la Carta Magna que todos contribuirán al sostenimiento de los gastos públicos de acuerdo con su capacidad económica mediante un sistema tributario justo inspirado en los principios de:

a) Legalidad y equidad.
b) Igualdad y progresividad.
c) Publicidad y legalidad.
d) Eficacia y sostenibilidad.

43. En virtud del principio de progresividad tributaria:

a) Se implantarán paulatinamente cada vez mayores tributos.
b) Los tipos impositivos serán regresivos.
c) Prima el principio de igualdad en el pago de los tributos.
d) Nada de lo expuesto es cierto.

44. Según la Constitución, el Estado es:

a) Apolítico.
b) Aconfesional.
c) De bienestar social.
d) Federal.

45. El derecho a la vida se consagra en el siguiente artículo de la Constitución:

a) 10.
b) 16.
c) 15.
d) 24.

46. La pena de muerte en España:

a) Ha quedado abolida.
b) Puede aplicarse en cualquier momento.
c) Solo se aplicará, en tiempo de guerra, a los militares.
d) Rige solo en el ámbito civil.

47. La inmediata puesta a disposición judicial derivada del *habeas corpus*, se produce por:

a) Detención ilegal.
b) Prisión ilegal.
c) Prisión preventiva.
d) Detención preventiva.

48. El proceso en el que se enjuicie a un presunto delincuente debe:

a) Ser sumario.
b) No dilatarse.
c) Entorpecer los instrumentos probatorios.
d) Nada de lo anterior es cierto.

49. La entrada en un domicilio en caso de flagrante delito, sin autorización de su titular:

a) Puede dar lugar a la aplicación del habeas corpus.
b) Requiere autorización previa de la autoridad judicial.
c) Puede efectuarse en todo momento.
d) No puede realizarse en momento alguno.

50. Cuando, al conocerse la comisión de un delito por una persona, se acude a su domicilio para detenerla:

a) Está obligada a franquear la entrada.
b) Se necesitará autorización judicial para entrar, si no da su consentimiento para ello.
c) Pese a que no dé su consentimiento, se puede entrar.
d) Nada de lo anterior es correcto.

51. La autorización previa para celebrar una manifestación pública:

a) La da el Subdelegado del Gobierno en la Provincia.
b) Es ineludible.
c) Sería inconstitucional.
d) Se da cuando no se prevean alteraciones al orden público, con peligro para personas o bienes.

52. El tipo de sufragio que consagra la Constitución es el:

a) Proporcional.
b) Universal.
c) Censitario.
d) Las respuestas a) y b) son correctas.

53. Además de la no autoinculpación, la Constitución prevé que no se está obligado a declarar sobre un hecho presuntamente delictivo en caso de:

a) Parentesco y afinidad.
b) Cláusula de conciencia.
c) Secreto profesional.
d) Las respuestas a) y b) son correctas.

54. Los Tribunales de Honor están prohibidos respecto de los/la/las:

a) Sindicatos y Organizaciones Profesionales.
b) Administración Civil y Militar.
c) Organizaciones Profesionales y la Administración Civil.
d) Todas las respuestas anteriores son correctas.

55. ¿En qué artículos de nuestra CE se recogen los derechos fundamentales y de las libertades públicas?

a) En los artículos 10 a 43.
b) En los artículos 25 a 38.
c) En los artículos 31 a 45.
d) En los artículos 15 a 29.

56. La fundación de una Internacional Sindical por un sindicato español:

a) Es libre.
b) Está prohibida.
c) Debe plasmarse en un Tratado Internacional.
d) Nada de lo anterior es cierto.

57. El ejercicio del derecho de petición a través de una manifestación ciudadana:

a) No se admite.
b) Se admite en algún caso.
c) Se admite, salvo para los militares.
d) Ni se admite ni se prohíbe.

58. Nuestro sistema tributario ha de ser:

a) Regresivo e igualitario.
b) Progresivo y generalizado.
c) Confiscatorio.
d) Justo y regresivo.

59. Las Fundaciones son:

a) Entidades constituidas para fines de interés general.
b) Administración Corporativa.
c) Entidades privadas con fines de carácter también privado.
d) Asociaciones de personas para conseguir fines de interés general.

60. La asistencia de todo orden a los hijos habidos extraconyugalmente:

a) No está prevista en la Constitución.
b) Es un deber de los padres.
c) Se dispensará por Instituciones de Beneficencia.
d) Se dispensa solo a los que de ellos tengan discapacidad.

61. La especulación urbanística, según la Constitución:

a) Debe evitarse.
b) Está permitida.
c) Genera plusvalías para la colectividad.
d) Pueden hacerla los poderes públicos.

62. No es susceptible de recurso de amparo el derecho a la/de:

a) Sindicación.
b) Investigación científica.
c) Secreto de las comunicaciones.
d) Lo son todos ellos.

63. No es susceptible de recurso de amparo el derecho de:

a) Libertad de cátedra.
b) Negociación colectiva.
c) Manifestación.
d) Huelga.

64. Es susceptible de recurso de amparo el derecho a la/de:

a) Libre sindicación.
b) Petición.

c) Cláusula de conciencia.
d) Lo están todos ellos.

65. Una vez declarado el estado de excepción no se puede suspender el derecho/ libertad de:

a) Huelga.
b) Enseñanza.
c) Adopción de medidas de conflicto colectivo.
d) Libertad de circulación.

66. Durante el estado de excepción, un detenido conserva el derecho de/a:

a) Setenta y dos horas para ser puesto a disposición judicial.
b) Secreto de comunicaciones.
c) Asistencia de Letrado.
d) Ninguno de ellos.

67. Se puede suspender, con motivo de investigaciones relativas a bandas armadas, el derecho de:

a) Huelga.
b) Inviolabilidad del domicilio.
c) Libertad de circulación.
d) Las respuestas b) y c) son correctas.

68. Nuestra Constitución trata de los derechos y deberes fundamentales de los españoles en su Título I, denominado:

a) De los derechos y deberes fundamentales.
b) De los deberes de los españoles.
c) De los derechos de los españoles.
d) De los derechos y deberes principales de los españoles.

69. Señala la respuesta correcta:

a) El Congreso de los Diputados es la Cámara de representación territorial.
b) Las poblaciones de Ceuta y Melilla elegirán cada una de ellas un Senador.
c) Son electores y elegibles todos los españoles que estén en pleno uso de sus derechos políticos.
d) El art. 68 de la Carta Magna dispone que el Congreso se compone de un mínimo de 350 y un máximo de 400 Diputados.

70. La asunción de funciones constitucionales por la Reina consorte:

a) Está prevista como regla general.
b) Depende de la voluntad del Rey.

c) Está prohibida.
d) Está limitada.

71. La tutoría del Rey puede recaer en:

a) Cualquier persona nombrada por las Cortes Generales, en su caso.
b) Sus hijos.
c) Una, tres o cinco personas.
d) Nada de lo anterior es cierto.

72. Una hija del Príncipe de Asturias ostentará este tratamiento:

a) Cuando su padre acceda a la condición de Rey, si es la primogénita, aunque tenga hermanos varones.
b) Al morir su padre.
c) Al acceder a Rey su padre, si no tiene hermano varón.
d) Cuando delegue en ella el propio Príncipe.

73. La Regencia se ejerce:

a) Por mandato del Rey.
b) En nombre de este.
c) Por mandato constitucional.
d) Las respuestas b) y c) son correctas.

74. La dirección de la defensa del Estado es competencia genuina del/de las:

a) Rey.
b) Fuerzas Armadas.
c) Gobierno de la Nación.
d) Todos ellos.

75. El refrendo de los actos del Rey está íntimamente relacionado con:

a) Su irresponsabilidad política.
b) Su inhabilitación.
c) La Regencia.
d) Sus poderes discrecionales.

76. En caso de que el Rey sea menor de edad:

a) No tomará posesión de su cargo hasta su mayoría de edad.
b) Ejercerá la Regencia el Príncipe heredero.
c) Ejercerá la Regencia su cónyuge.
d) Nada de lo anterior es cierto.

77. Si el Príncipe heredero tuviera descendientes y renunciara a sus derechos al trono:

a) Su cónyuge ejercería la Regencia hasta que su primogénito varón fuere mayor de edad.
b) Su cónyuge ejercería la Regencia hasta que dicho primogénito fuera proclamado Rey.
c) Se nombraría Princesa heredera a su hermana mayor, si la hubiere.
d) Nada de lo anterior es cierto.

78. La presidencia por el Rey de las reuniones del Consejo de Ministros:

a) Se permite solo respecto de las decisorias.
b) Ha de efectuarse a petición del Presidente del Gobierno de la Nación.
c) Está prevista constitucionalmente para dirigir la Administración Civil y Militar.
d) Las respuestas a) y b) son ciertas.

79. El juramento lo prestará el Rey ante el/las:

a) Cortes Generales.
b) Gobierno de la Nación.
c) Miembros de la Familia Real.
d) Pueblo español.

80. Si se agotan todas las líneas llamadas a la sucesión en la Corona de España, se:

a) Nombran Regentes.
b) Proveerá a la sucesión en la Corona por las Cortes Generales.
c) Proclama la República.
d) Establece una Dictadura.

81. La inhabilitación del Rey se reconoce por el/los/las:

a) Gobierno de la Nación.
b) Congreso de los Diputados.
c) Cortes Generales.
d) Tres Poderes constitucionales.

82. El Regente nombrado en defecto de padre, madre, pariente mayor de edad o Príncipe heredero mayor de edad se designa por el/las:

a) Propio Rey.
b) Cortes Generales.
c) Congreso de los Diputados.
d) Consejo de Regencia.

83. El número mínimo de Diputados previstos para el Congreso de los Diputados es de:

a) 250.
b) 300.
c) 400.
d) 350.

84. No es incompatible para ser elegido Diputado del Congreso de los Diputados un:

a) Militar en activo.
b) Miembro de una Junta Electoral.
c) Juez.
d) Ministro.

85. La Palma elige los siguientes Senadores:

a) Ninguno.
b) Dos.
c) Uno.
d) Cuatro.

86. La declaración del estado de sitio debe hacerla el/las:

a) Gobierno de la Nación.
b) Rey.
c) Congreso de los Diputados.
d) Presidente del Gobierno de la Nación.

87. El Presidente de la Diputación Permanente del Congreso de los Diputados es el:

a) Del partido mayoritario.
b) Portavoz del partido con mayor número de escaños.
c) Presidente de la Cámara.
d) Elegido por los Portavoces de los Grupos Parlamentarios.

88. El mínimo de miembros integrantes de una Comisión de Investigación según el artículo 76 de la Constitución es de:

a) Veintiuno.
b) Mayoría simple.
c) Mayoría absoluta.
d) No se establece.

89. No puede solicitar la celebración de una sesión extraordinaria de las Cortes Generales el/la:

a) Mayoría absoluta de sus miembros.
b) Diputación Permanente de ellas.
c) Mesa de cada Cámara.
d) Gobierno de la Nación.

90. El primer período de sesiones de las Cámaras concluye, según la Constitución:

a) Al finalizar su mandato.
b) En enero.
c) En diciembre.
d) En junio.

91. No puede delegarse en una Comisión Legislativa Permanente la posibilidad de aprobar una Ley:

a) Tributaria.
b) De funcionarios públicos.
c) Orgánica.
d) Las respuestas a) y c) son correctas.

92. ¿Quién proveerá a la sucesión en la Corona en la forma que más convenga a los intereses de España cuando estén extinguidas todas las líneas llamadas en Derecho?

a) El Presidente del Gobierno.
b) El Senado.
c) El Congreso de los Diputados.
d) Las Cortes Generales.

93. Si no hubiere ninguna persona a quien corresponda la Regencia, esta será nombrada por las Cortes Generales, y se compondrá de:

a) Una única persona.
b) Una o dos personas.
c) Una, tres o cinco personas.
d) De tres a seis personas.

94. ¿De qué plazo dispone el Rey para sancionar las leyes aprobadas por las Cortes Generales?

a) Lo más rápido posible, con un máximo de 48 horas.
b) Un semana.

c) Quince días.
d) Un mes.

95. ¿Por cuántos Diputados estarán representadas las poblaciones de Ceuta y Melilla?

a) Cada una de ellas por un Diputado.
b) Cada una de ellas por dos Diputados.
c) Ceuta por dos y Melilla por uno.
d) Melilla por dos Diputados y Ceuta por uno solo.

96. Señala la respuesta incorrecta respecto al Senado:

a) Las poblaciones de Ceuta y Melilla elegirán cada una de ellas dos Senadores.
b) En cada Provincia se elegirán cuatro Senadores por sufragio universal, libre, igual, directo y secreto por los votantes de cada una de ellas.
c) El Senado es la Cámara de representación territorial.
d) Las Comunidades Autónomas designarán, además, un Senador y otro más por cada medio millón de habitantes de su respectivo territorio.

97. ¿Qué Título de nuestra CE se dedica a la Corona?

a) El Título III.
b) El Título IV.
c) El Título I.
d) El Título II.

98. ¿Con qué norma se restauró el sistema bicameral en España?

a) Con la Constitución de la I República.
b) Con la Ley 1/1977, de 4 de enero, para la Reforma Política.
c) Con la Ley 5/1981, de 3 de mayo, para la Reforma Constitucional.
d) Con la Constitución de 1978.

99. ¿Qué potestad/es ejercen las Cortes Generales?

a) La potestad ejecutiva del Estado.
b) La potestad legislativa y ejecutiva del Estado.
c) La potestad reglamentaria del Estado.
d) La potestad legislativa del Estado.

100. Las Cámaras pueden recibir peticiones:

a) Individuales y colectivas, siempre por escrito.
b) Individuales y colectivas, excepcionalmente por escrito.
c) Solo individuales pero siempre por escrito.
d) Solo colectivas, pero nunca por escrito.

Solución al test n.º 1

1. b) En la indisoluble unidad de la Nación española.

2. c) Tienen el deber de conocer y el derecho de usar el castellano.

3. d) De las nacionalidades y regiones que la integran.

4. d) Las respuestas b) y c) son correctas.

5. a) Aprobada por las Cortes el 31 de octubre de 1978, ratificada por el pueblo en referéndum el 6 de diciembre de 1978 y publicada el 29 de diciembre de 1978.

6. b) En el Preámbulo.

7. a) El Rey.

8. d) Ningún español de origen podrá ser privado de su nacionalidad.

9. d) La dignidad de la persona, los derechos inviolables que le son inherentes, el libre desarrollo de su personalidad, el respeto a la ley y a los derechos de los demás.

10. b) El pluralismo político.

11. c) Monarquía parlamentaria.

12. b) Parte orgánica.

13. c) Reside en el pueblo español.

14. b) En el Título Preliminar.

15. a) Consensuada.

16. d) Todas las respuestas son correctas.

17. b) Los delitos políticos.

18. c) Su funcionamiento y estructura interna.

19. b) De cinco.

20. c) Las respuestas a) y b) son correctas.

21. b) Puede aplicarse retroactivamente.

22. b) Derecho de usar y deber de conocerlo.

23. b) La villa de Madrid.

24. b) Décimo.

25. b) Tercero del Primero.

26. b) Valor superior del anterior.

27. b) Cuando libremente renuncie a la misma.

28. a) Derechos inviolables inherentes a la persona.

29. b) En los actos oficiales.

30. d) Todos ellos.

31. b) Fuerzas Armadas.

32. b) Quinto.

33. c) El 29 de diciembre de 1978.

34. a) El 31 de octubre de 1978.

35. b) El establecimiento, como forma política del Estado, de la monarquía hereditaria.

36. c) De 169.

37. b) La solidaridad.

38. d) En ningún caso un español de origen podrá ser privado de su nacionalidad.

39. b) En el Título III.

40. c) El mismo día de la publicación de su texto oficial en el Boletín Oficial del Estado.

41. c) Que está limitado por la función social de la misma.

42. b) Igualdad y progresividad.

43. d) Nada de lo expuesto es cierto.

44. b) Aconfesional.

45. c) 15.

46. a) Ha quedado abolida.

47. a) Detención ilegal.

48. b) No dilatarse.

49. c) Puede efectuarse en todo momento.

50. b) Se necesitará autorización judicial para entrar, si no da su consentimiento para ello.

51. c) Sería inconstitucional.

52. b) Universal.

53. c) Secreto profesional.

54. c) Organizaciones Profesionales y la Administración Civil.

55. d) En los artículos 15 a 29.

56. a) Es libre.

57. a) No se admite.

58. b) Progresivo y generalizado.

59. a) Entidades constituidas para fines de interés general.

60. b) Es un deber de los padres.

61. a) Debe evitarse.

62. b) Investigación científica.

63. b) Negociación colectiva.

64. d) Lo están todos ellos.

65. b) Enseñanza.

66. c) Asistencia de Letrado.

67. b) Inviolabilidad del domicilio.

68. a) De los derechos y deberes fundamentales.

69. c) Son electores y elegibles todos los españoles que estén en pleno uso de sus derechos políticos.

70. d) Está limitada.

71. a) Cualquier persona nombrada por las Cortes, en su caso.

72. c) Al acceder a Rey su padre, si no tiene hermano varón.

73. d) Las respuestas b) y c) son correctas.

74. c) Gobierno de la Nación.

75. a) Su irresponsabilidad política.

76. d) Nada de lo anterior es cierto.

77. c) Se nombraría Princesa heredera a su hermana mayor, si la hubiere.

78. b) Ha de efectuarse a petición del Presidente del Gobierno de la Nación.

79. a) Cortes Generales.

80. b) Proveerá a la sucesión en la Corona por las Cortes Generales.

81. c) Cortes Generales.

82. b) Cortes Generales.

83. b) 300.

84. d) Ministro.

85. c) Uno.

86. c) Congreso de los Diputados.

87. c) Presidente de la Cámara.

88. d) No se establece comunicado al Ministerio Fiscal para el ejercicio, cuando proceda, de las acciones oportunas.

89. c) Mesa de cada Cámara se sobre un orden del día determinado y serán clausuradas una vez que este haya sido agotado.

90. c) En diciembre.

91. c) Orgánica.

92. d) Las Cortes Generales.

93. c) Una, tres o cinco personas.

94. c) Quince días.

95. a) Cada una de ellas por un Diputado.

96. d) Las Comunidades Autónomas designarán, además, un Senador y otro más por cada medio millón de habitantes de su respectivo territorio.

97. d) El Título II.

98. b) Con la Ley 1/1977, de 4 de enero, para la Reforma Política.

99. d) La potestad legislativa del Estado.

100. a) Individuales y colectivas, siempre por escrito.

TEST N.º 2

El Poder Ejecutivo: composición y funciones.
El Gobierno y la Administración

1. En caso de que prospere una moción de censura contra el Gobierno:

a) Cesará al mes de la propuesta.
b) Cesará a los diez días de la propuesta.
c) Cesa únicamente el Presidente del Gobierno.
d) Ninguna es correcta.

2. Para poder ser admitida una moción de censura, la misma deberá ser propuesta, al menos, por:

a) Dos grupos parlamentarios.
b) 35 Diputados.
c) Tres quintos de la Cámara.
d) Un 15%

3. Indica la opción correcta, respecto de la moción de censura:

a) La moción de censura no podrá ser votada hasta que transcurran cinco días desde su presentación.
b) En los dos primeros días de dicho plazo no podrán presentarse mociones alternativas.
c) Si la moción de censura no fuere aprobada por el Congreso, sus signatarios podrán presentar otra durante el mismo período de sesiones.
d) Todas son correctas.

4. La cuestión de confianza es planteada por:

a) Al menos la décima parte de los Diputados.
b) La mayoría de los Diputados.
c) El Presidente del Gobierno.
d) Ninguna es correcta.

5. La confianza del Congreso se entiende otorgada al Presidente del Gobierno por:

a) Mayoría simple.
b) Mayoría absoluta.
c) Mayoría de los 3/5.
d) Mayoría de 2/3.

6. El Gobierno responde de su gestión política:

a) Solidariamente ante las Cortes Generales.
b) Solidariamente ante el Senado.
c) Solidariamente ante el Congreso.
d) Ninguna es correcta.

7. La responsabilidad política del Gobierno le es exigida por el Congreso mediante:

a) La moción de censura.
b) La cuestión de confianza.
c) Interpelaciones.
d) Cualquiera de ellas.

8. Entre las facultades del Presidente del Gobierno se encuentra:

a) La disolución de las Cortes Generales.
b) La propuesta de disolución de las Cortes.
c) La disolución del Consejo General del Poder Judicial.
d) Sancionar las leyes.

9. La responsabilidad del Gobierno ante el Congreso es de carácter:

a) Personal.
b) Individual.
c) Solidario.
d) Subsidiario.

10. ¿Los miembros del Gobierno pueden hablar en las Cámaras?

a) Nunca.
b) Siempre que lo deseen.
c) Sólo si son parlamentarios.
d) Sí, a propuesta del Presidente del Congreso.

11. ¿Toda interpelación al Gobierno podrá dar lugar a una moción?

a) Sí.
b) No, nunca.
c) Sólo en asuntos exteriores.
d) Ninguna es correcta.

12. ¿Quién nombra y separa a los miembros del Gobierno?

a) El Presidente del Congreso de los Diputados.
b) El Rey.
c) El Presidente del Gobierno.
d) El Rey, previa autorización del Presidente del Congreso,

13. ¿Qué plazo establece la Constitución entre una primera votación y una segunda para elegir candidato a Presidente del Gobierno?

a) 24 horas.
b) 48 horas.
c) 72 horas.
d) No estabelece ningún plazo.

14. En la segunda votación para elegir candidato a Presidente del Gobierno, ¿qué mayoría se necesita?

a) Absoluta.
b) Cualificada.
c) Simple.
d) 3/5.

15. En la primera votación para elegir candidato a Presidente del Gobierno, ¿qué mayoría se necesita?

a) Absoluta.
b) Cualificada.
c) Simple.
d) 2/3.

16. El acceso de los ciudadanos a los archivos y registros administrativos se regulará por ley:

a) En todos los casos.
b) En todos los casos salvo lo establecido por la Ley Orgánica que regula el Código Penal, 10/1995.
c) Salvo en lo que afecte a la seguridad y defensa del Estado, la averiguación de los delitos y la intimidad de las personas.
d) En ningún caso.

17. ¿Qué establece el artículo 103 de la Constitución Española?

a) El acceso de los ciudadanos a los archivos y registros administrativos.
b) La autonomía de las distintas Administraciones Públicas.
c) Los principios bajo los que actúa la Administración Pública.
d) Valores superiores de la Administración.

18. ¿A quién le corresponde ejercer la potestad reglamentaria de acuerdo con la Constitución y las leyes?

a) Al Congreso de los Diputados.
b) Al Senado.
c) Al Gobierno.
d) Al Presidente del Gobierno exclusivamente.

19. Declarado el estado de alarma:

a) Se dará cuenta al Consejo de Ministros, sin cuya autorización no podrá ser prorrogado el plazo inicial.
b) Se dará cuenta al Rey, sin cuya autorización no podrá ser prorrogado el plazo inicial de duración.
c) Se dará cuenta al Congreso de los Diputados, sin cuya autorización no podrá ser prorrogado dicho plazo.
d) Se dará cuenta al Congreso de los Diputados, siendo improrrogable el plazo inicialmente marcado para la duración del estado de alarma.

20. La moción de censura no podrá ser votada hasta que, desde su presentación, hayan transcurrido:

a) Cinco días.
b) Siete días.
c) Diez días.
d) Treinta días.

21. El ámbito territorial, duración y condiciones del estado de sitio serán determinados por:

a) Las Cortes Generales.
b) El Congreso.
c) El Rey.
d) El Gobierno.

22. El Estado de alarma:

a) Será declarado por el Gobierno mediante decreto acordado en Consejo de Ministros, previa autorización del Congreso de los Diputados.
b) Será declarado por el Gobierno mediante decreto acordado en Consejo de Ministros por un plazo máximo de quince días, dando cuenta al Congreso de los Diputados, reunido inmediatamente al efecto y sin cuya autorización no podrá ser prorrogado dicho plazo.

c) Será declarado por el Gobierno mediante decreto acordado en Consejo de Ministros por un plazo máximo de quince días, previa autorización del Congreso de los Diputados, reunido inmediatamente al efecto y sin cuya autorización no podrá ser prorrogado dicho plazo.

d) Será declarado por la mayoría absoluta del Congreso de los Diputados, a propuesta exclusiva del Gobierno.

23. ¿Qué mayoría es necesaria para que se entienda aprobada una moción de censura?

a) Mayoría simple.
b) Mayoría absoluta.
c) Mayoría de 2/3.
d) Mayoría de 1/3.

24. La responsabilidad solidaria del Gobierno de la Nación ante el Congreso de los Diputados es de carácter:

a) Judicial.
b) Administrativo.
c) Político.
d) De los tres tipos anteriores.

25. La responsabilidad del Gobierno de la Nación ante el Senado es:

a) Mancomunada.
b) Individual.
c) Solidaria.
d) Inexistente.

26. El tiempo mínimo previsto para interpelaciones en las Cortes Generales al Gobierno de la Nación es:

a) Semanal.
b) Trimestral.
c) Mensual.
d) En cada período de sesiones.

27. El pronunciamiento sobre la cuestión de confianza es competencia del/de las:

a) Congreso de los Diputados exclusivamente.
b) Senado cuando se plantee ante él.
c) Congreso de los Diputados y Senado.
d) Propio Gobierno de la Nación.

28. La cuestión de confianza se plantea por el:

a) Presidente del Gobierno de la Nación.
b) Gobierno de la Nación en sí.
c) Congreso de los Diputados.
d) Cualquier Ministro.

29. Respecto al planteamiento de la cuestión de confianza, el Consejo de Ministros:

a) Decide.
b) Debe dictaminarlo favorablemente.
c) Delibera.
d) No tiene nada que hacer.

30. Los signatarios de una moción de censura no pueden presentar otra en el/la:

a) Misma legislatura.
b) Mismo período de sesiones.
c) Ningún momento.
d) Misma Cámara.

31. La declaración del estado de alarma lo es por el/las:

a) Cortes Generales.
b) Gobierno de la Nación, por quince días.
c) Congreso de los Diputados, por treinta días.
d) Gobierno de la Nación, por treinta días prorrogables por el Congreso de los Diputados.

32. Para los supuestos de graves alteraciones de orden público está previsto declarar el estado de:

a) Excepción.
b) Sitio.
c) Alarma.
d) Ninguno de ellos.

33. La declaración del estado de sitio se realiza por el/las:

a) Congreso de los Diputados por mayoría absoluta.
b) Gobierno de la Nación, previa autorización del Congreso de los Diputados.
c) Cortes Generales.
d) Senado por mayoría simple, a propuesta del Gobierno de la Nación.

Solución al test n.º 2

1. d) Ninguna es correcta.

2. b) 35 Diputados.

3. a) La moción de censura no podrá ser votada hasta que transcurran cinco días desde su presentación.

4. c) El Presidente del Gobierno.

5. a) Mayoría simple.

6. c) Solidariamente ante el Congreso.

7. a) La moción de censura.

8. b) La propuesta de disolución de las Cortes.

9. c) Solidario.

10. b) Siempre que lo deseen.

11. a) Sí.

12. b) El Rey.

13. b) 48 horas.

14. c) Simple.

15. a) Absoluta.

16. c) Salvo en lo que afecte a la seguridad y defensa del Estado, la averiguación de los delitos y la intimidad de las personas.

17. c) Los principios bajo los que actúa la Administración Pública.

18. c) Al Gobierno.

19. c) Se dará cuenta al Congreso de los Diputados, sin cuya autorización no podrá ser prorrogado dicho plazo.

20. a) Cinco días.

21. b) El Congreso.

22. b) Será declarado por el Gobierno mediante decreto acordado en Consejo de Ministros por un plazo máximo de quince días, dando cuenta al Congreso de los Diputados, reunido inmediatamente al efecto y sin cuya autorización no podrá ser prorrogado dicho plazo.

23. b) Mayoría absoluta.

24. c) Político.

25. d) Inexistente.

26. a) Semanal.

27. a) Congreso de los Diputados exclusivamente.

28. a) Presidente del Gobierno de la Nación.

29. c) Delibera.

30. b) Mismo período de sesiones.

31. b) Gobierno de la Nación, por quince días.

32. a) Excepción.

33. a) Congreso de los Diputados por mayoría absoluta.

TEST N.º 3

El Poder Judicial. Regulación Constitucional de la Justicia. El Tribunal Constitucional. El Defensor del Pueblo

1. ¿Cuál de las siguientes no es una de las cuatro Salas que integran la Audiencia Nacional?

a) De lo Contencioso-Administrativo.
b) De lo Penal.
c) De lo Civil.
d) De Apelación.

2. ¿Cuál es la Sala Tercera del Tribunal Supremo?

a) De lo Contencioso-Administrativo.
b) De lo Social.
c) De lo Penal.
d) De lo Militar.

3. ¿Cuántos Vocales integran el Consejo General del Poder Judicial?

a) Diez.
b) Doce.
c) Quince.
d) Veinte.

4. ¿Cuál de los siguientes no es uno de los órganos del Consejo General del Poder Judicial?

a) La Comisión de Calificación.
b) La Comisión Permanente.
c) La Comisión Disciplinaria.
d) La Comisión de Igualdad.

5. ¿A quién corresponde ejercer la alta inspección de Tribunales, así como la supervisión y coordinación de la actividad inspectora ordinaria de los Presidentes y Salas de Gobierno de los Tribunales?

a) Al Tribunal Supremo.
b) Al Ministro de Justicia.
c) Al Consejo General del Poder Judicial.
d) Al Tribunal Constitucional.

6. La justicia se administra en nombre del:

a) Juez o Tribunal que la imparta.
b) Pueblo español.
c) Rey.
d) Justiciable.

7. El titular de la Justicia es el/los:

a) Poder Judicial.
b) Rey.
c) Pueblo soberano.
d) Jueces y Tribunales.

8. El artículo 117 de la Constitución no incluye como característica de los Jueces y Magistrados la:

a) Independencia.
b) Responsabilidad.
c) Inamovilidad.
d) Incluye a todas ellas.

9. La ejecución de lo juzgado es competencia genuina de la/los:

a) Juzgados y Tribunales.
b) Consejo General del Poder Judicial.
c) Policía Judicial.
d) Administración Pública.

10. Los supuestos de suspensión o movilidad de los Jueces deben estar establecidos en un/una/la:

a) Ley.
b) Reglamento.
c) Instrucción del Consejo General del Poder Judicial.
d) Constitución.

11. Según la Constitución, el procedimiento en el ámbito de la administración de justicia debe ser:

a) Gratuito siempre.
b) Predominantemente oral.
c) En audiencia pública.
d) Motivado.

12. La colaboración con los Jueces y Tribunales por los particulares es obligatoria:

a) En el proceso.
b) Antes del procesamiento.
c) Solo cuando no exista Policía Judicial.
d) En todo caso.

13. Los Jueces y Tribunales deben elevar al Tribunal Constitucional:

a) La cuestión de inconstitucionalidad.
b) El recurso de inconstitucionalidad.
c) La inconstitucionalidad de las normas reglamentarias.
d) Todo lo anterior.

14. Por funcionamiento anormal de la Administración de Justicia debe responder el/la:

a) Propia Administración.
b) Ministerio de Justicia solamente.
c) Estado.
d) Nadie.

15. La cúspide de la jurisdicción en España la ostenta el:

a) Consejo General del Poder Judicial.
b) Ministerio Fiscal.
c) Tribunal Constitucional.
d) Tribunal Supremo.

16. La misión de velar por la independencia de los Tribunales y procurar ante estos la satisfacción del interés social es propia del/de los:

a) Poder Judicial.
b) Consejo General del Poder Judicial.
c) Ministerio Fiscal.
d) Jueces y Tribunales.

17. El jurado no intervendrá en procesos:

a) De ningún tipo.
b) Penales.
c) Residenciados en Audiencias Provinciales.
d) Civiles.

18. El Jurado en los Tribunales consuetudinarios:

a) No existe.
b) Existe.
c) Ejerce la acción popular.
d) Se integra por Jueces y Magistrados.

19. La función del Jurado es:

a) Obligatoria y gratuita.
b) Incompatible en todo caso.
c) Remunerada y voluntaria.
d) Ninguna de las respuestas anteriores es correcta.

20. La existencia del Jurado en los Tribunales Superiores de Justicia:

a) Es posible.
b) No se va a dar.
c) Es su única sede.
d) Se admite en toda materia.

21. Un Policía Local actuará como Policía Judicial:

a) En todo caso.
b) Nunca.
c) Cuando se le requiera al efecto.
d) Previa autorización de su Alcalde.

22. La afiliación sindical de Jueces y Magistrados está:

a) Prohibida.
b) Permitida.
c) Legalizada.
d) Admitida, si media consentimiento del Consejo General del Poder Judicial.

23. A efectos judiciales no se constituye como división del Estado el/la:

a) Comunidad Autónoma.
b) Municipio.

c) Partido Judicial.
d) Lo son todos ellos.

24. El Partido Judicial se integra por:

a) Uno o más Municipios.
b) Un solo Municipio o Provincia.
c) Una o más Provincias.
d) Una Comunidad Autónoma.

25. No existe Tribunal Militar Territorial en:

a) Sevilla.
b) La Coruña.
c) Las Palmas.
d) Barcelona.

26. No existe Tribunal Militar Territorial en:

a) Sevilla.
b) Baleares.
c) Madrid.
d) Santa Cruz de Tenerife.

27. El segundo escalón de la Jurisdicción Militar lo constituye el/la/los:

a) Tribunal Militar Central.
b) Tribunales Militares Territoriales.
c) Juzgados Togados Militares.
d) Sala de lo Militar del Tribunal Supremo.

28. El órgano judicial que se establece a nivel de partidos judiciales es el Juzgado de:

a) Primera Instancia e Instrucción.
b) Lo Penal.
c) Paz.
d) Menores.

29. La instrucción de los sumarios de los que conoce la Sala de lo Penal de la Audiencia Nacional corresponde a la/los:

a) Propia Audiencia Nacional.
b) Juzgados Centrales de Instrucción.
c) Juzgados de lo Penal.
d) Juzgados de Instrucción.

30. Con carácter general, los Juzgados de lo Mercantil existirán:

a) En cada provincia.
b) Con sede en la capital de la provincia.
c) En número de uno o varios.
d) Todo lo anterior es cierto.

31. Como regla general, los Juzgados de lo Contencioso-Administrativo existirán en el siguiente ámbito territorial:

a) Comarcal.
b) Provincial.
c) Municipal.
d) De Comunidad Autónoma.

32. En la Audiencia Nacional no existe Sala de lo:

a) Penal.
b) Contencioso-Administrativo.
c) Civil.
d) Social.

33. La jurisdicción del Tribunal Supremo abarca a:

a) Todas las materias.
b) Las actividades de las Cortes Generales.
c) Todo el territorio nacional.
d) Las cuestiones constitucionales.

34. La Sala de lo Militar en el Tribunal Supremo es la:

a) Sexta.
b) Quinta.
c) Cuarta.
d) No existe como tal.

35. En el Tribunal Supremo, la Sala Cuarta se dedica a lo:

a) Penal.
b) Contencioso-Administrativo.
c) Militar.
d) Social.

36. Con su Presidente, integran el Consejo General del Poder Judicial los siguientes miembros:

a) Doce.
b) Veintiuno.
c) Veinte.
d) Trece.

37. Actualmente, el Congreso de los Diputados propone los siguientes miembros del Consejo General del Poder Judicial:

a) Cuatro.
b) Doce.
c) Diez.
d) Seis.

38. En materia de modificación de plantillas orgánicas de Jueces y Magistrados, el Consejo General del Poder Judicial:

a) Decide.
b) Informa posteriormente.
c) Informa previamente.
d) Propone en todo caso.

39. Los veinte Vocales del Consejo General del Poder Judicial serán designados por:

a) Las Cortes Generales.
b) El Gobierno de la Nación.
c) Las respuestas a) y b) son correctas.
d) El Tribunal Constitucional, en parte.

40. No es órgano del Consejo General del Poder Judicial las/el/la:

a) Pleno.
b) Secciones.
c) Comisión de Asuntos Económicos.
d) Comisión Permanente.

41. El Vicepresidente en el Consejo General del Poder Judicial:

a) Es un cargo facultativo.
b) Existe siempre.
c) Se elige por la Comisión Permanente.
d) No existe como tal órgano.

42. Los miembros del Ministerio Fiscal se integran en:

a) Un Cuerpo único.
b) Una estructura no jerarquizada.
c) Una sola categoría.
d) Categorías independientes.

43. Los principios con arreglo a los cuales han de ejercer sus funciones los miembros del Ministerio Fiscal son los de:

a) Igualdad y legalidad.
b) Imparcialidad e igualdad.
c) Imparcialidad y legalidad.
d) Legalidad y dependencia.

44. El Consejo General del Poder Judicial, respecto al nombramiento del Fiscal General del Estado:

a) Es quien lo nombra.
b) Debe ser oído por el Gobierno antes de su nombramiento.
c) No tiene atribuciones.
d) Emite dictamen preceptivo respecto a su nombramiento.

45. Una característica de la actuación del Ministerio Fiscal, en lo que a su organización interna se refiere, es la de:

a) Dependencia del Gobierno de la Nación.
b) Dependencia jerárquica.
c) Parcialidad.
d) Inamovilidad.

46. Según el 124 CE, ¿cuál de las siguientes no es una función del Ministerio Fiscal?

a) Promover la acción de la justicia en defensa de la legalidad.
b) Defensa de los derechos de los ciudadanos.
c) Defensa del interés privado tutelado por la ley.
d) Procurar ante estos la satisfacción del interés social.

47. Señala la respuesta incorrecta respecto al Tribunal Constitucional:

a) Se organiza a través de las figuras del Presidente, el Pleno, las Salas y las Secciones.
b) El Presidente, será nombrado entre sus miembros por el Rey, a propuesta del mismo Tribunal en Pleno y por un período de tres años.
c) El Pleno lo preside el Presidente del Tribunal y, en su defecto, el Vicepresidente y, a falta de ambos, el Magistrado de mayor edad.
d) La distribución de asuntos entre las Salas del Tribunal se efectuará según un turno establecido por el Pleno a propuesta de su Presidente.

48. Para la adopción de los acuerdos de las Secciones del Tribunal Constitucional, se requerirá:

a) La presencia siempre de sus tres miembros.

b) La presencia de dos miembros, salvo que haya discrepancia, requiriéndose entonces la de sus tres miembros.

c) La presencia de tres miembros, salvo que haya discrepancia, requiriéndose entonces la de sus cinco miembros.

d) La presencia siempre de sus cinco miembros.

49. Señala la respuesta incorrecta respecto a las sentencias del Tribunal Constitucional:

a) Las sentencias y resoluciones del Tribunal Constitucional tendrán la consideración de títulos declarativos.

b) Todos los poderes públicos están obligados al cumplimiento de lo que el Tribunal Constitucional resuelva.

c) Las sentencias del Tribunal Constitucional se publicarán en el Boletín Oficial del Estado con los votos particulares, si los hubiere.

d) Salvo que en el fallo se disponga otra cosa, subsistirá la vigencia de la ley en la parte no afectada por la inconstitucionalidad.

50. ¿Quién nombra a los miembros del Tribunal Constitucional?

a) El Rey.

b) El Presidente del Gobierno.

c) Las Cortes Generales.

d) El Presidente del Tribunal Constitucional.

51. ¿Cuántos de los miembros del Tribunal Constitucional son propuestos por el Consejo General del Poder Judicial?

a) Cuatro.

b) Tres.

c) Dos.

d) Ninguno.

52. Los miembros del Tribunal Constitucional deberán ser nombrados entre Magistrados y Fiscales, Profesores de Universidad, Funcionarios Públicos y Abogados, todos ellos Juristas de reconocida competencia:

a) Con más de veinte años de ejercicio profesional.

b) Con más de quince años de ejercicio profesional.

c) Con más de doce años de ejercicio profesional.

d) Con más de diez años de ejercicio profesional.

53. ¿Cuántas salas tiene el Tribunal Constitucional y de cuántos Magistrados se componen cada una de ellas?

a) Las Salas son tres, compuestas cada una por cuatro Magistrados.
b) Las Salas son dos, compuestas cada una por seis Magistrados.
c) Las Salas son tres, compuestas cada una por seis Magistrados.
d) Las Salas son dos, compuestas cada una por cuatro Magistrados.

54. Las sentencias del Tribunal Constitucional han de publicarse en el:

a) Diario Oficial de las Cortes Generales.
b) Boletín Oficial del Estado.
c) Periódico de mayor circulación de la capital de España.
d) Tablón de Anuncios del propio Tribunal.

55. Puede plantear un conflicto negativo de competencias entre el Estado y las Comunidades Autónomas, ante el Tribunal Constitucional:

a) Un particular afectado por el mismo.
b) Las Cortes Generales y los Parlamentos Autonómicos.
c) Solo el Gobierno de la Nación y los Consejos de Gobierno de dichas Comunidades Autónomas.
d) El Defensor del Pueblo.

56. Los Reglamentos sobre funcionamiento y organización, y régimen de su personal y servicios del Tribunal Constitucional se aprueban por el/las:

a) Cortes Generales.
b) Salas del mismo.
c) Pleno del propio Tribunal.
d) Presidente del Tribunal.

57. ¿Qué órgano es el intérprete supremo de la Constitución, es independiente de los demás órganos constitucionales y está sometido solo a la Constitución y a su Ley Orgánica?

a) El Tribunal Supremo.
b) El Consejo de Estado.
c) El Tribunal Constitucional.
d) El Consejo General del Poder Judicial.

58. ¿Por cuántos años es nombrado el Presidente de Tribunal Constitucional?

a) Por tres.
b) Por cuatro.
c) Por cinco.
d) Por seis.

59. El nombramiento del Defensor del Pueblo se efectuará por un período de:

a) 7 años.
b) 9 años.
c) 5 años.
d) 3 años.

60. El Defensor del Pueblo se configura constitucionalmente como alto comisionado:

a) Del pueblo.
b) De las Cortes Generales.
c) Del Poder Judicial.
d) Del Gobierno.

61. ¿De quién recibe órdenes el Defensor del Pueblo?

a) De las Cortes Generales.
b) No está sometido a mandato imperativo.
c) De los Tribunales.
d) Del Gobierno.

62. El Defensor del Pueblo da cuenta del ejercicio de sus atribuciones al/a las:

a) Tribunal Constitucional.
b) Gobierno de la Nación.
c) Cortes Generales.
d) Poder Judicial.

63. La elección del Defensor del Pueblo compete al/a la/a los:

a) Plenos del Congreso de los Diputados y el Senado.
b) Comisión creada al efecto en el Congreso de los Diputados.
c) Gobierno de la Nación.
d) Rey.

64. La inviolabilidad, respecto al Defensor del Pueblo:

a) No la tiene.
b) La posee sobre cualquier actuación, personal o propia del cargo, que realice.
c) La ostenta en cuanto a los actos que realice en el ejercicio de sus competencias como tal.
d) Supone que está exento de dar cuenta de su trabajo a las Cortes Generales.

65. Si se presenta una queja anónima ante el Defensor del Pueblo:

a) Deberá darle trámite.
b) Solo la tramitará si el asunto es de interés general.
c) No está obligado a darle trámite.
d) Se deja a su arbitrio el darle o no trámite.

66. Las quejas deben presentarse al Defensor del Pueblo:

a) A través de Abogado y Procurador.
b) En papel de pagos al Estado.
c) Con el justificante de haber pagado las tasas correspondientes.
d) En papel común.

67. El auxilio al Defensor del Pueblo por parte de los funcionarios públicos:

a) Se supedita a lo que, en cada caso, determine la Autoridad administrativa de la que dependan.
b) Solo se realizará cuando judicialmente se reclame.
c) Ha de ser preferente y urgente.
d) Es potestativo para ellos.

68. Señala la respuesta incorrecta. El Defensor del Pueblo cesará:

a) Por muerte o por incapacidad sobrevenida.
b) Por expiración del plazo de su nombramiento.
c) Por renuncia.
d) Por haber sido condenado por delito culposo.

Solución al test n.º 3

1. c) De lo Civil.

2. a) De lo Contencioso-Administrativo.

3. d) Veinte.

4. a) La Comisión de Calificación.

5. c) Al Consejo General del Poder Judicial.

6. c) Rey.

7. c) Pueblo soberano.

8. d) Incluye a todas ellas.

9. a) Juzgados y Tribunales.

10. a) Ley.

11. b) Predominantemente oral.

12. a) En el proceso.

13. a) La cuestión de inconstitucionalidad.

14. c) Estado.

15. d) Tribunal Supremo.

16. c) Ministerio Fiscal.

17. d) Civiles.

18. a) No existe.

19. d) Ninguna de las respuestas anteriores es correcta.

20. a) Es posible.

21. c) Cuando se le requiera al efecto.

22. a) Prohibida.

23. d) Lo son todos ellos.

24. a) Uno o más Municipios.

25. c) Las Palmas.

26. b) Baleares.

27. a) Tribunal Militar Central.

28. a) Primera Instancia e Instrucción.

29. b) Juzgados Centrales de Instrucción.

30. d) Todo lo anterior es cierto.

31. b) Provincial.

32. c) Civil.

33. c) Todo el territorio nacional.

34. b) Quinta.

35. d) Social.

36. b) Veintiuno.

37. c) Diez.

38. c) Informa previamente.

39. a) Las Cortes Generales.

40. b) Secciones.

41. d) No existe como tal órgano.

42. a) Un Cuerpo único.

43. c) Imparcialidad y legalidad.

44. b) Debe ser oído por el Gobierno antes de su nombramiento.

45. b) Dependencia jerárquica.

46. c) Defensa del interés privado tutelado por la ley.

47. c) El Pleno lo preside el Presidente del Tribunal y, en su defecto, el Vicepresidente y, a falta de ambos, el Magistrado de mayor edad.

48. b) La presencia de dos miembros, salvo que haya discrepancia, requiriéndose entonces la de sus tres miembros.

49. a) Las sentencias y resoluciones del Tribunal Constitucional tendrán la consideración de títulos declarativos.

50. a) El Rey.

51. c) Dos.

52. b) Con más de quince años de ejercicio profesional.

53. b) Las Salas son dos, compuestas cada una por seis Magistrados.

54. b) Boletín Oficial del Estado.

55. a) Un particular afectado por el mismo.

56. c) Pleno del propio Tribunal.

57. c) El Tribunal Constitucional.

58. a) Por tres.

59. c) 5 años.

60. b) De las Cortes Generales.

61. b) No está sometido a mandato imperativo.

62. c) Cortes Generales.

63. a) Plenos del Congreso de los Diputados y el Senado:

64. c) La ostenta en cuanto a los actos que realice en el ejercicio de sus competencias como tal.

65. c) No está obligado a darle trámite.

66. d) En papel común.

67. c) Ha de ser preferente y urgente.

68. d) Por haber sido condenado por delito culposo.

TEST N.º 4

**La organización territorial del Estado. Las Comunidades Autónomas.
El Estatuto de Autonomía de la Comunidad de Madrid.
Asamblea y Gobierno Regional**

1. Según la Constitución, las Entidades que forman parte de la organización territorial del Estado tienen la nota común de:

a) Autogobierno.
b) Independencia.
c) Autonomía.
d) Financiación propia.

2. La titularidad de la soberanía española radica en el/las:

a) Cortes Generales como representantes del pueblo español.
b) Rey como Jefe del Estado.
c) Pueblo mismo.
d) Nacionalidades y regiones que integran España.

3. No pueden constituirse en Comunidades Autónomas los territorios:

a) Que no estén integrados en la organización provincial.
b) Que, no siendo superiores a una Provincia, tengan entidad regional histórica.
c) Que, no siendo superiores a una Provincia, no tengan entidad regional histórica.
d) Interinsulares.

4. La vía ordinaria de acceso a la autonomía por el artículo 143 de la Constitución se sigue por los/las:

a) Provincias con entidad regional histórica.
b) Territorios que en el pasado hubieren plebiscitado afirmativamente proyecto de Estatuto de Autonomía.
c) Provincia sin entidad regional histórica directamente.
d) Supuestos especiales de Ceuta, Melilla y Gibraltar.

5. Entre las determinaciones de los Estatutos de Autonomía no es necesario incluir la:

a) Delimitación de su territorio.
b) Denominación de las instituciones autónomas propias.
c) Denominación de la Comunidad.
d) Denominación, organización y sede de sus instituciones administrativas.

6. En las Comunidades Autónomas que siguen la vía común, el Proyecto de Estatuto será elaborado por la/los:

a) Asamblea de Parlamentarios que se constituye al efecto.
b) Comisión Constitucional del Congreso de los Diputados.
c) Diputación Provincial correspondiente.
d) Miembros de la Diputación u órgano interinsular y por los Diputados y Senadores elegidos por ellas.

7. El voto de ratificación por los Plenos del Senado y del Congreso de los Diputados se dará en el/las:

a) Comunidades Autónomas que siguen la vía común.
b) Comunidades Autónomas que siguen la vía especial.
c) Acceso a la autonomía de Ceuta y Melilla.
d) Acceso a la autonomía de Gibraltar.

8. La responsabilidad política del Presidente de una Comunidad Autónoma se exige por el/la:

a) Sala de lo Penal del Tribunal Supremo.
b) Congreso de los Diputados.
c) Tribunal Superior de Justicia de la Comunidad Autónoma.
d) Asamblea Legislativa de la Comunidad Autónoma.

9. La Asamblea Legislativa de las Comunidades Autónomas se elige:

a) Con criterios de representación territorial.
b) Con criterios de representación proporcional.
c) Por sufragio individual.
d) Con criterios de representación provincial.

10. Con el fin de corregir los desequilibrios económicos interterritoriales y hacer efectivo el principio de solidaridad, se constituye:

a) El Fondo de Compensación Interterritorial.
b) El Comité Económico Interterritorial.

c) El Consejo de Política Fiscal y Financiera.
d) El FASI.

11. Los Estatutos de Autonomía deberán contener el/la/las:

a) Competencias que se dejan al Estado y las que asume la Comunidad.
b) Competencias que, en función de la Constitución, asume cada Comunidad Autónoma.
c) Desarrollo de la Administración Autonómica.
d) División provincial y órganos de gobierno.

12. En la reforma de los Estatutos intervienen las Cortes Generales:

a) Siempre.
b) Nunca.
c) Solo cuanto se trata de Comunidades Autónomas que accedieron por la vía común.
d) En las Comunidades Autónomas de vía especial exclusivamente.

13. Los miembros de las Diputaciones u órganos interinsulares intervienen en la elaboración de los Estatutos de Autonomía:

a) En todo caso.
b) Nunca.
c) En las Comunidades Autónomas de vía común.
d) En las Comunidades Autónomas de vía especial.

14. Los Estatutos de Autonomía en la vía común se aprueban por el:

a) Congreso de los Diputados mediante ley orgánica.
b) Congreso de los Diputados y Senado por ley orgánica.
c) Congreso de los Diputados y Senado por ley ordinaria.
d) Parlamento Autonómico solamente.

15. La más alta representación de una Comunidad Autónoma la ostenta el:

a) Presidente del Parlamento Autonómico.
b) Presidente de la Comunidad Autónoma.
c) Rey.
d) Presidente del Gobierno de la Nación.

16. La asunción de competencias y de mayor autonomía por las Comunidades Autónomas es, como regla general:

a) Regresiva.
b) Progresiva.

c) Automática.

d) Inmediata.

17. En la elaboración por la vía común de los Estatutos de Autonomía:

a) No intervienen los Municipios afectados.

b) Intervendrán en todo caso.

c) Solo intervienen las Diputaciones Provinciales u órganos interinsulares.

d) Solo intervienen los Municipios y los Diputados y Senadores.

18. El principio de solidaridad consagrado por el artículo 138 de la Constitución exige una atención especial a:

a) Las Comunidades Autónomas de economía más deprimida.

b) Las Entidades de ámbito territorial inferior al municipal.

c) Todas las partes del territorio nacional.

d) Las Islas.

19. La federación de Comunidades Autónomas, según la Constitución:

a) Solo se permite respecto de las limítrofes.

b) Requiere Ley Orgánica de las Cortes Generales.

c) Ha de efectuarse previa reforma de la propia Constitución.

d) Está absolutamente prohibida.

20. Si la Asamblea de la Comunidad de Madrid adopta una moción de censura:

a) Cesa el Gobierno pero no el Presidente.

b) Cesa solo el Presidente pero no el Gobierno.

c) Cesan tanto Presidente como Gobierno.

d) Ninguna es correcta.

21. Las leyes de la Asamblea estarán sujetas únicamente al control de constitucionalidad por:

a) Los órganos constitucionales.

b) Por el Defensor del Pueblo.

c) Por el Tribunal Supremo.

d) Ninguna es correcta.

22. Señala la respuesta correcta:

a) Las leyes aprobadas por la Asamblea serán promulgadas en nombre del Rey por el Presidente de la Comunidad, que ordenará su publicación en el "Boletín Oficial de la Comunidad de Madrid" y en el "Boletín Oficial del Estado", entrando en vigor al día siguiente de su publicación en aquél, salvo que en las mismas se disponga otra cosa.

b) Las leyes aprobadas por la Asamblea serán promulgadas en nombre del Rey por el Presidente de la Asamblea, que ordenará su publicación en el "Boletín Oficial de la Comunidad de Madrid" y en el "Boletín Oficial del Estado", entrando en vigor al día siguiente de su publicación en aquél, salvo que en las mismas se disponga otra cosa.

c) Las leyes aprobadas por la Asamblea serán promulgadas en nombre del Rey por el Presidente de la Comunidad, que ordenará su publicación en el "Boletín Oficial de la Comunidad de Madrid" y en el "Boletín Oficial del Estado", entrando en vigor el mismo de su publicación, salvo que en las mismas se disponga otra cosa.

d) Las leyes aprobadas por la Asamblea serán promulgadas en nombre del Rey por el Presidente de la Comunidad, que ordenará su publicación en el "Boletín Oficial de la Comunidad de Madrid" y en el "Boletín Oficial del Estado", entrando en vigor al día siguiente de su publicación en aquél, en todo caso.

23. La Asamblea es elegida atendiendo a criterios de:

a) Representación proporcional.
b) Representación territorial.
c) Representación municipal.
d) Todas son correctas.

24. La Asamblea estará compuesta por un Diputado por:

a) Un Diputado por cada 30.000 habitantes o fracción superior a 25.000.
b) Un Diputado por cada 50.000 habitantes o fracción superior a 30.000.
c) Un Diputado por cada 60.000 habitantes o fracción superior a 25.000.
d) Un Diputado por cada 50.000 habitantes o fracción superior a 25.000.

25. ¿Cuándo termina el mandato de los Diputados?

a) Cuatro años después de su elección o el día de la disolución de la Cámara en los supuestos previstos en este Estatuto.
b) Cinco años después de su elección o el día de la disolución de la Cámara en los supuestos previstos en este Estatuto.
c) Seis años después de su elección o el día de la disolución de la Cámara en los supuestos previstos en este Estatuto.
d) Un año después de su elección o el día de la disolución de la Cámara en los supuestos previstos en este Estatuto.

26. Señala la opción incorrecta:

a) Los Diputados no estarán ligados por mandato imperativo alguno.
b) Una ley de la Asamblea, regulará las elecciones, que serán convocadas por el Presidente de la Comunidad.
c) La circunscripción electoral es la provincia.
d) Serán electores y elegibles todos los madrileños mayores de dieciséis años de edad que estén en pleno goce de sus derechos políticos.

27. ¿Cuándo tendrán lugar las elecciones?

a) El cuarto domingo de mayo de cada cuatro años.
b) El primer domingo de mayo de cada cuatro años.
c) El tercer domingo de mayo de cada cuatro años.
d) El cuarto domingo de mayo de cada seis años.

28. La sesión constitutiva de la Asamblea tendrá lugar dentro de:

a) Los veinticinco días siguientes a la proclamación de los resultados electorales.
b) Los veinte días siguientes a la proclamación de los resultados electorales.
c) Los quince días siguientes a la proclamación de los resultados electorales.
d) Los diez días siguientes a la proclamación de los resultados electorales.

29. La adquisición de la condición plena de Diputado requerirá, en todo caso, la prestación de la promesa o juramento de acatamiento de:

a) La Constitución.
b) La Constitución y el Estatuto de Autonomía de la Comunidad de Madrid.
c) El Estatuto de Autonomía de la Comunidad de Madrid.
d) El Estatuto Básico del Empleado Público.

30. Señala la opción incorrecta:

a) La Asamblea determinará por ley las causas de inelegibilidad e incompatibilidad de los Diputados.
b) Los Diputados no gozarán de inviolabilidad por las opiniones manifestadas en el ejercicio de sus funciones después de haber cesado en su mandato.
c) Durante su mandato los miembros de la Asamblea no podrán ser detenidos ni retenidos por actos delictivos cometidos en el territorio de la Comunidad, sino en caso de flagrante delito.
d) Los Diputados de la Asamblea recibirán de cualesquiera autoridades y funcionarios la ayuda que precisen para el ejercicio de su labor y el trato y precedencia debidos a su condición.

31. Los Diputados percibirán una asignación, que será fijada por:

a) La Asamblea.
b) El Tesorero.
c) El Presidente.
d) La Cámara.

32. La Asamblea se dotará de su propio Reglamento, cuya aprobación y reforma serán sometidas a una votación final sobre su totalidad, que requerirá el voto afirmativo:

a) Del Presidente.
b) De la mayoría absoluta de los Diputados.

c) De la mayoría simple de los Diputados.

d) Ninguna es correcta.

33. En el Reglamento de la Asamblea de Madrid deberá especificarse:

a) La relaciones entre la Asamblea y el Gobierno.

b) El número mínimo de Diputados necesario para la formación de los Grupos Parlamentarios.

c) Las funciones de la Junta de Portavoces.

d) Todas son correctas.

34. La Asamblea elegirá de entre sus miembros:

a) De entre sus miembros elegirán únicamente al Presidente.

b) A la Diputación Permanente.

c) Al Presidente y a la Diputación Permanente.

d) Al Presidente, a la Mesa y a la Diputación Permanente.

35. ¿Cómo se constituyen los Diputados de la Asamblea?

a) En Grupos parlamentarios.

b) En Junta de Gobierno.

c) En Comisión Mixta.

d) Ninguna es correcta.

36. ¿Cómo funcionará la Asamblea?

a) En Pleno.

b) Por Comisiones.

c) En Pleno y por Comisiones.

d) Ninguna es correcta.

37. Tras la celebración de elecciones, ¿quién dará cuenta al Pleno de la Asamblea?

a) A la Diputación Permanente.

b) Al Presidente.

c) A los Vocales.

d) A los Portavoces.

38. ¿Quién convocará las sesiones extraordinarias de la Asamblea?

a) Por el Presidente de la Asamblea a petición del Gobierno, de la Diputación Permanente, de una cuarta parte de los Diputados o del número de Grupos Parlamentarios que el Reglamento determine.

b) Por el Presidente de la Asamblea a petición de la Diputación Permanente únicamente.

c) Por el Presidente de la Asamblea.

d) Por el Presidente y vicepresidente de la Asamblea a petición del Gobierno.

39. ¿A quién corresponde la iniciativa legislativa?

a) A los Diputados.

b) A los Grupos Parlamentarios.

c) Al Gobierno.

d) Todas son correctas.

40. El Presidente de la Comunidad de Madrid es elegido de entre sus miembros por la Asamblea y nombrado por el Rey, mediante:

a) Ley.

b) Orden Ministerial.

c) Real Decreto.

d) Decreto Ley.

41. El Presidente, por razón de su cargo, tiene derecho a recibir el tratamiento de:

a) Señoría.

b) Excelencia.

c) Ilustrísimo.

d) Señor.

42. El Presidente de la Comunidad de Madrid tiene derecho a percibir, con cargo a los Presupuestos Generales de la Comunidad Autónoma, los sueldos y retribuciones que en los mismos se determinen y cuya cuantía no podrá ser superior a la asignada:

a) Al cargo de Secretario de Estado del Gobierno de la Nación en los Presupuestos Generales del Estado.

b) Al cargo de Consejero en los Presupuestos Generales del Estado.

c) Al cargo de Diputado en los Presupuestos Generales del Estado.

d) Al cargo de Ministro en los Presupuestos Generales del Estado.

43. El impulso de la acción política y de gobierno:

a) No podrá ser ejercido por la Asamblea, en ningún caso.

b) También podrá ser ejercido por la Asamblea mediante la aprobación de resoluciones, mociones y proposiciones no de Ley.

c) Podrá ser ejercido por la Asamblea mediante aquellos otros procedimientos adecuados a tal efecto que se establezcan por el Gobierno de la Comunidad de Madrid.

d) Ninguna es correcta.

44. ¿A quién corresponde aprobar el proyecto del presupuesto anual de la Comunidad y presentarlo a la aprobación de la Asamblea, de acuerdo con lo establecido en el artículo 61 del Estatuto de Autonomía?

a) Al Presidente.
b) Al Consejo de Gobierno.
c) Al Vicepresidente.
d) A la Asamblea.

45. No corresponde al Presidente de la Comunidad de Madrid:

a) Acordar la petición de sesión extraordinaria de la Asamblea.
b) Nombrar y separar de su cargo a los Consejeros.
c) Asegurar la coordinación entre las distintas Consejerías y resolver los conflictos de competencias entre las mismas.
d) Velar por el cumplimiento de los acuerdos del Consejo de Gobierno y de las Comisiones Delegadas.

46. Señala la opción incorrecta:

a) El Presidente, por razón de su cargo, tiene derecho a recibir el tratamiento de excelencia.
b) Corresponde al Presidente ordenar la publicación en el Boletín Oficial de la Comunidad de Madrid del nombramiento de Presidente del Tribunal Superior de Justicia de Madrid.
c) El Presidente podrá delegar funciones ejecutivas y de representación propias en los Vicepresidentes.
d) Los miembros del Gabinete del Presidente no cesan al cesar este.

47. En su condición de representante ordinario del Estado en la Comunidad Autónoma, corresponde al Presidente promulgar, en nombre del Rey, las Leyes de la Asamblea y los Decretos legislativos y ordenar su publicación en el Boletín Oficial de la Comunidad de Madrid, en el plazo máximo de:

a) Siete días desde su aprobación.
b) Quince días desde su aprobación.
c) Veinte días desde su aprobación.
d) Un mes desde su aprobación.

48. El Gobierno de la Comunidad de Madrid estará compuesto por:

a) El Presidente, el Vicepresidentes, en su caso, y los Diputados.
b) El Presidente y los Consejeros.
c) El Presidente y el órgano consultivo.
d) El Presidente, el o los Vicepresidentes, en su caso, y los Consejeros.

49. ¿Tiene himno propio la Comunidad de Madrid?

a) No.
b) Sí, establecido reglamentariamente.
c) Sí, establecido por Ley Orgánica.
d) Sí, se establece por ley de la Asamblea.

Solución al test n.º 4

1. c) Autonomía.

2. c) Pueblo mismo.

3. d) Interinsulares.

4. a) Provincias con entidad regional histórica.

5. d) Denominación, organización y sede de sus instituciones administrativas.

6. d) Miembros de la Diputación u órgano interinsular y por los Diputados y Senadores elegidos por ellas.

7. b) Comunidades Autónomas que siguen la vía especial.

8. d) Asamblea Legislativa de la Comunidad Autónoma.

9. b) Con criterios de representación proporcional.

10. a) El Fondo de Compensación Interterritorial.

11. b) Competencias que, en función de la Constitución, asume cada Comunidad Autónoma.

12. a) Siempre.

13. c) En las Comunidades Autónomas de vía común.

14. b) Congreso de los Diputados y Senado por ley orgánica.

15. b) Presidente de la Comunidad Autónoma.

16. b) Progresiva.

17. a) No intervienen los Municipios afectados.

18. d) Las Islas.

19. d) Está absolutamente prohibida.

20. c) Cesan tanto Presidente como Gobierno.

21. d) Ninguna es correcta.

22. a) Las leyes aprobadas por la Asamblea serán promulgadas en nombre del Rey por el Presidente de la Comunidad, que ordenará su publicación en el "Boletín Oficial de la Comunidad de Madrid" y en el "Boletín Oficial del Estado", entrando en vigor al día siguiente de su publicación en aquél, salvo que en las mismas se disponga otra cosa.

23. a) Representación proporcional.

24. d) Un Diputado por cada 50.000 habitantes o fracción superior a 25.000.

25. a) Cuatro años después de su elección o el día de la disolución de la Cámara en los supuestos previstos en este Estatuto.

26. d) Serán electores y elegibles todos los madrileños mayores de dieciséis años de edad que estén en pleno goce de sus derechos políticos.

27. a) El cuarto domingo de mayo de cada cuatro años.

28. a) Los veinticinco días siguientes a la proclamación de los resultados electorales.

29. b) La Constitución y el Estatuto de Autonomía de la Comunidad de Madrid.

30. b) Los Diputados no gozarán de inviolabilidad por las opiniones manifestadas en el ejercicio de sus funciones después de haber cesado en su mandato.

31. a) La Asamblea.

32. b) De la mayoría absoluta de los Diputados.

33. d) Todas son correctas.

34. d) Al Presidente, a la Mesa y a la Diputación Permanente.

35. a) En Grupos parlamentarios.

36. c) En Pleno y por Comisiones.

37. a) A la Diputación Permanente.

38. a) Por el Presidente de la Asamblea a petición del Gobierno, de la Diputación Permanente, de una cuarta parte de los Diputados o del número de Grupos Parlamentarios que el Reglamento determine.

39. d) Todas son correctas.

40. c) Real Decreto.

41. b) Excelencia.

42. a) Al cargo de Secretario de Estado del Gobierno de la Nación en los Presupuestos Generales del Estado.

43. b) También podrá ser ejercido por la Asamblea mediante la aprobación de resoluciones, mociones y proposiciones no de Ley.

44. b) Al Consejo de Gobierno.

45. a) Acordar la petición de sesión extraordinaria de la Asamblea.

46. d) Los miembros del Gabinete del Presidente no cesan al cesar este.

47. b) Quince días desde su aprobación.

48. d) El Presidente, el o los Vicepresidentes, en su caso, y los Consejeros.

49. d) Sí, se establece por ley de la Asamblea.

TEST N.º 5

Principios generales de actuación y funcionamiento del sector público. Los principios de actuación de la Administración Pública. Jerarquía, eficacia, descentralización, desconcentración y coordinación

1. Conforme al artículo 1 de la Ley 40/2015, ¿cuál de los siguientes es uno de sus objetivos?

a) Establecer los principios del sistema de responsabilidad de las Administraciones Públicas y de la potestad sancionadora.

b) Establecer la organización, funcionamiento y control de la Administración de la Comunidad Autónoma y de su sector privado empresarial.

c) Regular las bases del régimen jurídico e iniciativa legislativa de las Administraciones Públicas.

d) Organización y funcionamiento de la Administración General del Estado y de su sector público empresarial para el desarrollo de sus actividades.

2. Conforme al art. 2 de la Ley 40/2015, de entre los siguientes, ¿cuál no tiene consideración de Administración Pública?

a) La Administración General del Estado.

b) Las Entidades que integran la Administración Local.

c) Las Universidades Públicas.

d) Los organismos públicos y entidades de derecho público vinculados o dependientes de las Administraciones Públicas.

3. De acuerdo con el artículo 3 de la Ley 40/2015, las Administraciones Públicas sirven con objetividad los intereses generales y actúan de acuerdo con los principios de:

a) Eficacia, jerarquía, descentralización, desconcentración y coordinación, con sometimiento pleno a la Constitución y a la Ley.

b) Eficacia, jerarquía, transparencia, descentralización, desconcentración y coordinación, con sometimiento pleno a la Constitución, a la Ley y al Derecho.

c) Eficacia, jerarquía, descentralización, desconcentración y coordinación, con sometimiento pleno a la Constitución, a la Ley y al Derecho.

d) Eficacia, jerarquía, descentralización y coordinación, con sometimiento pleno a la Constitución, a la Ley y al Derecho.

4. De acuerdo con el artículo 3.1.d) de la Ley 40/2015, las Administraciones Públicas deberán respetar en su actuación y relaciones los siguientes principios:

a) Culpabilidad e irretroactividad.
b) Legalidad y *non bis in ídem*.
c) Buena fe, confianza legítima y lealtad institucional.
d) Proporcionalidad, seguridad jurídica y prescripción.

5. Establece la Ley 40/2015, de Régimen Jurídico del Sector Público, que las Administraciones Públicas deberán respetar en su actuación y relaciones una serie de principios. ¿Cuál de las siguientes opciones es incorrecta en relación con tales principios?

a) Planificación y dirección por objetivos y control de la gestión y evaluación de los resultados de las políticas públicas.
b) Eficiencia en la asignación y utilización de los recursos públicos.
c) Participación, subjetividad y transparencia de la actuación administrativa.
d) Todas son correctas.

6. Las Administraciones Públicas que, en el ejercicio de sus respectivas competencias, establezcan medidas que limiten el ejercicio de derechos individuales o colectivos o exijan el cumplimiento de requisitos para el desarrollo de una actividad:

a) Deberán aplicar el principio de proporcionalidad y elegir la medida menos restrictiva.
b) Deberán motivar su necesidad para la protección del interés público, así como justificar su adecuación para lograr los fines que se persiguen.
c) Deberán evaluar periódicamente los efectos de esas medidas y los resultados obtenidos.
d) Todas las respuestas son correctas.

7. ¿Cuál es el principio en virtud del cual la actuación de las Administraciones públicas no puede ser alterada arbitrariamente?

a) El principio de buena fe.
b) El principio de proporcionalidad.
c) El principio de seguridad jurídica.
d) El principio de confianza legítima.

8. ¿Qué principios deberán respetar en sus relaciones las Administraciones Públicas?

a) Buena fe, confianza legítima y lealtad institucional.
b) Los de eficiencia y servicio a los ciudadanos.
c) Los de transparencia y participación.
d) Los de cooperación y colaboración.

9. Las Administraciones Públicas se relacionarán entre sí y con sus órganos, organismos públicos y entidades vinculados o dependientes, conforme al artículo 3.2 de la Ley 40/2015, de 1 de octubre, de Régimen Jurídico del Sector Público:

a) A través de medios electrónicos.
b) A través de medios electrónicos, que aseguren la interoperabilidad y seguridad de los sistemas y soluciones adoptadas por cada una de ellas garantizando la protección de los datos de carácter personal, y facilitando preferentemente la prestación conjunta de servicios a los interesados.
c) Directamente y sin dilación garantizando la protección de los datos de carácter personal, y facilitarán preferentemente la prestación conjunta de servicios a los interesados.
d) Preferentemente a través de medios electrónicos, que aseguren la prestación conjunta de servicios a los interesados.

10. ¿Cuál de las siguientes respuestas es correcta, de acuerdo con lo dispuesto en el artículo 3.4 de la Ley 40/2015, de 1 de octubre, de Régimen Jurídico del Sector Público?

a) Cada Administración Pública actúa para el cumplimiento de sus fines con personalidad jurídica única.
b) Las Administraciones Públicas se configuran como órganos territoriales.
c) Las Administraciones Públicas están integradas por entes locales.
d) Cada Administración instrumental actúa para el cumplimiento de sus fines con personalidad jurídica única.

11. La mecanización e informatización de los trabajos burocráticos es un exponente del principio de:

a) Legalidad.
b) Eficacia.
c) Descentralización.
d) Jerarquía.

12. La dirección de los órganos inferiores, por parte de los superiores, se suele llevar a efecto a través de:

a) Instrucciones y órdenes de servicio.
b) La resolución de los conflictos entre los mismos.

c) La delegación de competencias entre ellos.

d) Todo lo anterior.

13. Como consecuencia de la delegación de competencias, estas:

a) Se transfieren a órganos superiores.

b) Se ejercen por órganos inferiores, manteniéndose la titularidad de las mismas en el órgano delegante.

c) Dejan de pertenecer a la esfera jurídica del órgano delegante.

d) El órgano al que se delegan puede fiscalizar la actividad del órgano delegante.

14. La revocación de una delegación de competencias:

a) Está prohibida con carácter general.

b) Solo se admite en caso de insuficiencia técnica del órgano al que se han delegado.

c) Puede producirse en cualquier momento.

d) Ha de efectuarse tras sentencia judicial al efecto.

15. Normalmente, la revocación de los actos de los inferiores por el superior jerárquico puede producirse tras la interposición del siguiente recurso o reclamación:

a) De alzada.

b) De revisión.

c) Contencioso-administrativo.

d) Cualquiera de los anteriores.

16. Una característica de los Entes descentralizados es que:

a) Carecen de personalidad jurídica.

b) Están subordinados jerárquicamente al órgano que efectúa la descentralización.

c) Pertenecen al mismo Ente que el que descentraliza.

d) Nada de lo anterior es correcto.

17. Cuando se efectúa el traspaso de la titularidad de una competencia de un órgano superior a otro inferior, se habla de:

a) Delegación.

b) Desconcentración.

c) Descentralización.

d) Coordinación.

18. En el supuesto denominado "delegación de firma", el órgano titular de la competencia:

a) Ha de firmar todas las comunicaciones que se produzcan.

b) Habilita al inferior para que ejerza la potestad sancionadora en su nombre.

c) Pierde la competencia de que se trate.

d) Nada de lo anterior es correcto.

19. La revisión de oficio de los actos de los inferiores:

a) Ha de acordarse por ellos mismos exclusivamente.

b) Puede ser instada procedimentalmente por el superior jerárquico.

c) No requiere procedimiento específico.

d) Se efectúa a través del recurso de alzada.

20. La avocación supone que:

a) Un órgano superior delega en el inferior una competencia.

b) El órgano superior revoca el acto del inferior.

c) Se asume el ejercicio de una competencia de un inferior por parte del superior.

d) Se produce cualquiera de las tres proposiciones anteriores.

21. Señala la opción incorrecta. Las diferentes Administraciones Públicas actúan y se relacionan con otras Administraciones y entidades u organismos vinculados o dependientes de estas, de acuerdo con los siguientes principios:

a) Solidaridad interterritorial de acuerdo con la Constitución.

b) Cooperación, cuando dos o más Administraciones Públicas, de manera impuesta y en ejercicio de sus competencias, asumen compromisos genéricos en aras de una acción común.

c) Lealtad institucional.

d) Eficiencia en la gestión de los recursos públicos.

22. El principio de jerarquía no se aplica en la actualidad:

a) En la Administración General del Estado.

b) En la Administración de las Comunidades Autónomas.

c) En Administración Local.

d) En la Administración General del Estado ni en la de las Ciudades Autónomas de Ceuta y Melilla.

23. El traspaso de competencias de un Ministro o Consejero de Comunidad Autónoma a un Director General o a un Director o Delegado Provincial del Ministerio o de la Consejería, sería un ejemplo de:

a) Desconcentración.

b) Descentralización.

c) Jerarquía.

d) Autonomía.

24. Los convenios suscritos por la Administración General del Estado o alguno de sus organismos públicos o entidades de derecho público vinculados o dependientes, serán publicados obligatoriamente:

a) En el Boletín Oficial de la Comunidad Autónoma.
b) En el Boletín Oficial de la Provincia.
c) En el Boletín Oficial del Estado.
d) En todos los Boletines Oficiales.

25. ¿En qué artículo de nuestra Constitución se recoge que las Administraciones públicas deberán respetar en su actuación y en sus relaciones los principios de buena fe, confianza legítima y lealtad institucional?

a) Artículo 12.
b) Artículo 90.3.
c) Artículo 119.1.
d) Artículo 103.1.

26. Las Comisiones Delegadas del Gobierno o del Consejo de Gobierno de las Comunidades Autónomas se crean, entre otros fines, para coordinar la acción de:

a) La Administración estatal en sus territorios respectivos.
b) Los Delegados del Gobierno de la Nación en las Comunidades Autónomas.
c) Los Subdelegados del Gobierno en las provincias.
d) Los Ministerios o Consejerías implicados en los sectores de la actividad administrativa a los que se refieren.

27. La descentralización supone:

a) El traslado de la titularidad de competencias por parte de una Administración a otra o a Entes pertenecientes a la misma, pero dotados de personalidad jurídica.
b) El traslado del ejercicio de la competencia por parte de una Administración a otra o a Entes pertenecientes a la misma, pero dotados de personalidad jurídica.
c) El traslado de la titularidad de competencias por parte de una Administración a otra o a Entes pertenecientes a la misma, pero sin personalidad jurídica.
d) El traslado del ejercicio de la competencia por parte de una Administración a otra o a Entes pertenecientes a la misma, pero sin personalidad jurídica.

28. En virtud del principio de jerarquía, las instrucciones y órdenes de servicio dadas por los superiores, tienen la categoría de normas internas de obligado cumplimiento por los subordinados, so pena de incurrir en:

a) Responsabilidad civil.
b) Responsabilidad penal.
c) Responsabilidad disciplinaria.
d) Responsabilidad laboral.

29. En virtud del principio de jerarquía, los superiores deberán resolver los conflictos positivos de atribuciones que surjan entre órganos inferiores, y estos conflictos positivos se dan:

a) Cuando dos o más órganos no quieran entender de una cuestión al no considerarse competentes para resolverla.
b) Cuando dos o más órganos quieran entender de una cuestión al considerarse competentes para resolverla.
c) Cuando ningún órgano quiera entender de una cuestión, al no considerarse ninguno competente para resolverla.
d) Cuando unos órganos se consideran competentes y otros no para resolverla.

30. Los convenios suscritos por la Administración General del Estado o alguno de sus organismos públicos o entidades de derecho público vinculados o dependientes, serán publicados en el plazo de:

a) 15 días hábiles desde su formalización en el Boletín Oficial correspondiente.
b) 10 días naturales desde su formalización en el Boletín Oficial correspondiente.
c) 10 días hábiles desde su formalización en el Boletín Oficial correspondiente.
d) 15 días naturales desde su formalización en el Boletín Oficial correspondiente.

Solución al test n.º 5

1. a) Establecer los principios del sistema de responsabilidad de las Administraciones Públicas y de la potestad sancionadora.

2. c) Las Universidades Públicas.

3. c) Eficacia, jerarquía, descentralización, desconcentración y coordinación, con sometimiento pleno a la Constitución, a la Ley y al Derecho.

4. c) Buena fe, confianza legítima y lealtad institucional.

5. c) Participación, subjetividad y transparencia de la actuación administrativa.

6. d) Todas las respuestas son correctas.

7. c) El principio de seguridad jurídica.

8. a) Buena fe, confianza legítima y lealtad institucional.

9. b) A través de medios electrónicos, que aseguren la interoperabilidad y seguridad de los sistemas y soluciones adoptadas por cada una de ellas, garantizando la protección de los datos de carácter personal, y facilitando preferentemente la prestación conjunta de servicios a los interesados.

10. a) Cada Administración Pública actúa para el cumplimiento de sus fines con personalidad jurídica única.

11. b) Eficacia.

12. a) Instrucciones y órdenes de servicio.

13. b) Se ejercen por órganos inferiores, manteniéndose la titularidad de las mismas en el órgano delegante.

14. c) Puede producirse en cualquier momento.

15. a) De alzada.

16. d) Nada de lo anterior es correcto.

17. b) Desconcentración.

18. d) Nada de lo anterior es correcto.

19. b) Puede ser instada procedimentalmente por el superior jerárquico.

20. c) Se asume el ejercicio de una competencia de un inferior por parte del superior.

21. b) Cooperación, cuando dos o más Administraciones Públicas, de manera impuesta y en ejercicio de sus competencias, asumen compromisos genéricos en aras de una acción común.

22. c) En Administración Local.

23. a) Desconcentración.

24. c) En el Boletín Oficial del Estado.

25. d) Artículo 103.1.

26. d) Los Ministerios o Consejerías implicados en los sectores de la actividad administrativa a los que se refieren.

27. a) El traslado de la titularidad de competencias por parte de una Administración a otra o a Entes pertenecientes a la misma, pero dotados de personalidad jurídica.

28. c) Responsabilidad disciplinaria.

29. b) Cuando dos o más órganos quieran entender de una cuestión al considerarse competentes para resolverla.

30. c) 10 días hábiles desde su formalización en el Boletín Oficial correspondiente.

TEST N.º 6

Las fuentes del derecho público. La Ley y sus clases. El reglamento: sus clases. Otras fuentes de derecho administrativo

1. Señala cuál de las siguientes es una fuente indirecta de nuestro Derecho Administrativo:

a) Los Reglamentos.
b) La Jurisprudencia.
c) Los Principios Generales del Derecho.
d) La Costumbre.

2. ¿Qué tipo de fuente del Derecho Administrativo son los Reglamentos del Presidente del Gobierno?

a) Directa.
b) Indirecta.
c) Directa subsidiaria.
d) No son fuente de nuestro Derecho Administrativo.

3. ¿A quién atribuye la Constitución Española la titularidad de la potestad legislativa?

a) Únicamente al Estado.
b) A las Cortes Generales exclusivamente.
c) Al Estado y las Comunidades Autónomas.
d) Al Estado, a las Comunidades Autónomas y a las Corporaciones Locales.

4. ¿A quién atribuye el art. 91 de la Carta Magna la potestad para ordenar la inmediata publicación de las leyes aprobadas por las Cortes Generales?

a) Al Rey.
b) Al Presidente del Gobierno.
c) Al Presidente del Congreso de los Diputados.
d) Al Presidente de la Mesa de la Cámara Baja.

5. ¿Cómo se denominan las leyes por las que las Cortes Generales, en materia de competencia estatal, pueden atribuir a todas o a alguna de las Comunidades Autónomas la facultad de dictar, para sí mismas, normas legislativas en el marco de los principios, bases y directrices fijados por una ley estatal?

a) Leyes orgánicas.
b) Leyes ordinarias.
c) Leyes marco.
d) Leyes de armonización.

6. ¿En qué plazo sancionará el Rey las leyes aprobadas por las Cortes Generales?

a) Un mes.
b) Veinte días.
c) Quince días.
d) Diez días.

7. ¿Qué órgano de los siguientes promulga las leyes?

a) El Rey.
b) El Presidente del Gobierno.
c) Las Cortes Generales.
d) El Presidente del Congreso.

8. ¿Qué son los decretos legislativos?

a) Disposiciones del Gobierno sobre derechos y deberes fundamentales.
b) Disposiciones de las Cortes que contienen delegación legislativa.
c) Disposiciones del Poder Judicial que contienen delegación legislativa.
d) Disposiciones del Gobierno que contienen legislación delegada.

9. En caso de extraordinaria y urgente necesidad, ¿qué disposición legislativa provisional podrá dictar el Gobierno?

a) Decreto legislativo.
b) Ley de bases.
c) Ley orgánica.
d) Decreto ley.

10. Los decretos leyes deberán de ser inmediatamente sometidos a debate y votación de totalidad:

a) Al Senado.
b) Al Gobierno.
c) Al Congreso de los Diputados.
d) Todas las anteriores son correctas.

11. Por la relación existente entre los reglamentos y la ley, GARRIDO FALLA y ENTRENA CUESTA, clasifican los Reglamentos en:

a) Dependientes o independientes.
b) Ejecutivos e Independientes.
c) Internos y externos.
d) Estatales, autonómicos, locales e institucionales.

12. Como consecuencia del principio de reserva de ley, la Administración no podrá, por vía reglamentaria:

a) Establecer y exigir prestaciones personales obligatorias.
b) Establecer ni imponer penas.
c) Establecer tributos.
d) Todas las respuestas son correctas.

13. Señala cuál de las siguientes no es una fuente directa principal del Derecho Administrativo:

a) Los decretos leyes.
b) Los Principios Generales del Derecho.
c) Los Reglamentos del Presidente del Gobierno.
d) La Constitución.

14. El artículo 1.6.º del Código Civil establece que la jurisprudencia complementará el ordenamiento jurídico con la doctrina que, de modo reiterado, establezca:

a) El Tribunal Constitucional.
b) La Audiencia Nacional.
c) El Tribunal Supremo.
d) Los Tribunales Superiores de Justicia.

15. ¿Quiénes son en España, tras la Constitución, los titulares de la potestad legislativa?

a) El Estado.
b) Las Comunidades Autónomas.
c) Las Corporaciones Locales.
d) Las respuestas a) y b) son correctas.

16. Las Asambleas de las Comunidades Autónomas podrán solicitar del Gobierno la adopción de un proyecto de ley o remitir a la Mesa del Congreso una proposición de ley, delegando ante dicha Cámara:

a) Un máximo de dos miembros de la Asamblea encargados de su defensa.
b) Un máximo de tres miembros de la Asamblea encargados de su defensa.

c) Un máximo de cinco miembros de la Asamblea encargados de su defensa.

d) Un máximo de siete miembros de la Asamblea encargados de su defensa.

17. Nuestra CE ha previsto dos tipos de normas del Ejecutivo con fuerza de ley:

a) Los reales decretos legislativos y los reales decretos orgánicos.

b) Las leyes ordinarias y las leyes orgánicas.

c) Los decretos y los decretos legislativos.

d) El Ejecutivo no puede dictar normas con fuerza de ley.

18. El/la Ministro/a competente elevará el Plan Anual Normativo al Consejo de Ministros para su aprobación antes de:

a) El 30 de abril.

b) El 1 de mayo.

c) El 30 de junio.

d) El 31 de diciembre.

19. Conforme dispone el artículo 86 de la CE, en caso de extraordinaria y urgente necesidad, el Gobierno podrá dictar disposiciones legislativas provisionales que tomarán la forma de:

a) Leyes orgánicas.

b) Decretos leyes.

c) Decretos legislativos.

d) Reglamentos.

20. Los decretos leyes deberán ser inmediatamente sometidos a debate y votación de totalidad al Congreso de los Diputados, convocado al efecto si no estuviere reunido, en el plazo de:

a) Los treinta días siguientes a su promulgación.

b) Los veinte días siguientes a su promulgación.

c) Los quince días siguientes a su promulgación.

d) Los diez días siguientes a su promulgación.

21. Las disposiciones del Gobierno que contengan legislación delegada recibirán el título de:

a) Leyes orgánicas.

b) Decretos leyes.

c) Decretos legislativos.

d) Reglamentos.

22. Señala la respuesta incorrecta respecto al Reglamento:

a) El Reglamento consiste en un acto normativo dictado por la Administración en virtud de su competencia propia.

b) El Reglamento es toda disposición jurídica de carácter general dictada por la Administración Pública y con valor subordinado a la ley.

c) Por su contenido, son normas de Derecho subjetivo, de rango inferior al de las leyes.

d) Por su procedencia, al emanar de la Administración, están sometidos al principio de legalidad y son susceptibles, en su caso, de ser fiscalizados por la Jurisdicción Contencioso-Administrativa.

23. ¿En virtud de qué principio, la iniciativa normativa debe evitar cargas administrativas innecesarias o accesorias y racionalizar, en su aplicación, la gestión de los recursos públicos?

a) En aplicación del principio de transparencia.

b) En aplicación del principio de eficacia.

c) En aplicación del principio de eficiencia.

d) En aplicación del principio de seguridad jurídica.

24. Por la relación existente entre los Reglamentos y la ley, cabe distinguir entre:

a) Reglamentos Ejecutivos y Reglamentos Independientes.

b) Reglamentos Normativos y Reglamentos Legislativos.

c) Reglamentos Simples y Reglamentos Complejos.

d) Reglamentos Internos y Reglamentos Externos.

25. Como consecuencia del principio de reserva de ley, la Administración no podrá, por vía reglamentaria:

a) Establecer ni imponer penas.

b) Establecer tributos ni otro tipo de exacciones, tasas, cánones, derechos de propaganda, ni otras cargas similares.

c) Establecer y exigir prestaciones personales obligatorias.

d) Todas las respuestas anteriores son correctas.

26. ¿En virtud de qué principio las Administraciones Públicas posibilitarán el acceso sencillo, universal y actualizado a la normativa en vigor y los documentos propios de su proceso de elaboración, en los términos establecidos en el artículo 7 de la Ley 19/2013, de 9 de diciembre, de Transparencia, acceso a la Información Pública y Buen Gobierno?

a) En aplicación del principio de transparencia.

b) En aplicación del principio de eficacia.

c) En aplicación del principio de eficiencia.

d) En aplicación del principio de seguridad jurídica.

27. Las Administraciones Públicas, en el ámbito de sus competencias, publicarán:

a) Los documentos que, conforme a la legislación sectorial vigente, deban ser sometidos a un período de información pública durante su tramitación.

b) Las directrices, instrucciones, acuerdos, circulares o respuestas a consultas planteadas por los particulares u otros órganos en la medida en que supongan una interpretación del Derecho o tengan efectos jurídicos.

c) Los anteproyectos de ley y los proyectos de decretos legislativos cuya iniciativa les corresponda, cuando se soliciten los dictámenes a los órganos consultivos correspondientes.

d) Todas las respuestas anteriores son correctas.

28. ¿Con qué periodicidad, las Administraciones Públicas harán público un Plan Normativo que contendrá las iniciativas legales o reglamentarias que vayan a ser elevadas para su aprobación en el año siguiente?

a) Anualmente.
b) Semestralmente.
c) Trimestralmente.
d) Mensualmente.

29. Por razón del sujeto que los dicta, los Reglamentos podrán ser:

a) Públicos y privados.
b) Únicos y múltiples.
c) Estatales, autonómicos, locales e institucionales.
d) Políticos e institucionales.

30. ¿Cómo se denominan los Reglamentos dictados por las Autoridades administrativas en caso de emergencia?

a) Reglamentos excepcionales.
b) Reglamentos de necesidad.
c) Reglamentos *contra legem*.
d) Las respuestas b) y c) son correctas.

31. Los Reglamentos tienen el límite formal de que han de ser elaborados siguiendo el procedimiento establecido al respecto, so pena de:

a) Anulabilidad.
b) Nulidad.
c) Ilegitimidad.
d) Irregularidad.

32. ¿Cómo se denominan los Reglamentos que agotan su eficacia en el ámbito de la propia Administración, sin que regulen o repercutan en relaciones entre esta y los particulares o entre los Entes Públicos?

a) Internos.
b) Propios.
c) Simples.
d) Únicos.

33. Indica cuál de las siguientes es una fuente indirecta del Derecho Administrativo:

a) La costumbre.
b) Los Reglamentos.
c) Los Tratados Internacionales.
d) Las leyes ordinarias.

34. ¿De qué plazo dispone el Rey para sancionar las leyes aprobadas por las Cortes Generales?

a) De un mes.
b) De veinte días.
c) De quince días.
d) De siete días.

35. A tenor del artículo 81.1.º CE, son leyes orgánicas:

a) Las que regulen el régimen electoral general.
b) Las relativas al desarrollo de los derechos fundamentales y de las libertades públicas.
c) Las que aprueben los Estatutos de Autonomía.
d) Todas las respuestas son correctas.

36. ¿Cómo se denominan las leyes por las que las Cortes Generales, en materia de competencia estatal, pueden atribuir a todas o a alguna de las Comunidades Autónomas la facultad de dictar, para sí mismas, normas legislativas en el marco de los principios, bases y directrices fijados por una ley estatal?

a) Leyes de armonización.
b) Decretos leyes.
c) Leyes marco.
d) Decretos legislativos.

37. Los Reglamentos de las Cámaras prevén la posibilidad de seguir un procedimiento de urgencia, a iniciativa:

a) Del Gobierno.
b) De dos Grupos Parlamentarios.

c) De una quinta parte de los Diputados.

d) Todas las respuestas son correctas.

38. ¿Quién coordina el Plan Anual Normativo, con el objeto de asegurar la congruencia de todas las iniciativas que se tramiten y de evitar sucesivas modificaciones del régimen legal aplicable a un determinado sector o área de actividad en un corto espacio de tiempo?

a) El Presidente del Gobierno.

b) El Ministerio de la Presidencia, Justicia y Relaciones con las Cortes.

c) El Ministerio del Interior.

d) El Vicepresidente del Gobierno.

39. El artículo 97 CE confiere la potestad reglamentaria, genérica y expresamente:

a) Al Gobierno.

b) Al Estado.

c) Al Estado Central y al Estado de las Autonomías.

d) A la Administración Pública.

40. En el ejercicio de la iniciativa legislativa y la potestad reglamentaria, las Administraciones Públicas actuarán de acuerdo con los principios de:

a) Legalidad, necesidad, igualdad, transparencia, y eficiencia.

b) Necesidad, eficacia, proporcionalidad, justicia y buena fe.

c) Necesidad, eficacia, proporcionalidad, seguridad jurídica, transparencia, y eficiencia.

d) Buena fe, igualdad, proporcionalidad, eficacia y eficiencia.

41. Una vez aprobado, el Plan Anual Normativo se publicará en:

a) El BOE.

b) El BOE y en el Boletín Oficial de las CCAA.

c) El Portal de la Transparencia de la Administración Pública correspondiente.

d) Un diario nacional de tirada diaria.

42. Los Reglamentos o disposiciones ministeriales son, respecto al Derecho Administrativo, una fuente:

a) Directa.

b) Directa subsidiaria.

c) Indirecta.

d) No se consideran fuente del Derecho Administrativo.

43. La costumbre es, respecto al Derecho Administrativo, una fuente:

a) Directa.
b) Directa subsidiaria.
c) Indirecta.
d) No se considera fuente del Derecho Administrativo.

44. La Constitución Española prevé la necesariedad de ley orgánica en la regulación de:

a) Las dudas, renuncias, etc., respecto a la sucesión en la Corona.
b) Las bases de la organización militar.
c) La iniciativa popular legislativa.
d) Todas las respuestas son correctas.

45. Según dispone el artículo 2.1 del Código Civil, las leyes entrarán en vigor, si en ellas no se dispone otra cosa:

a) A los siete días de su completa publicación en el Boletín Oficial del Estado.
b) A los diez días de su completa publicación en el Boletín Oficial del Estado.
c) A los quince días de su completa publicación en el Boletín Oficial del Estado.
d) A los veinte días de su completa publicación en el Boletín Oficial del Estado.

46. De acuerdo con lo previsto en la Constitución, los Estatutos de Autonomía y la Ley 7/1985, de 2 de abril, reguladora de las Bases del Régimen Local, el ejercicio de la potestad reglamentaria corresponde:

a) A los órganos de Gobierno de las Comunidades Autónomas.
b) Al Gobierno de la Nación.
c) A los órganos de gobierno locales.
d) Todas las respuestas son correctas.

47. ¿En virtud de qué dos principios, la iniciativa normativa debe estar justificada por una razón de interés general, basarse en una identificación clara de los fines perseguidos y ser el instrumento más adecuado para garantizar su consecución?

a) Legalidad y seguridad jurídica.
b) Necesidad y eficacia.
c) Igualdad y publicidad.
d) Necesidad y seguridad jurídica.

48. Con carácter previo a la elaboración del proyecto o anteproyecto de ley o de Reglamento, se sustanciará una consulta pública, a través del portal web de la Administración competente en la que se recabará la opinión de los sujetos y de las organizaciones más representativas potencialmente afectados por la futura norma acerca de:

a) Los objetivos de la norma.
b) Los problemas que se pretenden solucionar con la iniciativa.
c) Las posibles soluciones alternativas regulatorias y no regulatorias.
d) Todas las respuestas son correctas.

49. ¿Cómo se denominan los Reglamentos que contienen normas de Derecho objetivo referidas a los particulares y, como tales, son necesariamente complementarios de la ley, no pueden por sí solos originar obligaciones o deberes de supremacía general para los súbditos, requiriendo una ley que les habilite para ello:

a) Reglamentos externos.
b) Reglamentos necesarios.
c) Reglamentos limitados.
d) Reglamentos simples.

50. Señala, respecto a los Reglamentos, la respuesta incorrecta:

a) Los Reglamentos independientes no deben limitar derechos subjetivos ni situaciones jurídicas adquiridas por los particulares.
b) En general, los Reglamentos no deben regular cuestiones que, por su naturaleza, pertenezcan al campo jurídico–público.
c) Los Reglamentos no pueden derogar ni modificar el contenido de leyes formales, decretos leyes, decretos legislativos, ni de otros Reglamentos dictados por Autoridad u órgano de mayor jerarquía.
d) Los Reglamentos que, en ejecución de ley anterior, y haciendo uso de la autorización que en ella se contenga, pueden limitar derechos a particulares, no deben extenderse a materias distintas de las de la ley de autorización.

51. Según la doctrina, el Derecho Administrativo, en cuanto se dirige a la regulación de las singulares especies de sujetos que se agrupan bajo el nombre de Administraciones Públicas, sustrayendo a estos sujetos singulares del Derecho Común, es un Derecho de naturaleza:

a) Singular.
b) Estatutaria.
c) Especial.
d) Institucional.

52. En el ámbito de las fuentes del Derecho, *norma normarum* o norma jurídica fundamental, es:

a) La ley.
b) La Constitución.
c) La ley orgánica.
d) La costumbre.

Solución al test n.º 6

1. b) La Jurisprudencia.

2. a) Directa.

3. c) Al Estado y las Comunidades Autónomas.

4. a) Al Rey.

5. c) Leyes marco.

6. c) Quince días.

7. a) El Rey.

8. d) Disposiciones del Gobierno que contienen legislación delegada.

9. d) Decreto ley.

10. c) Al Congreso de los Diputados.

11. b) Ejecutivos e Independientes.

12. d) Todas las respuestas son correctas.

13. b) Los Principios Generales del Derecho.

14. c) El Tribunal Supremo.

15. d) Las respuestas a) y b) son correctas.

16. b) Un máximo de tres miembros de la Asamblea encargados de su defensa.

17. c) Los decretos leyes y los decretos legislativos.

18. a) El 30 de abril.

19. b) Decretos leyes.

20. a) Los treinta días siguientes a su promulgación.

21. c) Decretos legislativos.

22. c) Por su contenido, son normas de Derecho subjetivo, de rango inferior al de las leyes.

23. c) En aplicación del principio de eficiencia.

24. a) Reglamentos Ejecutivos y Reglamentos Independientes.

25. d) Todas las respuestas son correctas.

26. a) En aplicación del principio de transparencia.

27. d) Todas las respuestas anteriores son correctas.

28. a) Anualmente.

29. c) Estatales, autonómicos, locales e institucionales.

30. d) Las respuestas b) y c) son correctas.

31. b) Nulidad.

32. a) Internos.

33. c) Los Tratados Internacionales.

34. c) De quince días.

35. d) Todas las respuestas son correctas.

36. c) Leyes marco.

37. d) Todas las respuestas son correctas.

38. b) El Ministerio de la Presidencia, Justicia y Relaciones con las Cortes.

39. a) Al Gobierno.

40. c) Necesidad, eficacia, proporcionalidad, seguridad jurídica, transparencia, y eficiencia.

41. c) El Portal de la Transparencia de la Administración Pública correspondiente.

42. a) Directa.

43. b) Directa subsidiaria.

44. d) Todas las respuestas son correctas.

45. d) A los veinte días de su completa publicación en el Boletín Oficial del Estado.

46. d) Todas las respuestas son correctas.

47. b) Necesidad y eficacia.

48. d) Todas las respuestas son correctas.

49. a) Reglamentos externos.

50. b) En general, los Reglamentos no deben regular cuestiones que, por su naturaleza, pertenezcan al campo jurídico–público.

51. b) Estatutaria.

52. b) La Constitución.

TEST N.º 7

El administrado. Colaboración y participación de los ciudadanos en las funciones administrativas. La capacidad de obrar y concepto de interesado. Identificación y firma de los interesados en el procedimiento administrativo. El principio de audiencia al interesado

1. Suele ser normal que la Administración Pública en las relaciones jurídico-administrativas:

a) Se sujete al Derecho Privado.
b) Actúe como sujeto de las mismas.
c) Despliegue una serie de potestades legalmente reconocidas.
d) Actúe representada por particulares.

2. Puede ser objeto de una relación jurídico-administrativa el/los/las:

a) Dominio público.
b) Potestades administrativas.
c) Deberes de los ciudadanos.
d) Nada de lo anterior.

3. Normalmente, la Administración Pública, en este tipo de relaciones:

a) Se limita a una posición de espectadora de las mismas.
b) Actúa como sujeto activo.
c) Se encuentra en el lado pasivo de las mismas.
d) Está en igualdad de circunstancias que el administrado.

4. Una característica esencial de las relaciones jurídico-administrativas es:

a) Su regulación por el Derecho Privado.
b) La situación de igualdad de la Administración Pública y el administrado.
c) Su sujeción al Derecho Administrativo.
d) Estar exenta de regulación jurídica de todo tipo.

5. La relación en la que la Administración Pública actúa como un particular y no como tal Administración Pública es de carácter:

a) Privado.
b) Jurídico-administrativa.
c) No jurídica.
d) Semipública.

6. El contenido de la relación jurídico-administrativa se descompone en:

a) Actos humanos y cosas.
b) Hechos no jurídicos.
c) Derechos y obligaciones.
d) Todo lo anterior.

7. La presentación de una denuncia y la comparecencia en el trámite de información pública:

a) No confieren la condición de interesado, en ningún caso.
b) No confieren u otorgan por sí solas, la condición de interesado en el procedimiento.
c) Confiere solo la condición de administrado, pero no la de interesado.
d) Confiere solo la condición de interesado, pero no la de administrado.

8. Es ejemplo de administrado cualificado un:

a) Ciudadano cualquiera.
b) Vendedor ambulante.
c) Concesionario de servicio público.
d) Las respuestas b) y c) son ciertas.

9. Un funcionario tiene la condición de:

a) Persona privada de interés social.
b) Autoridad.
c) Administrado simple.
d) Administrado cualificado.

10. La actuación de un particular realizando una prestación personal a la Administración:

a) Le convierte en administrado simple.
b) Comporta un trato de favor al mismo.
c) Le exime de pagar tasas judiciales.
d) Le cualifica respecto de la misma.

11. El que realice un uso común general del dominio público:

a) Requiere licencia.
b) Ha de estar habilitado a través de la correspondiente concesión demanial.
c) Tiene la condición de administrado cualificado.
d) Nada de lo expuesto es correcto.

12. El ciudadano que regenta un quiosco en la vía pública, sin hacer por tanto un uso común general de la misma, respecto a la Administración Pública es un administrado:

a) Simple.
b) Cualificado, al adquirir condición de funcionario.
c) Cualificado, al convertirse en un contratista.
d) Cualificado.

13. En Derecho Administrativo, a diferencia del Derecho Privado, se puede reconocer a los menores de edad:

a) Capacidad jurídica.
b) Capacidad de obrar.
c) Ambas capacidades.
d) Ninguna de ellas.

14. La edad mínima para entablar por sí solo relaciones con la Administración Pública es de:

a) Dieciocho años.
b) Depende de los casos.
c) Veintiún años la mujer casada.
d) Nada de lo anterior es cierto.

15. Señala la respuesta incorrecta. Las Administraciones Públicas solo requerirán a los interesados el uso obligatorio de firma para:

a) Presentar declaraciones responsables o comunicaciones.
b) Adquirir derechos.
c) Interponer recursos.
d) Formular solicitudes.

Solución al test n.º 7

1. c) Despliegue una serie de potestades legalmente reconocidas.

2. a) Dominio público.

3. b) Actúa como sujeto activo.

4. c) Su sujeción al Derecho Administrativo.

5. a) Privado.

6. c) Derechos y obligaciones.

7. b) No confieren u otorgan por sí solas, la condición de interesado en el procedimiento.

8. d) Las respuestas b) y c) son ciertas.

9. d) Administrado cualificado.

10. d) Le cualifica respecto de la misma.

11. d) Nada de lo expuesto es correcto.

12. d) Cualificado.

13. b) Capacidad de obrar.

14. b) Depende de los casos.

15. b) Adquirir derechos.

TEST N.º 8

La actividad de las Administraciones Públicas. Normas generales de actuación. Términos y plazos. Los órganos de las Administraciones públicas. Competencia. Órganos colegiados. Abstención y recusación

1. ¿Qué recurso cabe contra el acuerdo que declare la aplicación de la tramitación de urgencia al procedimiento?

a) Recurso de alzada.
b) Recurso extraordinario de revisión.
c) Recurso de reposición, en el plazo de un mes.
d) Ningún recurso.

2. Si un interesado de una Comunidad Autónoma con lengua oficial específica se dirige a un órgano de la Administración General del Estado sito en su Comunidad, ha de hacerlo en:

a) Castellano necesariamente.
b) Su lengua oficial exclusivamente.
c) Cualquiera de las dos anteriores, a su opción.
d) La que se le indique por la citada Administración.

3. Si un interesado en un procedimiento conoce datos de otros que no han comparecido en el mismo:

a) Puede dárselos a la Administración Pública actuante.
b) Está obligado a proporcionárselos a la anterior.
c) Para garantizar su intimidad, debe ocultarlos.
d) No tiene obligación alguna al respecto.

4. En las disposiciones de creación de registros electrónicos no es necesario especificar:

a) Los días declarados como inhábiles.
b) La caducidad del registro.

c) El órgano o unidad responsable de su gestión.
d) La fecha y hora oficial.

5. El proceso tecnológico que permite convertir un documento en soporte papel u otro soporte no electrónico, en un fichero electrónico que contiene la imagen codificada, fiel e íntegra del documento, se conoce en la LPACAP como:

a) Automatización.
b) Fotocopiado.
c) Autenticación.
d) Digitalización.

6. Señala la opción incorrecta. En todo caso, las disposiciones de creación de registros electrónicos especificarán:

a) El órgano o unidad responsable de su gestión.
b) La fecha y hora oficial.
c) Los días declarados como inhábiles.
d) Los medios electrónicos permitidos.

7. El transcurso del plazo máximo legal para resolver un procedimiento y notificar la resolución se podrá suspender:

a) Cuando deba obtenerse un pronunciamiento previo y preceptivo de un órgano de la Unión Europea, por el tiempo que medie entre la petición, que habrá de comunicarse a los interesados, y la notificación del pronunciamiento a la Administración instructora, que también deberá serles comunicada.
b) Cuando deban realizarse pruebas técnicas o análisis contradictorios o dirimentes propuestos por los interesados, durante el tiempo necesario para la incorporación de los resultados al expediente.
c) Cuando exista un procedimiento no finalizado en el ámbito de la Unión Europea que condicione directamente el contenido de la resolución de que se trate, desde que se tenga constancia de su existencia, lo que deberá ser comunicado a los interesados, hasta que se resuelva, lo que también habrá de ser notificado.
d) Todas las respuestas son correctas.

8. ¿Qué recurso cabe contra el acuerdo que resuelva sobre la ampliación de plazos?

a) Recurso de alzada.
b) Recurso extraordinario de revisión.
c) Recurso de reposición, en el plazo de un mes.
d) Ningún recurso.

9. Señala la respuesta correcta respecto al cómputo de plazos:

a) Salvo que por Ley o en el Derecho de la Unión Europea se disponga otro cómputo, cuando los plazos se señalen por horas, se entiende que estas son naturales.

b) Siempre que por Ley o en el Derecho de la Unión Europea no se exprese otro cómputo, cuando los plazos se señalen por días, se entiende que estos son naturales, incluyéndose en el cómputo los sábados, los domingos y los declarados festivos.

c) Los plazos expresados en días se contarán desde el mismo día en que tenga lugar la notificación o publicación del acto de que se trate, o desde el siguiente a aquel en que se produzca la estimación o la desestimación por silencio administrativo.

d) Cuando un día fuese hábil en el municipio o Comunidad Autónoma en que residiese el interesado, e inhábil en la sede del órgano administrativo, o a la inversa, se considerará inhábil en todo caso.

10. Señala la respuesta incorrecta respecto al cómputo de los plazos:

a) Cuando los plazos se hayan señalado por días naturales por declararlo así una ley o por el Derecho de la Unión Europea, se hará constar esta circunstancia en las correspondientes notificaciones.

b) Cuando el último día del plazo sea inhábil, se entenderá prorrogado al primer día hábil siguiente.

c) Los plazos expresados por horas se contarán de hora en hora y de minuto en minuto desde la hora y minuto en que tenga lugar la notificación o publicación del acto de que se trate y no podrán tener una duración superior a veinticuatro horas, en cuyo caso se expresarán en días.

d) La declaración de un día como hábil o inhábil a efectos de cómputo de plazos determina por sí sola el funcionamiento de los centros de trabajo de las Administraciones Públicas, la organización del tiempo de trabajo así como el régimen de jornada y horarios de las mismas.

11. El registro electrónico permite la presentación de documentos:

a) De lunes a viernes de 8 a 15 horas.

b) De lunes a viernes de 8 a 21 horas.

c) Todos los días del año de 8 a 21 horas.

d) Todos los días del año durante las veinticuatro horas.

12. ¿En qué caso podrá ser objeto de ampliación un plazo ya vencido?

a) En los procedimientos tramitados por las misiones diplomáticas y oficinas consulares.

b) En aquellos que, sustanciándose en el interior, exijan cumplimentar algún trámite en el extranjero o en los que intervengan interesados residentes fuera de España.

c) Siempre que así lo considere oportuno, y lo fundamente, el Instructor del procedimiento.

d) En ningún caso.

13. Cuando razones de interés público lo aconsejen, se podrá acordar, de oficio o a petición del interesado, la aplicación al procedimiento de la tramitación de urgencia, por la cual se reducirán a la mitad los plazos establecidos para el procedimiento ordinario, salvo:

a) Los relativos a la presentación de solicitudes.

b) Los relativos a la presentación de recursos.

c) Las respuestas a) y b) son correctas.

d) Ninguna respuesta es correcta.

14. En cuanto a la competencia de los órganos administrativos:

a) La competencia es renunciable por los órganos que la tengan atribuida.

b) La titularidad y el ejercicio de las competencias atribuidas a los órganos administrativos no podrán ser desconcentradas en otros jerárquicamente dependientes de aquellos.

c) La encomienda de gestión, la delegación de firma y la suplencia no suponen alteración de la titularidad de la competencia, aunque sí de los elementos determinantes de su ejercicio que en cada caso se prevén.

d) Si alguna disposición atribuye competencia a una Administración, sin especificar el órgano que debe ejercerla, se entenderá que la facultad de instruir y resolver los expedientes corresponde a los órganos superiores competentes por razón de la materia y del territorio.

15. En referencia a los órganos administrativos, podrán delegar competencias relativas a:

a) Asuntos que se refieran a relaciones con la Jefatura del Estado.

b) La adopción de disposiciones de carácter general.

c) La resolución de recursos en los órganos administrativos que hayan dictado los actos objeto de recurso.

d) El ejercicio de la potestad sancionadora.

16. En relación con la delegación de competencias entre órganos administrativos, no es cierto que:

a) La delegación puede ser revocada en cualquier momento por el órgano que la haya conferido.

b) La delegación de competencias atribuidas a órganos colegiados, para cuyo ejercicio ordinario se requiera un quórum especial, deberá adoptarse observando, en todo caso, dicho quórum.

c) Las competencias que se ejercen por delegación pueden ser delegadas.

d) No podrán ser delegadas aquellas materias en que así se determine por norma con rango de ley.

17. En cuanto a la delegación de firma, es cierto que:

a) La delegación de firma altera la competencia del órgano delegante.

b) Para su validez es necesaria su publicación.

c) Solo puede delegarse la firma en materias que se ostenten por atribución.

d) En las resoluciones y actos que se firmen por delegación se hará constar la autoridad de procedencia.

18. En relación con los conflictos de atribuciones entre órganos administrativos, no es cierto que:

a) El órgano administrativo que se estime incompetente para la resolución de un asunto remitirá directamente las actuaciones al órgano que considere competente.

b) Los interesados que sean parte en el procedimiento podrán dirigirse al órgano que se encuentre conociendo de un asunto para que decline su competencia y remita las actuaciones al órgano competente.

c) Los interesados podrán dirigirse al órgano que estimen competente para que requiera de inhibición al que esté conociendo del asunto.

d) Los conflictos de atribuciones solo podrán suscitarse entre órganos de una misma Administración relacionados jerárquicamente.

19. En relación con las instrucciones y órdenes de servicio, no es cierto que:

a) El incumplimiento de las instrucciones u órdenes de servicio supone la invalidez de los actos dictados por los órganos administrativos.

b) Son normas de carácter interno, que no han de afectar a los administrados.

c) No requieren un especial procedimiento de elaboración.

d) Su cumplimiento se subordina al conocimiento de las mismas por sus destinatarios.

20. Señala la respuesta incorrecta. Las autoridades y el personal al servicio de las Administraciones se abstendrán de intervenir en el procedimiento:

a) Cuando tengan interés personal en el asunto de que se trate o en otro en cuya resolución pudiera influir la de aquel.

b) Si tienen parentesco de consanguinidad o de afinidad dentro del cuarto grado, con cualquiera de los interesados.

c) Tener amistad íntima con los administradores de entidades o sociedades interesadas o con los asesores, representantes legales o mandatarios que intervengan en el procedimiento.

d) Haber tenido intervención como perito o como testigo en el procedimiento de que se trate.

21. Señala la respuesta correcta en relación con la abstención en el procedimiento:

a) La actuación de autoridades y personal al servicio de las Administraciones Públicas en los que concurran motivos de abstención implicará, necesariamente, la invalidez de los actos en que hayan intervenido.

b) Los órganos jerárquicamente superiores podrán ordenar a las personas en quienes se dé alguna de las circunstancias señaladas en el art. 23 de la LRJSP que se abstengan de toda intervención en el expediente.

c) La no abstención en los casos en que proceda no dará lugar a responsabilidad.

d) La enemistad manifiesta no es motivo de abstención en el procedimiento de una autoridad de la Administración Pública.

22. En lo concerniente a la recusación, a la que se refiere el art. 24 de la LRJSP:

a) La recusación deberá promoverse por los interesados antes de que se inicie la tramitación del procedimiento.

b) La recusación se planteará por escrito en el que se expresará la causa o causas en que se funda.

c) Si el recusado niega la causa de recusación, el superior resolverá en el plazo de tres meses, previos los informes y comprobaciones que considere oportunos.

d) Contra las resoluciones adoptadas en esta materia cabe recurso de alzada.

23. Los órganos administrativos podrán dirigir las actividades de sus órganos jerárquicamente dependientes mediante:

a) Instrucciones y Órdenes de servicio.
b) Circulares.
c) Notas de servicio y Recomendaciones.
d) Directrices y Avisos.

Solución al test n.º 8

1. d) Ningún recurso.

2. c) Cualquiera de las dos anteriores, a su opción.

3. b) Está obligado a proporcionárselos a la anterior.

4. b) La caducidad del registro.

5. d) Digitalización.

6. d) Los medios electrónicos permitidos.

7. d) Todas las respuestas son correctas.

8. d) Ningún recurso.

9. d) Cuando un día fuese hábil en el municipio o Comunidad Autónoma en que residiese el interesado, e inhábil en la sede del órgano administrativo, o a la inversa, se considerará inhábil en todo caso.

10. d) La declaración de un día como hábil o inhábil a efectos de cómputo de plazos determina por sí sola el funcionamiento de los centros de trabajo de las Administraciones Públicas, la organización del tiempo de trabajo así como el régimen de jornada y horarios de las mismas.

11. d) Todos los días del año durante las veinticuatro horas.

12. d) En ningún caso.

13. c) Las respuestas a) y b) son correctas.

14. c) La encomienda de gestión, la delegación de firma y la suplencia no suponen alteración de la titularidad de la competencia, aunque sí de los elementos determinantes de su ejercicio que en cada caso se prevén.

15. d) El ejercicio de la potestad sancionadora.

16. c) Las competencias que se ejercen por delegación pueden ser delegadas.

17. d) En las resoluciones y actos que se firmen por delegación se hará constar la autoridad de procedencia.

18. d) Los conflictos de atribuciones sólo podrán suscitarse entre órganos de una misma Administración relacionados jerárquicamente.

19. a) El incumplimiento de las instrucciones u órdenes de servicio supone la invalidez de los actos dictados por los órganos administrativos.

20. b) Si tienen parentesco de consanguinidad o de afinidad dentro del cuarto grado, con cualquiera de los interesados.

21. b) Los órganos jerárquicamente superiores podrán ordenar a las personas en quienes se dé alguna de las circunstancias señaladas en el art. 23 de la LRJSP que se abstengan de toda intervención en el expediente.

22. b) La recusación se planteará por escrito en el que se expresará la causa o causas en que se funda.

23. a) Instrucciones y Órdenes de servicio.

El acto administrativo. Concepto. Requisitos y elementos del acto administrativo. Eficacia de los actos

1. El contenido eventual del acto supone:

a) Que este puede estar condicionado.
b) Que se presume en todos los actos del mismo tipo.
c) Que es connatural con el acto de que se trate.
d) Su carácter reglado.

2. Cuando algo necesariamente forma parte de un acto administrativo, hablamos de contenido:

a) Natural.
b) Legal.
c) Eventual.
d) Implícito.

3. Serán motivados, con sucinta referencia de hechos y fundamentos de Derecho:

a) Los actos que se separen del criterio seguido en actuaciones precedentes o del dictamen de órganos consultivos.
b) Los actos que limiten derechos subjetivos o intereses legítimos.
c) Los actos que resuelvan procedimientos de revisión de oficio de disposiciones o actos administrativos, recursos administrativos y procedimientos de arbitraje y los que declaren su inadmisión.
d) Todas las respuestas son correctas.

4. Según provengan de un solo órgano administrativo o de dos o más órganos administrativos, los actos administrativos se clasifican en:

a) Actos únicos y actos múltiples.
b) Actos de trámite y actos complejos.
c) Actos simples y complejos.
d) Actos básicos y actos complejos.

5. Las cláusulas accesorias de un acto administrativo forman parte del contenido:

a) Natural del acto.
b) Implícito del mismo.
c) Legal del acto.
d) Eventual del acto.

6. Un acto complejo es aquel:

a) En el que intervienen, sucesivamente, en virtud de la tutela administrativa, dos órganos administrativos.
b) Que se adopta por un órgano colegiado.
c) En cuyo proceso de elaboración se ha evacuado el dictamen de un órgano consultivo.
d) En cuya emisión de voluntad han de intervenir, como mínimo, dos órganos administrativos.

7. Según dispone el art. 41 LPACAP, las notificaciones se practicarán preferentemente:

a) Por la vía postal.
b) Telefónicamente.
c) Por medios electrónicos.
d) Por el medio más rápido y económico para la Administración.

8. El procedimiento, que es la vía a través de la cual se elabora la declaración de voluntad, deseo, conocimiento o juicio de la Administración, en que consiste el acto, es un elemento del acto administrativo de tipo:

a) Objetivo.
b) Subjetivo.
c) Formal.
d) Accidental.

9. Serán motivados, con sucinta referencia de hechos y fundamentos de derecho:

a) Los actos que se separen del criterio seguido en actuaciones precedentes o del dictamen de órganos consultivos.
b) Los actos que limiten derechos subjetivos o intereses legítimos.
c) Los actos que resuelvan procedimientos de revisión de oficio de disposiciones o actos administrativos, recursos administrativos y procedimientos de arbitraje y los que declaren su inadmisión.
d) Todas las respuestas son correctas.

10. El acto administrativo está sujeto al principio de legalidad:

a) Siempre.
b) Cuando se trate de actos reglados.
c) Según los casos.
d) No necesariamente.

11. Cuando la Administración Pública actúa como persona de Derecho Privado:

a) Solo puede ser controlada por los Tribunales contencioso-administrativos.
b) No dicta actos administrativos.
c) Su actividad es puramente discrecional.
d) Puede actuar sin límite alguno, como cualquier particular.

12. El interés público convierte a los actos administrativos en:

a) Susceptibles de impugnación directa.
b) Reglados, en parte.
c) Discrecionales.
d) Nada de lo anterior.

13. Un acto general debe:

a) Publicarse.
b) Notificarse a los interesados.
c) Tener un contenido normativo.
d) Elaborarse por un órgano colegiado.

14. El acto que da fin a un expediente administrativo es un/una:

a) Propuesta.
b) Acto definitivo.
c) Informe con propuesta de resolución.
d) Acto trámite.

15. Un ejemplo de acto de trámite es un/una:

a) Decisión con que concluye el procedimiento.
b) Renuncia.
c) Informe emitido en un procedimiento.
d) Ninguno de ellos lo es.

16. Las competencias administrativas hacen referencia a/al/a las:

a) Ente administrativo de que se trate.
b) Atribuciones que por ley se conceden a una Administración Pública.
c) Atribuciones que se otorgan a un órgano administrativo.
d) Nada de lo anterior.

17. El contenido de un acto administrativo ha de ser:

a) Ilícito y determinado.
b) Posible y lícito.

c) Determinado o determinable e ilícito.
d) Imposible y lícito.

18. Las cláusulas accesorias de un acto administrativo forman parte del contenido:

a) Natural del acto.
b) Implícito del mismo.
c) Legal del acto.
d) Eventual del acto.

19. Los actos deben motivarse:

a) Siempre.
b) Nunca.
c) Cuando decidan un procedimiento.
d) Cuando la ley lo prescriba.

20. No tienen por qué motivarse los actos que:

a) Resuelvan recursos.
b) Limiten derechos subjetivos.
c) Se separen del dictamen de órganos consultivos.
d) Todos los anteriores deben motivarse.

21. El procedimiento, que es la vía a través de la cual se elabora la declaración de voluntad, deseo, conocimiento o juicio de la Administración, en que consiste el acto, es un elemento del acto administrativo de tipo:

a) Objetivo.
b) Subjetivo.
c) Formal.
d) Accidental.

22. Las resoluciones administrativas que vulneren lo establecido en una disposición reglamentaria:

a) Se aplican solo si el órgano lo justifica.
b) Se aplican en todo caso.
c) Son nulas.
d) Son anulables.

23. Por medio de la misma se presumen válidos todos los actos administrativos, que gozan de fuerza ejecutiva por lo que producen efectos desde que son dictados:

a) Autotutela declarativa.
b) Autotutela ejecutiva.

c) Ejecutoriedad.
d) Justicia.

24. En términos generales, los actos de las Administraciones Públicas sujetos al Derecho Administrativo se presumirán válidos y producirán efectos:

a) Desde la fecha en que se dicten.
b) Desde la fecha en que se publiquen.
c) Desde la fecha en que se notifiquen.
d) Desde la fecha en que los conozca el interesado.

25. Los actos administrativos:

a) Nunca tendrán eficacia retroactiva.
b) Siempre tendrán eficacia retroactiva.
c) Excepcionalmente, podrá otorgarse eficacia retroactiva a los actos cuando se dicten en sustitución de actos anulados, así como cuando produzcan efectos favorables al interesado, siempre que los supuestos de hecho necesarios existieran ya en la fecha a que se retrotraiga la eficacia del acto y esta no lesione derechos o intereses legítimos de otras personas.
d) Excepcionalmente, podrá otorgarse eficacia retroactiva cuando lo decida el órgano que lo dicta.

26. La eficacia del acto:

a) No puede cesar.
b) Puede cesar temporalmente.
c) Puede cesar definitivamente.
d) Son correctas las respuestas b) y c).

27. Es causa de cese definitivo de la eficacia del acto:

a) El total cumplimiento del propio acto.
b) El transcurso del plazo en él mismo señalado, si estaba limitado en el tiempo.
c) El cumplimiento de la condición resolutoria a que pudiera estar sujeto.
d) Todas las respuestas anteriores son correctas.

28. Toda notificación del acto administrativo deberá ser cursada dentro del plazo de:

a) Cinco días a partir de la fecha en que el acto haya sido dictado, y deberá contener el texto íntegro de la resolución, con indicación de si pone fin o no a la vía administrativa, la expresión de los recursos que procedan, en su caso, en vía administrativa y judicial, el órgano ante el que hubieran de presentarse y el plazo para interponerlos, sin perjuicio de que los interesados puedan ejercitar, en su caso, cualquier otro que estimen procedente.

b) Siete días a partir de la fecha en que el acto haya sido dictado, y deberá contener el texto íntegro de la resolución, con indicación de si pone fin o no a la vía administrativa, la expresión de los recursos que procedan, en su caso, en vía administrativa y judicial, el órgano ante el que hubieran de presentarse y el plazo para interponerlos, sin perjuicio de que los interesados puedan ejercitar, en su caso, cualquier otro que estimen procedente.

c) Diez días a partir de la fecha en que el acto haya sido dictado, y deberá contener el texto íntegro de la resolución, con indicación de si pone fin o no a la vía administrativa, la expresión de los recursos que procedan, en su caso, en vía administrativa y judicial, el órgano ante el que hubieran de presentarse y el plazo para interponerlos, sin perjuicio de que los interesados puedan ejercitar, en su caso, cualquier otro que estimen procedente.

d) Quince días a partir de la fecha en que el acto haya sido dictado, y deberá contener el texto íntegro de la resolución, con indicación de si pone fin o no a la vía administrativa, la expresión de los recursos que procedan, en su caso, en vía administrativa y judicial, el órgano ante el que hubieran de presentarse y el plazo para interponerlos, sin perjuicio de que los interesados puedan ejercitar, en su caso, cualquier otro que estimen procedente.

29. En los procedimientos iniciados a solicitud del interesado, la notificación se practicará:

a) Por medio electrónico.
b) Por el medio señalado al efecto por aquel.
c) Por medio de documento físico.
d) Como determine la Administración.

30. Cuando los interesados en un procedimiento sean desconocidos, se ignore el lugar de la notificación o bien, intentada esta, no se hubiese podido practicar, la notificación:

a) No se realizará.
b) Se hará por medio de un anuncio publicado en el «Boletín Oficial del Estado».
c) Se hará a través del juez.
d) No será necesaria.

31. En todo caso, los actos administrativos serán objeto de publicación, surtiendo esta los efectos de la notificación:

a) Cuando el acto tenga por destinatario a una pluralidad indeterminada de personas o cuando la Administración estime que la notificación efectuada a un solo interesado es insuficiente para garantizar la notificación a todos, siendo, en este último caso, adicional a la individualmente realizada.
b) Cuando se trate de actos integrantes de un procedimiento selectivo o de concurrencia competitiva de cualquier tipo.
c) Son correctas las respuestas a) y b).
d) Todas las respuestas anteriores son incorrectas.

32. Si el órgano competente apreciase que la notificación por medio de anuncios o la publicación de un acto lesiona derechos o intereses legítimos:

a) Se debe realizar igualmente.

b) No se realizará.

c) Se limitará a publicar en el Diario oficial que corresponda una somera indicación del contenido del acto y del lugar donde los interesados podrán comparecer, en el plazo que se establezca, para conocimiento del contenido íntegro del mencionado acto y constancia de tal conocimiento.

d) Se hará a solicitud de uno de los interesados.

33. Si el órgano competente apreciase que la notificación por medio de anuncios:

a) Adicionalmente y de manera facultativa, las Administraciones podrán establecer otras formas de notificación complementarias a través de los restantes medios de difusión que no excluirán la obligación de publicar en el correspondiente Diario oficial.

b) Las Administraciones podrán establecer otras formas de notificación complementarias a través de los restantes medios de difusión que excluirán la obligación de publicar en el correspondiente Diario oficial.

c) Adicionalmente y de manera obligatoria, las Administraciones establecerán otras formas de notificación complementarias a través de los restantes medios de difusión que no excluirán la obligación de publicar en el correspondiente Diario oficial.

d) Adicionalmente y de manera obligatoria, las Administraciones establecerán otras formas de notificación complementarias a través de los restantes medios de difusión que no excluirán la obligación de publicar en el correspondiente Diario oficial.

34. En ningún caso se efectuará por medios electrónicos la siguiente notificación:

a) Aquellas en las que el acto a notificar vaya acompañado de elementos que no sean susceptibles de conversión en formato electrónico.

b) Las que contengan medios de pago a favor de los obligados, tales como cheques.

c) Son correctas las respuestas a) y b).

d) Todas las respuestas anteriores son incorrectas.

Solución al test n.º 9

1. a) Que este puede estar condicionado.

2. a) Natural.

3. d) Todas las respuestas son correctas.

4. c) Actos simples y complejos.

5. d) Eventual del acto.

6. d) En cuya emisión de voluntad han de intervenir, como mínimo, dos órganos administrativos.

7. c) Por medios electrónicos.

8. c) Formal.

9. d) Todas las respuestas son correctas.

10. a) Siempre.

11. b) No dicta actos administrativos.

12. b) Reglados, en parte.

13. a) Publicarse.

14. b) Acto definitivo.

15. c) Informe emitido en un procedimiento.

16. c) Atribuciones que se otorgan a un órgano administrativo.

17. b) Posible y lícito.

18. d) Eventual del acto.

19. d) Cuando la ley lo prescriba.

20. d) Todos los anteriores deben motivarse.

21. c) Formal.

22. c) Son nulas.

23. a) Autotutela declarativa.

24. a) Desde la fecha en que se dicten.

25. c) Excepcionalmente, podrá otorgarse eficacia retroactiva a los actos cuando se dicten en sustitución de actos anulados, así como cuando produzcan efectos favorables al interesado, siempre que los supuestos de hecho necesarios existieran ya en la fecha a que se retrotraiga la eficacia del acto y esta no lesione derechos o intereses legítimos de otras personas.

26. d) Son correctas las respuestas b) y c).

27. d) Todas las respuestas anteriores son correctas.

28. c) Diez días a partir de la fecha en que el acto haya sido dictado, y deberá contener el texto íntegro de la resolución, con indicación de si pone fin o no a la vía administrativa, la expresión de los recursos que procedan, en su caso, en vía administrativa y judicial, el órgano ante el que hubieran de presentarse y el plazo para interponerlos, sin perjuicio de que los interesados puedan ejercitar, en su caso, cualquier otro que estimen procedente.

29. b) Por el medio señalado al efecto por aquel.

30. b) Se hará por medio de un anuncio publicado en el «Boletín Oficial del Estado».

31. c) Son correctas las respuestas a) y b).

32. c) Se limitará a publicar en el Diario oficial que corresponda una somera indicación del contenido del acto y del lugar donde los interesados podrán comparecer, en el plazo que se establezca, para conocimiento del contenido íntegro del mencionado acto y constancia de tal conocimiento.

33. a) Adicionalmente y de manera facultativa, las Administraciones podrán establecer otras formas de notificación complementarias a través de los restantes medios de difusión que no excluirán la obligación de publicar en el correspondiente Diario oficial.

34. c) Son correctas las respuestas a) y b).

TEST N.º 10

La Administración electrónica. Principios generales del procedimiento administrativo. Dimensión temporal del procedimiento. Recepción y registro de documentos. El Documento electrónico

1. Comunicarse con las Administraciones Públicas por medios electrónicos es:

a) Un deber de los ciudadanos.
b) Un derecho de las Administraciones Públicas.
c) Un derecho de los ciudadanos.
d) Un derecho fundamental de los españoles, recogido por la Constitución; y, a la vez, un deber.

2. Se define como "dirección electrónica disponible para los ciudadanos a través de redes de telecomunicaciones cuya titularidad, gestión y administración corresponde a una Administración Pública, órgano o entidad administrativa en el ejercicio de sus competencias":

a) Sede electrónica.
b) Administración electrónica.
c) Página web de una Administración Pública.
d) Estándar abierto.

3. El artículo 26.2 de la Ley 39/2015 (LPACAP), exige para ser válidos "contener información de cualquier naturaleza en un soporte electrónico según un formato determinado y susceptible de identificación y tratamiento diferenciado", a:

a) Las notificaciones administrativas.
b) Las comunicaciones electrónicas.
c) Los documentos electrónicos.
d) Los certificados electrónicos.

4. El conjunto de datos en forma electrónica, consignados junto a otros o asociados con ellos, que pueden ser utilizados como medio de identificación del firmante, es:

a) La firma electrónica.
b) El certificado electrónico.
c) El expediente electrónico.
d) El documento electrónico.

5. Los registros electrónicos de las Administraciones Públicas deben permitir la presentación de solicitudes, escritos y comunicaciones:

a) Los mismos días hábiles que el resto de registros.
b) En el horario de presencia de los funcionarios a su cargo.
c) Al menos 12 horas al día, todos los días lectivos.
d) Todos los días del año durante las 24 horas.

6. Los poderes que se inscriban en los registros electrónicos generales y particulares de apoderamientos, tendrán una validez determinada máxima, a contar desde la fecha de inscripción, de:

a) 3 años.
b) 5 años.
c) 7 años.
d) 10 años.

7. El Reglamento de actuación y funcionamiento del sector público por medios electrónicos (RD 203/2021), la define como el procedimiento para reconocer de forma única la identidad de un sujeto que culmina tras un registro previo con la asignación de un elemento identificador singular en formato electrónico que representa de forma única a una persona física o jurídica o a una persona física que representa a una persona jurídica para interacción en el entorno digital:

a) La autenticación.
b) La representación.
c) La identificación.
d) La acreditación.

8. En las disposiciones de creación de registros electrónicos no es necesario especificar:

a) Los días declarados como inhábiles.
b) La caducidad del registro.
c) El órgano o unidad responsable de su gestión.
d) La fecha y hora oficial.

9. El proceso tecnológico que permite convertir un documento en soporte papel u otro soporte no electrónico, en un fichero electrónico que contiene la imagen codificada, fiel e íntegra del documento, se conoce en la LPACAP como:

a) Automatización.
b) Fotocopiado.
c) Autenticación.
d) Digitalización.

10. El funcionamiento del registro electrónico:

a) Permitirá la presentación de documentos todos los días hábiles del año durante la jornada laboral de su personal.
b) El inicio del cómputo de los plazos que hayan de cumplir las Administraciones Públicas vendrá determinado por la fecha y hora de presentación en el registro electrónico de cada Administración u Organismo.
c) Los documentos se considerarán presentados por el orden de hora efectiva en el que fueron aceptados por el funcionario habilitado al efecto.
d) El registro electrónico de cualquier Administración u Organismo se regirá, a efectos de cómputo de los plazos, por la fecha y hora oficial indicada por el Central European Time.

11. ¿Qué calendario de días inhábiles se aplicará en los registros electrónicos a efectos del cómputo de plazos?

a) El que se publique al efecto en el Boletín Oficial del Estado para todos los registros.
b) El que se publique al efecto en el Boletín Oficial de la Comunidad Autónoma para todos los registros ubicados en ella.
c) El que determine la sede electrónica del registro de cada Administración Pública u Organismo.
d) El que determine la sede electrónica del ayuntamiento en cuyo municipio se ubique el registro.

12. A efectos del cómputo de plazo fijado en días hábiles o naturales, y en lo que se refiere a cumplimiento de plazos por los interesados, la presentación en un registro electrónico de una solicitud en un día inhábil:

a) Se entenderá efectuada en ese mismo momento, puesto que el registro electrónico no tiene días inhábiles.
b) Se entenderá realizada en la primera hora del primer día hábil siguiente, salvo que una norma permita expresamente la recepción en día inhábil.
c) Se entenderá realizada en la misma hora que se ha efectuado, pero del primer día hábil siguiente.
d) No tiene validez.

13. El acceso por el interesado, debidamente identificado, al contenido de la actuación administrativa correspondiente, a través de la sede electrónica del órgano u organismo público actuante:

a) Es una manera válida de notificar, por comparecencia electrónica.

b) No es un medio de notificación autorizado reglamentariamente.

c) Tendrá efectos de notificación si el interesado manifiesta expresamente su consentimiento.

d) Siempre se entenderá como practicada la notificación, aunque no quede constancia de dicho acceso.

14. En relación a los documentos electrónicos administrativos, no es cierto que:

a) Para ser considerados válidos, los documentos electrónicos administrativos deberán disponer de los datos de identificación que permitan su individualización, sin perjuicio de su posible incorporación a un expediente electrónico.

b) A menos que su naturaleza exija otra forma más adecuada de expresión y constancia, las Administraciones Públicas emitirán los documentos administrativos por escrito, a través de medios electrónicos.

c) Los documentos electrónicos emitidos por las Administraciones Públicas que se publiquen con carácter meramente informativo, requieren firma electrónica para ser considerados documentos administrativos.

d) Cualquier documento electrónico emitido por una Administración Pública requerirá que se identifique su origen aunque no forme parte de un expediente administrativo.

15. Los principios básicos y requisitos mínimos requeridos para una protección adecuada de la información constituyen:

a) El Esquema Nacional de Seguridad.

b) El Esquema Nacional de Interoperabilidad.

c) La estrategia TIC.

d) El Plan de Transformación digital de la Administración General del Estado.

16. La letra [C] señala, en relación con la seguridad de la información o de los sistemas, una dimensión de seguridad de:

a) Cualificación.

b) Confidencialidad.

c) Capacitación.

d) Certificación.

17. Un incidente de seguridad, que afecte a alguna de las dimensiones de seguridad, supone un perjuicio muy grave sobre las funciones de la organización, sobre sus activos o sobre los individuos afectados, cuando:

a) Reduzca de forma apreciable, la capacidad de la organización para atender eficazmente, sus funciones y competencias, aunque estas sigan desempeñándose.

b) Cause un daño significativo en los activos de la organización.

c) Cause un perjuicio significativo a algún individuo, de difícil reparación.

d) Anule efectivamente la capacidad de la organización para desarrollar eficazmente sus funciones y competencias.

18. Aquella dimensión de la interoperabilidad, relativa a que la información intercambiada pueda ser interpretable de forma automática y reutilizable por aplicaciones que no intervinieron en su creación, se denomina:

a) Interoperabilidad semántica.

b) Interoperabilidad técnica.

c) Interoperabilidad en el tiempo.

d) Interoperabilidad organizativa.

19. Según el artículo 21.4 de la Ley 39/2015 (LPACAP), las Administraciones Públicas deben publicar y mantener actualizadas en el portal web, a efectos informativos, las relaciones de procedimientos de su competencia, con indicación de los plazos máximos de duración de los mismos, así como de:

a) Los órganos que los tramitan.

b) Los efectos que produzca el silencio administrativo.

c) Los modelos de petición de información.

d) Los requisitos para la iniciación de los procedimientos a instancia de los interesados.

20. Según el artículo 36.1 de la Ley 39/2015 (LPACAP), los actos administrativos se producirán por escrito a través de medios electrónicos:

a) En cualquier caso.

b) A menos que su naturaleza permita otra forma de expresión y constancia.

c) A menos que su naturaleza exija otra forma más adecuada de expresión y constancia.

d) A menos que el órgano instructor autorice otra forma más adecuada de expresión y constancia.

21. Cuando en virtud de una norma sea preciso remitir el expediente electrónico, se enviará completo, foliado, autentificado y acompañado de:

a) La información auxiliar o de apoyo.

b) La norma que lo sustenta.

c) Un recibo del Registro General.

d) Un índice de los documentos que contenga.

22. Infraestructura básica que permite el intercambio de asientos electrónicos de registro entre las Administraciones Públicas:

a) SIR.

b) DEH.

c) ZAS.
d) VAL.

23. Las condiciones y las garantías por las que se regirá la transmisión de documentos electrónicos, en entornos cerrados de comunicaciones entre distintas Administraciones públicas, se establecerán:

a) Por ley.
b) Por Real Decreto.
c) Mediante convenio suscrito entre aquellas.
d) En una Conferencia Sectorial.

24. ¿Cuál es el órgano técnico de cooperación de la Administración General del Estado, de las Administraciones de las Comunidades Autónomas y de las Entidades Locales, en materia de administración electrónica?

a) La Comisión Sectorial de administración electrónica.
b) El Comité Nacional de Cooperación Institucional.
c) El Instituto Nacional de Administración Pública.
d) La Unidad Informática Interadministrativa.

25. Con carácter previo a la elaboración de un proyecto o anteproyecto de ley o de reglamento, se sustanciará una consulta pública, a través del portal web de la Administración competente, en la que se recabará la opinión de los sujetos y de las organizaciones más representativas potencialmente afectados por la futura norma. La consulta pública podrá omitirse cuando la norma:

a) Tenga un impacto significativo en la actividad económica.
b) Imponga obligaciones relevantes a los destinatarios.
c) Afecte a derechos o intereses legítimos de colectivos de personas.
d) Regule aspectos parciales de una materia.

Solución al test n.º 10

1. c) Un derecho de los ciudadanos.

2. a) Sede electrónica.

3. c) Los documentos electrónicos.

4. a) La firma electrónica.

5. d) Todos los días del año durante las 24 horas.

6. b) 5 años.

7. c) La identificación.

8. b) La caducidad del registro.

9. d) Digitalización.

10. b) El inicio del cómputo de los plazos que hayan de cumplir las Administraciones Públicas vendrá determinado por la fecha y hora de presentación en el registro electrónico de cada Administración u Organismo.

11. c) El que determine la sede electrónica del registro de cada Administración Pública u Organismo.

12. b) Se entenderá realizada en la primera hora del primer día hábil siguiente, salvo que una norma permita expresamente la recepción en día inhábil.

13. a) Es una manera válida de notificar, por comparecencia electrónica.

14. c) Los documentos electrónicos emitidos por las Administraciones Públicas que se publiquen con carácter meramente informativo, requieren firma electrónica para ser considerados documentos administrativos.

15. a) El Esquema Nacional de Seguridad.

16. b) Confidencialidad.

17. d) Anule efectivamente la capacidad de la organización para desarrollar eficazmente sus funciones y competencias.

18. a) Interoperabilidad semántica.

19. b) Los efectos que produzca el silencio administrativo.

20. c) A menos que su naturaleza exija otra forma más adecuada de expresión y constancia.

21. d) Un índice de los documentos que contenga.

22. a) SIR.

23. c) Mediante convenio suscrito entre aquellas.

24. a) La Comisión Sectorial de administración electrónica.

25. d) Regule aspectos parciales de una materia.

TEST N.º 11

Fases del procedimiento administrativo general. El expediente electrónico. El silencio administrativo

1. ¿Cuál de los siguientes datos no es necesario que figure en las solicitudes de iniciación del procedimiento por parte de los interesados?

a) Número de teléfono.
b) Hechos, razones y petición en que se concrete, con toda claridad, la solicitud.
c) Órgano, centro o unidad administrativa a la que se dirige y su correspondiente código de identificación.
d) Firma del solicitante o acreditación de la autenticidad de su voluntad expresada por cualquier medio.

2. Los interesados solo podrán solicitar el inicio de un procedimiento de responsabilidad patrimonial, cuando no haya prescrito su derecho a reclamar. El derecho a reclamar prescribirá:

a) Al año de producido el hecho o el acto que motive la indemnización o se manifieste su efecto lesivo.
b) A los dos años de producido el hecho o el acto que motive la indemnización o se manifieste su efecto lesivo.
c) A los cinco años de producido el hecho o el acto que motive la indemnización o se manifieste su efecto lesivo.
d) Este derecho no prescribe.

3. ¿De acuerdo con qué principio se acordarán en un solo acto todos los trámites que, por su naturaleza, admitan un impulso simultáneo y no sea obligado su cumplimiento sucesivo?

a) Con el principio de oficialidad.
b) Con el principio de eficacia.
c) Con el principio de simplificación administrativa.
d) Con el principio de eficacia.

4. Salvo en el caso de que en la norma correspondiente se fije plazo distinto, los trámites que deban ser cumplimentados por los interesados deberán realizarse en el plazo de:

a) Siete días a partir del siguiente al de la notificación del correspondiente acto.
b) Diez días a partir del siguiente al de la notificación del correspondiente acto.
c) Quince días a partir del siguiente al de la notificación del correspondiente acto.
d) Un mes a partir del siguiente al de la notificación del correspondiente acto.

5. En cualquier momento del procedimiento, cuando la Administración considere que alguno de los actos de los interesados no reúne los requisitos necesarios, lo pondrá en conocimiento de su autor, concediéndole un plazo para cumplimentarlo:

a) De cinco días.
b) De siete días.
c) De diez días.
d) De veinte días.

6. Cuando la Administración no tenga por ciertos los hechos alegados por los interesados o la naturaleza del procedimiento lo exija, el instructor del mismo acordará la apertura de un período de prueba, a fin de que puedan practicarse cuantas juzgue pertinentes, por un plazo:

a) No superior a treinta días ni inferior a diez.
b) No superior a treinta días ni inferior a quince.
c) No superior a veinte días ni inferior a diez.
d) No superior a veinte días ni inferior a cinco.

7. Salvo disposición expresa en contrario, los informes serán:

a) Vinculantes.
b) Vinculantes y facultativos.
c) Facultativos y no vinculantes.
d) Nunca facultativos.

8. En el caso de los procedimientos de responsabilidad patrimonial será preceptivo solicitar informe al servicio cuyo funcionamiento haya ocasionado la presunta lesión indemnizable, no pudiendo exceder el plazo de su emisión de:

a) Diez días.
b) Quince días.
c) Veinte días.
d) Un mes.

9. ¿Cómo se denomina el conjunto ordenado de documentos y actuaciones que sirven de antecedente y fundamento a la resolución administrativa, así como las diligencias encaminadas a ejecutarla?

a) Dosier administrativo.
b) Acto administrativo.
c) Expediente administrativo.
d) Procedimiento administrativo.

10. Con arreglo al artículo 74 LPACAP, las cuestiones incidentales que se susciten en el procedimiento, incluso las que se refieran a la nulidad de actuaciones:

a) Suspenderán la tramitación del procedimiento.
b) No suspenderán la tramitación del procedimiento, salvo la recusación.
c) No suspenderán la tramitación del procedimiento en ningún caso.
d) Siempre que lo estime oportuno el instructor del procedimiento, y así lo motive suficientemente, suspenderá la tramitación del procedimiento.

11. ¿Cuándo podrán los interesados aducir alegaciones y aportar documentos u otros elementos de juicio?

a) En cualquier momento.
b) En cualquier momento del procedimiento posterior al trámite de audiencia.
c) En cualquier momento del procedimiento anterior al trámite de audiencia.
d) Únicamente cuando lo autorice el instructor del procedimiento.

12. Señala la respuesta incorrecta respecto a los medios y período de prueba:

a) El instructor del procedimiento solo podrá rechazar las pruebas propuestas por los interesados cuando sean manifiestamente improcedentes o innecesarias, sin necesidad de resolución motivada.
b) En los procedimientos de carácter sancionador, los hechos declarados probados por resoluciones judiciales penales firmes vincularán a las Administraciones Públicas respecto de los procedimientos sancionadores que substancien.
c) Cuando la prueba consista en la emisión de un informe de un órgano administrativo, organismo público o Entidad de derecho público, se entenderá que este tiene carácter preceptivo.
d) Cuando la valoración de las pruebas practicadas pueda constituir el fundamento básico de la decisión que se adopte en el procedimiento, por ser pieza imprescindible para la correcta evaluación de los hechos, deberá incluirse en la propuesta de resolución.

13. Cuando lo considere necesario, el instructor, a petición de los interesados, podrá decidir la apertura de un período extraordinario de prueba por un plazo:

a) No superior a diez días.
b) No superior a quince días.

c) No superior a veinte días.

d) No superior a un mes.

14. Salvo que una disposición o el cumplimiento del resto de los plazos del procedimiento permita o exija otro plazo mayor o menor, los informes serán emitidos en el plazo de:

a) Diez días.

b) Quince días.

c) Veinte días.

d) Un mes.

15. ¿De qué plazo disponen los interesados para alegar y presentar los documentos y justificaciones que estimen pertinentes?

a) De un plazo no inferior a cinco días ni superior a diez.

b) De un plazo no inferior a diez días ni superior a quince.

c) De un plazo no inferior a diez días ni superior a veinte.

d) De un plazo no inferior a diez días ni superior a un mes.

16. ¿Cuál es la forma normal de terminación del procedimiento?

a) La terminación convencional.

b) El silencio administrativo.

c) La resolución.

d) La renuncia al derecho en que se funde la solicitud.

17. La terminación convencional es una forma de terminación del procedimiento:

a) Normal.

b) Anormal.

c) Especial.

d) Presunta.

18. Señala cuál de las siguientes es una forma de terminación anormal del procedimiento:

a) La renuncia al derecho en que se funde la solicitud.

b) La declaración de caducidad.

c) El desistimiento.

d) Todas las respuestas son correctas.

19. ¿En qué plazo deberán practicarse las actuaciones complementarias?

a) En un plazo no superior a siete días.

b) En un plazo no superior a diez días.

c) En un plazo no superior a quince días.

d) En un plazo no superior a un mes.

20. ¿Transcurrido qué plazo desde que se inició el procedimiento sin que haya recaído y se notifique resolución expresa o, en su caso, se haya formalizado el acuerdo, podrá entenderse que la resolución es contraria a la indemnización del particular?

a) Transcurrido un mes.

b) Transcurridos tres meses.

c) Transcurridos seis meses.

d) Transcurrido un año.

21. A tenor del artículo 92 LPACAP, en el ámbito de la Administración General del Estado, los procedimientos de responsabilidad patrimonial se resolverán por:

a) El Ministro respectivo.

b) El Presidente del Gobierno.

c) El Consejo de Ministros.

d) Las respuestas a) y c) son correctas.

22. Señala la respuesta incorrecta respecto al desistimiento y renuncia por los interesados:

a) Si el escrito de iniciación se hubiera formulado por dos o más interesados, el desistimiento o la renuncia afectará a todos los que la hubiesen formulado.

b) Todo interesado podrá desistir de su solicitud o, cuando ello no esté prohibido por el ordenamiento jurídico, renunciar a sus derechos.

c) Si la cuestión suscitada por la incoación del procedimiento entrañase interés general o fuera conveniente sustanciarla para su definición y esclarecimiento, la Administración podrá limitar los efectos del desistimiento o la renuncia al interesado y seguirá el procedimiento.

d) Tanto el desistimiento como la renuncia podrán hacerse por cualquier medio que permita su constancia, siempre que incorpore las firmas que correspondan de acuerdo con lo previsto en la normativa aplicable.

23. La Administración aceptará de plano el desistimiento o la renuncia, y declarará concluso el procedimiento salvo que, habiéndose personado en el mismo terceros interesados, instasen estos su continuación en el plazo de:

a) Un mes desde que fueron notificados del desistimiento o renuncia.

b) Veinte días desde que fueron notificados del desistimiento o renuncia.

c) Quince días desde que fueron notificados del desistimiento o renuncia.

d) Diez días desde que fueron notificados del desistimiento o renuncia.

24. En los procedimientos iniciados a solicitud del interesado, cuando se produzca su paralización por causa imputable al mismo, la Administración le advertirá que se producirá la caducidad del procedimiento, transcurrido:

a) Un mes.
b) Tres meses.
c) Seis meses.
d) Un año.

25. ¿Cuál es el plazo máximo en el que debe notificarse la resolución expresa?

a) Quince días.
b) Veinte días.
c) Un mes.
d) El fijado por la norma reguladora del correspondiente procedimiento.

26. El transcurso del plazo máximo legal para resolver un procedimiento y notificar la resolución se podrá suspender:

a) Cuando deba obtenerse un pronunciamiento previo y preceptivo de un órgano de la Unión Europea, por el tiempo que medie entre la petición, que habrá de comunicarse a los interesados, y la notificación del pronunciamiento a la Administración instructora, que también deberá serles comunicada.
b) Cuando deban realizarse pruebas técnicas o análisis contradictorios o dirimentes propuestos por los interesados, durante el tiempo necesario para la incorporación de los resultados al expediente.
c) Cuando exista un procedimiento no finalizado en el ámbito de la Unión Europea que condicione directamente el contenido de la resolución de que se trate, desde que se tenga constancia de su existencia, lo que deberá ser comunicado a los interesados, hasta que se resuelva, lo que también habrá de ser notificado.
d) Todas las respuestas son correctas.

27. ¿Qué recurso cabe contra el acuerdo que resuelva sobre la ampliación de plazos?

a) Recurso de alzada.
b) Recurso extraordinario de revisión.
c) Recurso de reposición, en el plazo de un mes.
d) Ningún recurso.

28. El órgano al que corresponda la resolución del procedimiento, cuando la naturaleza de este lo requiera, podrá acordar un período de información pública. A tal efecto, se publicará un anuncio en el Diario oficial correspondiente a fin de que cualquier persona física o jurídica pueda examinar el expediente, o la parte del mismo que se acuerde. El anuncio determinará el plazo para formular alegaciones, que en ningún caso podrá ser inferior a:

a) Un mes.
b) Veinte días.

c) Diez días.
d) Una semana.

29. ¿Cuál de las siguientes es una forma presunta de finalizar el procedimiento administrativo?

a) La imposibilidad material de continuarlo por causas sobrevenidas.
b) El desistimiento.
c) El silencio administrativo.
d) Todas las respuestas son correctas.

30. El órgano instructor resolverá la finalización del procedimiento, con archivo de las actuaciones, sin que sea necesaria la formulación de la propuesta de resolución, cuando en la instrucción procedimiento se ponga de manifiesto que concurre la siguiente circunstancia:

a) Cuando los hechos no resulten acreditados.
b) Cuando no exista o no se haya podido identificar a la persona o personas responsables o bien aparezcan exentos de responsabilidad.
c) Cuando se concluyera, en cualquier momento, que ha prescrito la infracción.
d) Todas las respuestas son correctas.

31. En materia de representación, la LPACAP incluye nuevos medios para acreditarla en el ámbito exclusivo de las Administraciones Públicas, como son, entre otros:

a) El apoderamiento notarial de forma electrónica.
b) El apoderamiento *apud acta*, presencial o electrónico.
c) El apoderamiento *anod actus*, presencial o electrónico.
d) El apoderamiento *acta omnis*, presencial.

32. La LPACAP establece, con carácter general, la obligación de las Administraciones Públicas de:

a) No admitir que el interesado pueda presentar con carácter general copias de documentos en soporte papel.
b) No admitir que el interesado pueda presentar con carácter general copias de documentos que hayan sido digitalizadas.
c) Requerir documentos ya aportados por los interesados, elaborados por las Administraciones Públicas o documentos originales.
d) No requerir documentos ya aportados por los interesados, elaborados por las Administraciones Públicas o documentos originales.

33. Señala la respuesta incorrecta. La LPACAP en materia de notificaciones electrónicas, establece que:

a) No serán preferentes.
b) Se realizarán en la sede electrónica o en la dirección electrónica habilitada única, según corresponda.

c) El envío de avisos de notificación, siempre que esto sea posible, pueda realizarse a los dispositivos electrónicos.

d) El interesado podrá tener acceso a sus notificaciones a través del Punto de Acceso General Electrónico de la Administración.

34. La LPACAP no es de aplicación a:

a) Las Administraciones de las Comunidades Autónomas.

b) Las Entidades que integran la Administración Local.

c) Organismos públicos y entidades de derecho público vinculados o dependientes de las Administraciones Públicas.

d) Las Universidades privadas.

35. Los procedimientos administrativos de responsabilidad patrimonial derivados de la declaración de inconstitucionalidad de una norma o su carácter contrario al Derecho de la Unión Europea, iniciados con anterioridad a la entrada en vigor de la LPACAP, se resolverán de acuerdo con:

a) La normativa vigente en el momento de su resolución.

b) La normativa vigente en el momento de su iniciación.

c) Siempre por la LPACAP.

d) Siempre por la Ley 30/1992.

36. Las previsiones de la LPACAP relativas al registro electrónico de apoderamientos, registro electrónico, registro de empleados públicos habilitados, punto de acceso general electrónico de la Administración y archivo único electrónico producirán efectos:

a) A partir del día 2 de octubre de 2020.

b) A partir del día 2 de abril de 2021.

c) A partir del día 2 de abril de 2020.

d) A partir del día 2 de octubre de 2019.

37. En los casos previstos en el art. 56 de la LPACAP, no podrá adoptarse una de las siguientes medidas provisionales. Indica cuál de ellas:

a) Prestación de fianzas.

b) La retención de ingresos a cuenta que deban abonar las Administraciones Públicas.

c) El depósito, retención o inmovilización de cosa mueble.

d) Suspensión definitiva de actividades.

38. Los procedimientos administrativos, que no tengan naturaleza sancionadora, se podrán iniciar:

a) Por acuerdo del órgano competente o a petición razonada de otros órganos.

b) Por acuerdo del órgano competente, bien por propia iniciativa o como consecuencia de orden superior, a petición razonada de otros órganos o por denuncia.

c) Por denuncia solamente.
d) De oficio siempre.

39. ¿Suspenderá la tramitación del procedimiento las cuestiones incidentales que se susciten en el mismo?

a) No.
b) Sí.
c) No, salvo las que se refieran a la nulidad de actuaciones.
d) No, incluso las relativas a la recusación no se suspenderán.

40. Salvo que reste menos para su tramitación ordinaria, los procedimientos administrativos tramitados de manera simplificada deberán ser resueltos en:

a) Treinta días.
b) Quince días.
c) Diez días.
d) Cuarenta días.

Solución al test n.º 11

1. a) Número de teléfono.

2. a) Al año de producido el hecho o el acto que motive la indemnización o se manifieste su efecto lesivo.

3. c) Con el principio de simplificación administrativa.

4. b) Diez días a partir del siguiente al de la notificación del correspondiente acto.

5. c) De diez días.

6. a) No superior a treinta días ni inferior a diez.

7. c) Facultativos y no vinculantes.

8. a) Diez días.

9. c) Expediente administrativo.

10. b) No suspenderán la tramitación del procedimiento, salvo la recusación.

11. c) En cualquier momento del procedimiento anterior al trámite de audiencia.

12. a) El instructor del procedimiento solo podrá rechazar las pruebas propuestas por los interesados cuando sean manifiestamente improcedentes o innecesarias, sin necesidad de resolución motivada.

13. a) No superior a diez días.

14. a) Diez días.

15. b) De un plazo no inferior a diez días ni superior a quince.

16. c) La resolución.

17. c) Especial.

18. d) Todas las respuestas son correctas.

19. c) En un plazo no superior a quince días.

20. c) Transcurridos seis meses.

21. d) Las respuestas a) y c) son correctas.

22. a) Si el escrito de iniciación se hubiera formulado por dos o más interesados, el desistimiento o la renuncia afectará a todos los que la hubiesen formulado.

23. d) Diez días desde que fueron notificados del desistimiento o renuncia.

24. b) Tres meses.

25. d) El fijado por la norma reguladora del correspondiente procedimiento.

26. d) Todas las respuestas son correctas.

27. d) Ningún recurso.

28. b) Veinte días.

29. c) El silencio administrativo.

30. d) Todas las respuestas son correctas.

31. b) El apoderamiento apud acta, presencial o electrónico.

32. d) No requerir documentos ya aportados por los interesados, elaborados por las Administraciones Públicas o documentos originales.

33. a) No serán preferentes.

34. d) Las Universidades privadas.

35. b) La normativa vigente en el momento de su iniciación.

36. b) A partir del día 2 de abril de 2021.

37. d) Suspensión definitiva de actividades.

38. b) Por acuerdo del órgano competente, bien por propia iniciativa o como consecuencia de orden superior, a petición razonada de otros órganos o por denuncia.

39. a) No.

40. a) Treinta días.

TEST N.º 12

Teoría de la invalidez del acto administrativo: actos nulos y anulables. Convalidación. Revisión de oficio. Los recursos administrativos. Principios generales. Clases. Recurso de Alzada. Recurso de reposición

1. La regla general cuando un acto infringe el ordenamiento jurídico es:

a) Su anulabilidad.
b) Su validez temporal.
c) Su nulidad relativa.
d) Las respuestas a) y c) son correctas.

2. Las resoluciones administrativas que vulneren lo establecido en una disposición reglamentaria son:

a) Nulas.
b) Válidas.
c) Anulables.
d) Temporalmente válidas.

3. Los efectos de una declaración de nulidad absoluta se producen desde:

a) Que se notifica el acto anulatorio.
b) El momento de la declaración de la nulidad.
c) La notificación o publicación del acto anulatorio, según los casos.
d) Que se dictó el acto anulado.

4. ¿Cuándo podrá la Administración Pública convalidar un acto administrativo?

a) Cuando el vicio consiste en incompetencia jerárquica.
b) Cuando el vicio consiste en incompetencia funcional.
c) Cuando el vicio consiste en incompetencia territorial.
d) En ninguno de los anteriores casos.

5. Los supuestos de nulidad absoluta de actos administrativos:

a) Son la regla general en nuestro Derecho.
b) Son los recogidos en el artículo 47 de la Ley 39/2015, de 1 de octubre, del Procedi-miento Administrativo Común de las Administraciones Públicas, exclusivamente.
c) Pueden establecerse expresamente por una disposición con rango de ley.
d) Son solo los del artículo 47 citado y de otras leyes formales.

6. Los defectos formales en un acto, según reconoce expresamente la ley:

a) Lo vician con nulidad absoluta.
b) Lo vician con anulabilidad en todo caso.
c) Pueden dar lugar a la nulidad absoluta si producen indefensión.
d) Pueden dar lugar a la anulabilidad si producen indefensión.

7. La Administración Pública podrá convalidar un acto:

a) Si el vicio consiste en incompetencia jerárquica.
b) Si el vicio consiste en incompetencia funcional.
c) Si el vicio consiste en incompetencia territorial.
d) En ninguno de los anteriores casos.

8. La Administración Pública no podrá convalidar un acto si el vicio consiste en:

a) Incompetencia jerárquica.
b) La falta de una autorización.
c) Incompetencia funcional.
d) La omisión de un informe facultativo.

9. Cuando el acto administrativo presenta un vicio que no le hace incurrir en nu-lidad absoluta ni en anulabilidad, se considera:

a) Irregular.
b) Defectuoso.
c) Inválido.
d) Viciado.

10. La nulidad o anulabilidad en parte del acto administrativo:

a) Implicará la de las partes del mismo independientes de aquella.
b) Implicará la de las partes del mismo independientes de aquella, salvo cuando la administración proceda a la convalidación del acto.
c) No implicará necesariamente la de las partes del mismo independientes de aquella.
d) No implicará la de los sucesivos en el procedimiento que sean independientes del primero.

11. El recurso de alzada contra actos que no agotan la vía administrativa es:

a) Extraordinario.
b) La regla general.
c) Especial.
d) Inexistente.

12. La *reformatio in peius*, en materia de recursos:

a) Se admite como regla general.
b) Solo se permite en materia sancionadora.
c) Se admite cuando el recurso está claramente infundado.
d) Está expresamente prohibida.

13. Cuando hayan de tenerse en cuenta nuevos hechos o documentos no recogidos en el expediente originario, se pondrán de manifiesto a los interesados para que formulen las alegaciones que estimen procedentes, en un plazo:

a) No inferior a diez días ni superior a quince.
b) De veinte días.
c) No inferior a cinco días ni superior a veinte.
d) De treinta días.

14. La resolución de un recurso:

a) Debe circunscribirse a lo solicitado por el recurrente.
b) Resolverá cuantas cuestiones se deduzcan del expediente.
c) No es necesario que se motive.
d) Debe aceptar las razones en que se fundamente el propio recurso.

15. Si el acto fuera expreso, el plazo para la interposición del recurso de reposición será de:

a) Tres meses.
b) Diez días.
c) Quince días.
d) Un mes.

16. El recurso de alzada contra actos que no agotan la vía administrativa es:

a) Extraordinario.
b) La regla general.
c) Especial.
d) Inexistente.

17. El recurso de reposición contra actos que no agotan la vía administrativa es:

a) Ordinario.
b) Extraordinario.
c) Especial.
d) Inexistente.

18. La resolución presunta del recurso de alzada se dará, si no recae resolución, al/a los:

a) Quince días de interponerlo.
b) Mes de su interposición.
c) Tres meses desu interposición.
d) En cualquier momento a partir del día siguiente a aquel en que, de acuerdo con su normativa específica, se produzcan los efectos del silencio administrativo.

19. El silencio administrativo en el recurso de alzada puede ser positivo en el siguiente caso:

a) Cuando el recurso se presentó contra un acto presunto desestimatorio de la solicitud del ciudadano.
b) Cuando perjudique al ciudadano.
c) Siempre que beneficie al interés público.
d) En ningún supuesto es positivo.

20. Para plantear un recurso administrativo:

a) Hay que tener capacidad jurídica, sin requerirse la capacidad de obrar.
b) Basta con la capacidad de obrar.
c) Se requiere, siempre, ser titular de un derecho subjetivo afectado por el acto que se recurre.
d) Puede hacerlo quien ostente la condición de interesado.

21. Cuando una persona interpone un recurso de alzada denominándolo como recurso de revisión:

a) Deberá desestimarse el recurso por improcedente.
b) Deberá notificársele el error para que lo subsane.
c) No se admitirá el recurso.
d) Deberá resolverse, si del propio recurso se deduce su carácter.

22. Como consecuencia del principio de congruencia, al resolver un recurso, la Administración Pública:

a) Podrá agravar la situación inicial del recurrente.
b) Deberá ajustarse a las peticiones del recurrente.

c) Lo desestimará, manteniendo el acto administrativo.

d) Solo decidirá sobre las cuestiones planteadas por el recurrente sin entrar en otras que deriven del procedimiento.

23. Entre los límites de la revisión de los actos administrativos se encuentra:

a) La prescripción de la acción.
b) Su ilegalidad manifiesta.
c) Que atente a derechos subjetivos.
d) Que incurra en nulidad de pleno derecho.

24. El recurso de revisión es:

a) Unitario.
b) Ordinario.
c) Especial.
d) Extraordinario.

25. Contra los actos dictados por un Tribunal de Oposiciones:

a) No cabe recurso alguno.
b) Puede presentarse recurso de alzada ante su Presidente.
c) El recurso de alzada debe entablarse ante la autoridad que nombró al Presidente.
d) Solo es posible el recurso de revisión.

26. No es motivo bastante para interponer un recurso de revisión que:

a) Se haya incurrido en manifiesto error de hecho al dictar el acto.
b) Hubiere mediado cohecho en la resolución.
c) Se haya dictado por órgano manifiestamente incompetente.
d) Hayan influido documentos declarados falsos por sentencia judicial firme.

27. Para que pueda entablarse un recurso extraordinario de revisión por error de hecho, este:

a) Ha de ser declarado por sentencia judicial firme.
b) Ha de haberse adoptado por cohecho.
c) Ha de derivar de documentos habidos en el expediente.
d) Nada de lo anterior es cierto.

28. La revocación por la Administración Pública de un acto administrativo de gravamen o no declarativo de derechos:

a) Ha de efectuarse a instancia de los particulares.
b) Está prohibida.

c) Se podrá revocar mientras que no haya transcurrido el plazo de prescripción, siempre que no constituya dispensa o exención no permitida por las leyes, o sea contraria al principio de igualdad, al interés público o al ordenamiento jurídico.

d) Requiere previo dictamen del Consejo de Estado.

29. En la Administración Local (en concreto, en un Ayuntamiento), la declaración de lesividad de un acto se efectúa a través del/de la:

a) Presidente de la Corporación Local.
b) Junta de Gobierno Local.
c) Pleno.
d) Cualquiera de los anteriores.

30. Un acto anulable, ¿puede ser revisado de oficio por la Administración Pública, una vez transcurridos cuatro años desde que se dictó?

a) Sí, cuando así lo dictamine el Consejo de Estado.
b) No.
c) Sí, cuando incurra en nulidad de pleno derecho y así lo dictamine el Consejo de Estado.
d) Sí, cuando la ilegalidad sea manifiesta y así lo dictamine el Consejo de Estado.

Solución al test n.º 12

1. d) Las respuestas a) y c) son correctas.

2. a) Nulas.

3. d) Que se dictó el acto anulado.

4. a) Cuando el vicio consiste en incompetencia jerárquica.

5. c) Pueden establecerse expresamente por una disposición con rango de ley.

6. d) Pueden dar lugar a la anulabilidad si producen indefensión.

7. a) Si el vicio consiste en incompetencia jerárquica.

8. c) Incompetencia funcional.

9. a) Irregular.

10. c) No implicará necesariamente la de las partes del mismo independientes de aquella.

11. b) La regla general.

12. d) Está expresamente prohibida.

13. a) No inferior a diez días ni superior a quince.

14. b) Resolverá cuantas cuestiones se deduzcan del expediente.

15. d) Un mes.

16. b) La regla general.

17. d) Inexistente.

18. c) Tres meses de su interposición.

19. a) Cuando el recurso se presentó contra un acto presunto desestimatorio de la solicitud del ciudadano.

20. d) Puede hacerlo quien ostente la condición de interesado.

21. d) Deberá resolverse, si del propio recurso se deduce su carácter.

22. b) Deberá ajustarse a las peticiones del recurrente.

23. a) La prescripción de la acción.

24. d) Extraordinario.

25. c) El recurso de alzada debe presentarse ante la autoridad que nombró al Presidente.

26. c) Se haya dictado por órgano manifiestamente incompetente.

27. c) Ha de derivar de documentos habidos en el expediente.

28. c) Se podrá revocar mientras que no haya transcurrido el plazo de prescripción, siempre que no constituya dispensa o exención no permitida por las leyes, o sea contraria al principio de igualdad, al interés público o al ordenamiento jurídico.

29. c) Pleno.

30. b) No.

TEST N.º 13

La potestad sancionadora. Principios

1. La regulación de los principios de la potestad sancionadora se lleva a cabo en:

a) La Ley de Procedimiento Administrativo Común de las Administraciones Públicas.
b) El Reglamento del procedimiento para el ejercicio de la potestad sancionadora.
c) La Ley de Régimen Jurídico del Sector Público.
d) La Ley de Régimen Jurídico de las Administraciones Públicas y del Procedimiento Administrativo Común.

2. Las disposiciones sancionadoras tendrán efectos retroactivos:

a) Excepto de las sanciones pendientes de cumplimiento al entrar en vigor la nueva disposición.
b) En ningún caso.
c) Siempre.
d) Cuando beneficien al infractor.

3. Las vulneraciones del ordenamiento jurídico constituirán infracción:

a) Cuando así lo establezca expresamente el reglamento sancionador de que se trate.
b) Cuando aparezcan previstas como tal en una Ley, únicamente.
c) Cuando sean susceptible de ser sancionadas.
d) Cuando vengan así determinadas en una norma analógicamente aplicable.

4. La comisión de una infracción administrativa determinará:

a) El pago de la sanción correspondiente.
b) La exigencia al infractor para que reponga la situación a su estado originario anterior y el pago de los daños y perjuicios causados.
c) O el pago de la sanción o la reparación de los daños, en aplicación del principio "no bis in ídem".
d) Tanto el pago de la sanción como la reparación de los daños a que hubiera lugar a consecuencia del hecho infractor.

5. Las sanciones administrativas:

a) Podrán consistir en el cumplimiento de la pena de arresto domiciliario, como la más grave manifestación de las mismas.

b) Deberán ser más gravosas para el infractor que el beneficio obtenido con su comisión.

c) Se impondrán tantas como infracciones sean las cometidas, aunque para cometer una se hayan tenidos que cometer otras.

d) Serán siempre pecuniarias.

6. Si la norma jurídica que establezca una sanción administrativa no fija un plazo específico, las leves prescribirán:

a) A los dos años.

b) A los seis meses.

c) Al año.

d) A los tres meses.

7. El silencio administrativo en los procedimientos sancionadores determinará:

a) La caducidad del mismo.

b) La firmeza de la sanción impuesta.

c) La iniciación del procedimiento de apremio para el cobro de la sanción.

d) La imposibilidad del infractor de interponer recurso contencioso administrativo.

8. Las propuestas de resolución en los procedimientos de carácter sancionador, así como los actos que resuelvan procedimientos de carácter sancionador o de responsabilidad patrimonial:

a) Presumirán la existencia de responsabilidad mientras no se demuestre lo contrario.

b) No exigen motivación cuando existan pruebas de la culpabilidad del infractor.

c) Deberán contar con una sucinta relación de hechos y fundamentos de derecho que motiven la resolución.

d) Sólo serán notificadas al interesado cuando este lo exija.

9. Para que sean aplicables reducciones sobre el importe de la sanción propuesta:

a) El infractor debe renunciar a interponer recurso contencioso administrativo.

b) Se exige que conste la renuncia a las acciones administrativas o judiciales que pudieran corresponder al infractor.

c) Debe condicionarse al desistimiento o renuncia de cualquier acción o recurso en vía administrativa.

d) Se deberá dictar resolución expresa de conformidad.

10. En los procedimientos de carácter sancionador, la propuesta de resolución:

a) Se dictará en todo caso.

b) No se dictará, salvo que el órgano encargado de resolver sea el mismo que hizo la instrucción.

c) Se dictará, pudiendo no hacerse cuando proceda el archivo de las actuaciones por inexistencia de infracción o por prescripción.

d) No se dictará en ningún caso.

Solución al test n.º 13

1. c) La Ley de Régimen Jurídico del Sector Público.

2. d) Cuando beneficien al infractor.

3. b) Cuando aparezcan previstas como tal en una Ley, únicamente.

4. d) Tanto el pago de la sanción como la reparación de los daños a que hubiera lugar a consecuencia del hecho infractor.

5. b) Deberán ser más gravosas para el infractor que el beneficio obtenido con su comisión.

6. c) Al año.

7. a) La caducidad del mismo.

8. c) Deberán contar con una sucinta relación de hechos y fundamentos de derecho que motiven la resolución.

9. c) Debe condicionarse al desistimiento o renuncia de cualquier acción o recurso en vía administrativa.

10. c) Se dictará, pudiendo no hacerse cuando proceda el archivo de las actuaciones por inexistencia de infracción o por prescripción.

TEST N.º 14

La responsabilidad patrimonial de la Administración Pública. Procedimiento

1. ¿Qué artículo de la Carta Magna dispone que «nadie podrá ser privado de sus bienes y derechos sino por causa justificada de utilidad pública o interés social, mediante la correspondiente indemnización y de conformidad con lo dispuesto por las Leyes»?

a) El artículo 19.3.
b) El artículo 30.1.
c) El artículo 33.3.
d) El artículo 47.1.

2. ¿A quién corresponde fijar el importe de las indemnizaciones que proceda abonar cuando el Tribunal Constitucional haya declarado, a instancia de parte interesada, la existencia de un funcionamiento anormal en la tramitación de los recursos de amparo o de las cuestiones de inconstitucionalidad?

a) Al Presidente del Gobierno.
b) Al Consejo de Estado.
c) Al Consejo de Ministros.
d) A la persona titular del Ministerio de Hacienda.

3. En el procedimiento para la exigencia de la responsabilidad patrimonial de las autoridades y personal al servicio de las Administraciones Públicas se establecerá un plazo para la práctica de las pruebas admitidas y cualesquiera otras que el órgano competente estime oportunas, de:

a) Siete días.
b) Diez días.
c) Quince días.
d) Veinte días.

4. Señala la respuesta incorrecta:

a) Solo serán indemnizables las lesiones producidas al particular provenientes de daños que este no tenga el deber jurídico de soportar de acuerdo con la Ley.

b) La exigencia de responsabilidad penal del personal al servicio de las Administraciones Públicas no suspenderá los procedimientos de reconocimiento de responsabilidad patrimonial que se instruyan, salvo que la determinación de los hechos en el orden jurisdiccional penal sea necesaria para la fijación de la responsabilidad patrimonial.

c) No son indemnizables los daños que se deriven de hechos o circunstancias que no se hubiesen podido prever o evitar según el estado de los conocimientos de la ciencia o de la técnica existentes en el momento de producción de aquellos, sin perjuicio de las prestaciones asistenciales o económicas que las leyes puedan establecer para estos casos.

d) El artículo 24.1 LPACAP señala que el silencio tendrá efecto estimatorio en los procedimientos de responsabilidad patrimonial de las Administraciones Públicas.

5. A tenor del artículo 67 LPACAP, los interesados solo podrán solicitar el inicio de un procedimiento de responsabilidad patrimonial, cuando no haya prescrito su derecho a reclamar. ¿Cuándo prescribirá el derecho a reclamar?

a) Al mes de producido el hecho o el acto que motive la indemnización o se manifieste su efecto lesivo.

b) A los tres meses de producido el hecho o el acto que motive la indemnización o se manifieste su efecto lesivo.

c) Al año de producido el hecho o el acto que motive la indemnización o se manifieste su efecto lesivo.

d) A los dos años de producido el hecho o el acto que motive la indemnización o se manifieste su efecto lesivo.

6. ¿Cuándo empezará a computarse el plazo de prescripción del derecho a reclamar en caso de daños de carácter físico o psíquico a las personas?

a) Desde la curación o la determinación del alcance de las secuelas.

b) Desde el día siguiente a la curación o la determinación del alcance de las secuelas.

c) Desde el día en que se produjeron los daños físicos o psíquicos.

d) Al mes de la curación o la determinación del alcance de las secuelas.

7. Según dispone expresamente el artículo 81 LPACAP (sobre los informes y dictámenes en los procedimientos de responsabilidad patrimonial), en el caso de los procedimientos de responsabilidad patrimonial será preceptivo solicitar informe al servicio cuyo funcionamiento haya ocasionado la presunta lesión indemnizable, no pudiendo exceder el plazo de su emisión de:

a) Un mes.

b) Veinte días.

c) Quince días.

d) Diez días.

8. Será preceptivo solicitar dictamen del Consejo de Estado o, en su caso, del órgano consultivo de la Comunidad Autónoma, cuando las indemnizaciones reclamadas sean de cuantía igual o superior a:

a) 12.000 euros o a la que se establezca en la correspondiente legislación autonómica.
b) 30.000 euros o a la que se establezca en la correspondiente legislación autonómica.
c) 35.000 euros o a la que se establezca en la correspondiente legislación autonómica.
d) 50.000 euros o a la que se establezca en la correspondiente legislación autonómica.

9. En el caso de reclamaciones en materia de responsabilidad patrimonial del Estado por el funcionamiento anormal de la Administración de Justicia, será preceptivo el informe de:

a) El Consejo de Ministros.
b) El Consejo General del Poder Judicial.
c) El Ministerio de Hacienda.
d) El Ministerio de la Presidencia, Justicia y Relaciones con las Cortes.

10. Respecto a la pregunta anterior, ¿en qué plazo máximo habrá de ser emitido dicho informe por el órgano establecido al efecto?

a) Veinte días.
b) Un mes.
c) Dos meses.
d) Tres meses.

11. ¿Transcurrido cuánto tiempo desde que se inició el procedimiento sin que haya recaído y se notifique resolución expresa o, en su caso, se haya formalizado el acuerdo, podrá entenderse que la resolución es contraria a la indemnización del particular?

a) Transcurrido un mes.
b) Transcurridos dos meses.
c) Transcurridos tres meses.
d) Transcurridos seis meses.

12. Los particulares tendrán derecho a ser indemnizados por las Administraciones Públicas correspondientes, de toda lesión que sufran en cualquiera de sus bienes y derechos, siempre que la lesión sea consecuencia del funcionamiento normal o anormal de los servicios públicos salvo en los casos de fuerza mayor o de daños que el particular tenga el deber jurídico de soportar de acuerdo con la Ley. En todo caso, el daño alegado habrá de ser:

a) Individualizado con relación a una persona o grupo de personas.
b) Efectivo.

c) Evaluable económicamente.
d) Todas las respuestas son correctas.

13. ¿En qué artículo de la Carta Magna se consagra el principio de la responsabilidad de los poderes públicos?

a) En el art. 9.1.
b) En el art. 9.3.
c) En el art. 11.1.
d) En el art. 25.1.

14. El procedimiento para la exigencia de la responsabilidad se sustanciará conforme a lo dispuesto en la Ley de Procedimiento Administrativo Común de las Administraciones Públicas y se iniciará por acuerdo del órgano competente que se notificará a los interesados y que constará, con un plazo de alegaciones de:

a) Siete días.
b) Diez días.
c) Quince días.
d) Veinte días.

15. ¿Qué plazo hay establecido para la audiencia en el procedimiento para la exigencia de la responsabilidad patrimonial de las autoridades y personal al servicio de las Administraciones Públicas?

a) Siete días.
b) Diez días.
c) Quince días.
d) Veinte días.

16. Salvo que se establezca otra cosa en la misma, la sentencia que declare la inconstitucionalidad de la norma con rango de ley o declare el carácter de norma contraria al Derecho de la Unión Europea producirá efectos:

a) Desde el día siguiente a la fecha de la publicación de la sentencia en el «Boletín Oficial del Estado» o en el «Diario Oficial de la Unión Europea», según el caso.
b) Desde la fecha de la publicación de la sentencia en el «Boletín Oficial del Estado» o en el «Diario Oficial de la Unión Europea», según el caso.
c) Desde la fecha de su ratificación por el Consejo de Ministros.
d) Desde la fecha de su ratificación por la persona titular del Ministerio de Hacienda.

17. ¿En qué título del vigente Código Penal, aprobado por la Ley Orgánica 10/995, de 23 de noviembre, se recogen los tipos delictivos de prevaricación de los funcionarios públicos y el tráfico de influencias?

a) En el Título XIX.
b) En el Título XX.

c) En el Título XXI.
d) En el Título XV.

18. Señala cuál de los siguientes órganos son competentes para la resolución de los procedimientos de responsabilidad patrimonial:

a) En el ámbito autonómico y local, los procedimientos de responsabilidad patrimonial se resolverán por los órganos correspondientes de las Comunidades Autónomas o de las Entidades que integran la Administración Local.

b) En el caso de las Entidades de Derecho Público, las normas que determinen su régimen jurídico podrán establecer los órganos a quien corresponde la resolución de los procedimientos de responsabilidad patrimonial.

c) En el ámbito de la Administración General del Estado, los procedimientos de responsabilidad patrimonial se resolverán por el Ministro respectivo o por el Consejo de Ministros en los casos del artículo 32.3 de la Ley de Régimen Jurídico del Sector Público o cuando una ley así lo disponga.

d) Todas las respuestas son correctas.

19. La responsabilidad patrimonial del Estado por el funcionamiento de la Administración de Justicia se rige por:

a) La Ley 40/2015, de 1 de octubre, de Régimen Jurídico del Sector Público.

b) La Ley 9/2017, de 8 de noviembre, de Contratos del Sector Público.

c) La Ley 39/2015, de 1 de octubre, de Procedimiento Administrativo Común de las Administraciones Públicas.

d) La Ley Orgánica 6/1985, de 1 de julio, del Poder Judicial.

20. ¿Cuándo podrá la indemnización procedente sustituirse por una compensación en especie o ser abonada mediante pagos periódicos?

a) En ningún caso.

b) Siempre que resulte más adecuado para lograr la reparación debida con independencia del interesado.

c) Únicamente cuando convenga al interés público.

d) Cuando resulte más adecuado para lograr la reparación debida y convenga al interés público, siempre que exista acuerdo con el interesado.

21. El derecho a ser indemnizados por toda lesión que sufran en sus bienes y derechos como consecuencia del funcionamiento normal o anormal de los servicios públicos se reconoce a:

a) Los particulares.

b) Las personas jurídicas.

c) Los ciudadanos.

d) Las Administraciones.

22. ¿Cómo ha de ser el daño alegado en las reclamaciones de responsabilidad patrimonial?

a) Efectivo, evaluable económicamente e individualizado con relación con una persona o grupo de personas.
b) Directo y resarcible.
c) Susceptible de valoración y demostrable.
d) Debe producir consecuencias negativas en la actividad de la persona dañada.

23. No serán indemnizables los daños:

a) Que el particular no tenga el deber jurídico de soportar de acuerdo con la ley.
b) Producidos por fuerza mayor.
c) Producidos por circunstancias evitables.
d) Producidos por un hecho superable.

24. Si el daño que ha sufrido el particular se ha producido por dolo, culpa o negligencia grave de la autoridad o empleado público:

a) La Administración correspondiente, cuando hubiere indemnizado a los lesionados, les exigirá de oficio en vía administrativa la responsabilidad en que hubieran incurrido.
b) Una vez satisfecha la indemnización la Administración podrá exigir al empleado público su responsabilidad.
c) La Administración correspondiente le pedirá el dinero para después pagar al reclamante.
d) La Administración no exigirá al empleado público su responsabilidad.

Solución al test n.º 14

1. c) El artículo 33.3.

2. c) Al Consejo de Ministros.

3. c) Quince días.

4. d) El artículo 24.1 LPACAP señala que el silencio tendrá efecto estimatorio en los procedimientos de responsabilidad patrimonial de las Administraciones Públicas.

5. c) Al año de producido el hecho o el acto que motive la indemnización o se manifieste su efecto lesivo.

6. a) Desde la curación o la determinación del alcance de las secuelas.

7. d) Diez días.

8. d) 50.000 euros o a la que se establezca en la correspondiente legislación autonómica.

9. b) El Consejo General del Poder Judicial.

10. c) Dos meses.

11. d) Transcurridos seis meses.

12. d) Todas las respuestas son correctas.

13. b) En el art. 9.3.

14. c) Quince días.

15. b) Diez días.

16. b) Desde la fecha de la publicación de la sentencia en el «Boletín Oficial del Estado» o en el «Diario Oficial de la Unión Europea», según el caso.

17. a) En el Título XIX.

18. d) Todas las respuestas son correctas.

19. d) La Ley Orgánica 6/1985, de 1 de julio, del Poder Judicial.

20. d) Cuando resulte más adecuado para lograr la reparación debida y convenga al interés público, siempre que exista acuerdo con el interesado.

21. a) Los particulares.

22. a) Efectivo, evaluable económicamente e individualizado con relación con una persona o grupo de personas.

23. b) Producidos por fuerza mayor.

24. a) La Administración correspondiente, cuando hubiere indemnizado a los lesionados, les exigirá de oficio en vía administrativa la responsabilidad en que hubieran incurrido.

Formas de la actividad administrativa. La Policía. El fomento. El régimen jurídico de las subvenciones. Conceptos generales

1. Las Entidades Locales podrán intervenir la actividad de los ciudadanos a través de los siguientes medios:

a) Sometimiento a comunicación previa o a declaración responsable.
b) Órdenes individuales constitutivas de mandato para la ejecución de un acto o la prohibición del mismo.
c) Sometimiento a previa licencia y otros actos de control preventivo.
d) Todas son correctas.

2. Podrá exigirse una licencia u otro medio de control preventivo respecto a aquellas actividades económicas:

a) Cuando esté justificado por razones de orden público.
b) Cuando esté justificado por razones de seguridad nacional.
c) Cuando esté justificado por razones de salud pública.
d) Las respuestas a) y c) son correctas.

3. Se entenderá por declaración responsable:

a) Aquel documento mediante el que los interesados ponen en conocimiento de la Administración Pública competente sus datos identificativos o cualquier otro dato relevante para el inicio de una actividad o el ejercicio de un derecho.
b) El documento suscrito por un interesado en el que este manifiesta, bajo su responsabilidad, que cumple con los requisitos establecidos en la normativa vigente para obtener el reconocimiento de un derecho o facultad o para su ejercicio.
c) El documento suscrito por un interesado en el que este manifiesta, bajo su responsabilidad, que ha adquirido todos los derechos necesarios para el ejercicio de una actividad.
d) El documento suscrito por un interesado en el que este manifiesta, bajo su responsabilidad, que ya ha pasado todos los controles exigidos en la normativa para el ejercicio de una actividad.

4. Determinará la imposibilidad de continuar con el ejercicio del derecho o actividad afectada por una declaración responsable desde el momento en que se tenga constancia de:

a) La inexactitud, falsedad u omisión de cualquier dato o información.
b) La inexactitud, de carácter esencial, de cualquier dato o información.
c) La omisión de cualquier dato o información de carácter esencial.
d) Las respuestas b) y c) son correctas.

5. No serán transmisibles:

a) Las licencias relativas a las condiciones de una obra.
b) Las licencias concernientes al ejercicio de actividades sobre bienes de dominio público.
c) Las licencias relativas a las condiciones de una instalación.
d) Las licencias cuando el número de las otorgables fuere limitado.

6. Las solicitudes de licencias municipales, según establece el artículo 9 del Reglamento de Servicios de Corporaciones Locales:

a) Deberá acompañarse proyecto técnico con ejemplares para cada uno de los organismos que hubieren de informar la petición, si se refieren al ejercicio de actividades.
b) Se presentarán en el Registro General del Estado.
c) Se presentarán por triplicado.
d) Deberá acompañarse proyecto técnico con ejemplares para cada uno de los organismos que hubieren de informar la petición, si se refieren a ejecución de obras o instalaciones.

7. En el régimen del Reglamento de Servicios de las Corporaciones Locales, el plazo que tiene la Comisión Provincial de Urbanismo, u órgano equivalente de la Comunidad Autónoma, para decidir sobre una licencia una vez que se ha denunciado la mora ante la misma es de:

a) Seis meses.
b) Diez días.
c) Dos meses.
d) Un mes.

8. Una licencia de obra menor, en el régimen del Reglamento de Servicios de las Corporaciones Locales, debe otorgarse en el plazo de:

a) Un día.
b) Un mes.
c) Dos meses.
d) Seis meses, si es actividad molesta.

9. En materia de licencias, en el régimen del Reglamento de Servicios de las Corporaciones Locales, para subsanar deficiencias, debe concederse al particular un plazo de:

a) Ocho días.
b) Diez días.
c) Quince días.
d) Veinte días.

10. Con carácter general, el ejercicio de actividades no se someterá a la obtención de licencia u otro medio de control preventivo, salvo que:

a) El número de operadores económicos del mercado sea ilimitado.
b) Por legislación de la Comunidad Económica Europea la realización de actividades por los ciudadanos, no puedan someterse a la obtención de licencia, debiendo utilizarse únicamente la autorización previa.
c) Cuando esté justificado por razones de orden público, seguridad pública, salud pública o protección del medio ambiente en el lugar concreto donde se realiza la actividad, y estas razones no puedan salvaguardarse mediante la presentación de una declaración responsable o de una comunicación.
d) Ninguna es correcta.

11. Señala la respuesta incorrecta:

a) Las Entidades locales no podrán intervenir la actividad de los ciudadanos a través de Ordenanzas y bandos.
b) Las licencias o autorizaciones otorgadas por otras Administraciones Públicas no eximen a sus titulares de obtener las correspondientes licencias de las Entidades locales, respetándose en todo caso lo dispuesto en las correspondientes leyes sectoriales.
c) En caso de existencia de licencias o autorizaciones concurrentes entre una Entidad Local y otra Administración, la Entidad Local deberá motivar expresamente en la justificación de la necesidad de la autorización o licencia el interés general concreto que se pretende proteger y que este no se encuentra ya cubierto mediante otra autorización ya existente.
d) Todas son correctas.

12. Señala la respuesta incorrecta:

a) No podrán ser invocadas para excluir o disminuir la responsabilidad civil o penal en la que hubieren incurrido los beneficiarios en el ejercicio de sus actividades.
b) Cuando se permitiere la representación, el que la ejerciere deberá reunir las cualidades necesarias para conseguir por sí mismo una licencia y obtener la aprobación del Organismo que la hubiere otorgado.
c) Las licencias relativas a las condiciones de una obra o instalación no tendrán vigencia mientras subsistan aquellas.
d) Ninguna es incorrecta.

13. La comunicación previa o declaración responsable viene regulada:

a) En la Ley 7/1985.
b) En la Ley 40/2015.
c) En la Ley 39/2015.
d) En el Reglamento de Servicios de las Corporaciones Locales.

14. Se entiende por subvención, a los efectos de la Ley 38/2003, de 17 de noviembre, toda disposición dineraria realizada por cualesquiera de los sujetos contemplados en dicha ley, a favor de personas públicas o privadas, y que cumpla los siguientes requisitos (señala la opción incorrecta):

a) Que la entrega se realice sin contraprestación directa de los beneficiarios.
b) Que la entrega se realice en dinero en efectivo.
c) Que la entrega esté sujeta al cumplimiento de un determinado objetivo, la ejecución de un proyecto, la realización de una actividad, la adopción de un comportamiento singular, ya realizados o por desarrollar, o la concurrencia de una situación, debiendo el beneficiario cumplir las obligaciones materiales y formales que se hubieran establecido.
d) Que el proyecto, la acción, conducta o situación financiada tenga por objeto el fomento de una actividad de utilidad pública o interés social o de promoción de una finalidad pública.

15. No tienen carácter de subvenciones los siguientes supuestos:

a) Las prestaciones contributivas y no contributivas del Sistema de la Seguridad Social.
b) Las prestaciones reconocidas por el Fondo de Garantía Salarial.
c) Los beneficios fiscales y beneficios en la cotización a la Seguridad Social.
d) Todas las respuestas son correctas.

16. ¿Qué requisito deben cumplir las subvenciones en el ámbito de la Ley de subvenciones?

a) Que el proyecto, la acción, conducta o situación financiada tenga por objeto el fomento de una actividad de utilidad pública o interés social o de promoción de una finalidad pública.
b) Que se trate de aportaciones dinerarias entre diferentes Administraciones públicas, para financiar globalmente la actividad de la Administración a la que vayan destinadas.
c) Que se trate de aportaciones dinerarias que, en concepto de cuotas, tanto ordinarias como extraordinarias, realicen las entidades que integran la Administración local a favor de las asociaciones a que se refiere la Ley Reguladora de las Bases del Régimen Local.
d) Todas son correctas.

17. Queda excluido del ámbito de aplicación de la Ley de Subvenciones:

a) Los premios que se otorguen sin la previa solicitud del beneficiario.
b) Las subvenciones previstas en la Ley Orgánica 5/1985, de 19 de junio, del Régimen Electoral General.

c) Las subvenciones reguladas en la Ley Orgánica 3/1987, de 2 de julio, de financiación de los partidos políticos.

d) Todas las anteriores quedan excluidas del ámbito de aplicación de la Ley de Subvenciones.

18. Las subvenciones están reguladas por:

a) La Ley 38/2003, de 17 de noviembre, General de Subvenciones.
b) El Decreto 26/2010, de 4 de mayo.
c) La Ley 5/2019, de 21 de febrero.
d) Todas las anteriores respuestas son correctas.

19. No tienen carácter de subvenciones:

a) Las prestaciones contributivas y no contributivas del Sistema de la Seguridad Social.

b) Las pensiones asistenciales por ancianidad a favor de los españoles no residentes en España, en los términos establecidos en su normativa reguladora.

c) Las prestaciones reconocidas por el Fondo de Garantía Salarial.
d) Todas las respuestas anteriores son correctas.

20. Señala cuál de las siguientes afirmaciones no es correcta:

a) Las transferencias se destinan a financiar operaciones o actividades no singularizadas, por lo que no están afectadas a un fin concreto.

b) Las transferencias se destinan a financiar operaciones de organismos, entidades o empresas generalmente dependientes de la propia Administración transferente, o al menos se trata de un ente público, por lo que no existe un desplazamiento patrimonial real, ya que tan solo conlleva un desplazamiento en la gestión de los fondos.

c) Las transferencias no están sujetas a ningún régimen de justificación, a diferencia de las subvenciones.

d) Las transferencias son un gasto público.

21. Las subvenciones pueden ser:

a) Comunes.
b) Nominativas.
c) Especiales.
d) Singulares.

22. La gestión de las subvenciones no se realizará de acuerdo con los siguientes principios:

a) Publicidad, transparencia, concurrencia, objetividad, igualdad y no discriminación.
b) Economía en el gasto.

c) Eficacia en el cumplimiento de los objetivos fijados por la Administración otorgante.
d) Eficiencia en la asignación y utilización de los recursos públicos.

23. La concesión de subvenciones requerirá la previa autorización del Consejo de Ministros o, en el caso de que así lo establezca la normativa reguladora de la subvención, de la Comisión Delegada del Gobierno para Asuntos Económicos, en cuantía superior a:

a) 6 millones de euros.
b) 8 millones de euros.
c) 12 millones de euros.
d) 15 millones de euros.

24. Las facultades para conceder subvenciones:

a) Podrán ser objeto de desconcentración mediante real decreto acordado en Consejo de Ministros.
b) No pueden ser objeto de desconcentración.
c) Podrán ser objeto de descentralización mediante real decreto acordado en Consejo de Ministros.
d) Podrán ser objeto de desconcentración mediante Orden acordada por la persona titular del Ministerio de Hacienda.

25. Salvo que por la naturaleza de la subvención se exceptúe por su normativa reguladora, no podrán obtener la condición de beneficiario o entidad colaboradora de las subvenciones reguladas en la Ley 38/2003 las personas o entidades en quienes concurra:

a) Haber sido condenadas mediante sentencia firme a la pena de pérdida de la posibilidad de obtener subvenciones o ayudas públicas o por delitos de prevaricación, cohecho, malversación de caudales públicos, tráfico de influencias, fraudes y exacciones ilegales o delitos urbanísticos.
b) Haber dado lugar, por causa de la que hubiesen sido declarados culpables, a la resolución firme de cualquier contrato celebrado con la Administración.
c) No hallarse al corriente en el cumplimiento de las obligaciones tributarias o frente a la Seguridad Social impuestas por las disposiciones vigentes, en la forma que se determine reglamentariamente.
d) Todas las respuestas anteriores son correctas.

Solución al test n.º 15

1. d) Todas son correctas.

2. d) Las respuestas a) y c) son correctas.

3. b) El documento suscrito por un interesado en el que este manifiesta, bajo su responsabilidad, que cumple con los requisitos establecidos en la normativa vigente para obtener el reconocimiento de un derecho o facultad o para su ejercicio.

4. d) Las respuestas b) y c) son correctas.

5. d) Las licencias cuando el número de las otorgables fuere limitado.

6. d) Deberá acompañarse proyecto técnico con ejemplares para cada uno de los organismos que hubieren de informar la petición, si se refieren a ejecución de obras o instalaciones.

7. d) Un mes.

8. b) Un mes.

9. c) Quince días.

10. c) Cuando esté justificado por razones de orden público, seguridad pública, salud pública o protección del medio ambiente en el lugar concreto donde se realiza la actividad, y estas razones no puedan salvaguardarse mediante la presentación de una declaración responsable o de una comunicación.

11. a) Las Entidades locales no podrán intervenir la actividad de los ciudadanos a través de Ordenanzas y bandos.

12. c) Las licencias relativas a las condiciones de una obra o instalación no tendrán vigencia mientras subsistan aquellas.

13. c) En la Ley 39/2015.

14. b) Que la entrega se realice en dinero en efectivo.

15. d) Todas las respuestas son correctas.

16. d) Todas las anteriores quedan excluidas del ámbito de aplicación de la Ley de Subvenciones.

17. a) Que el proyecto, la acción, conducta o situación financiada tenga por objeto el fomento de una actividad de utilidad pública o interés social o de promoción de una finalidad pública.

18. a) La Ley 38/2003, de 17 de noviembre, General de Subvenciones.

19. d) Todas las respuestas anteriores son correctas.

20. d) Las transferencias son un gasto público.

21. b) Nominativas.

22. b) Economía en el gasto.

23. c) 12 millones de euros.

24. a) Podrán ser objeto de desconcentración mediante real decreto acordado en Consejo de Ministros.

25. d) Todas las respuestas anteriores son correctas.

La Ley de Transparencia, acceso a la información pública y Buen Gobierno. Transparencia en la actividad pública: ámbito y publicidad activa. Derecho de acceso a la información pública. Régimen general. Ejercicio del derecho de acceso. Régimen de Impugnaciones

1. La cualidad que permite y facilita el acceso de los ciudadanos a la información pública en poder de la Administración dentro de los límites establecidos por la legislación vigente, se conoce como:

a) Accesibilidad.
b) Transparencia.
c) Objetividad.
d) Buen gobierno.

2. En el Capítulo I del Título I: "Transparencia de la actividad pública" de la Ley 19/2013, concretamente en el art. 3, se señala que serán objeto de aplicación de las disposiciones las entidades privadas:

a) En cuyo capital social la participación, directa o indirecta, sea superior al 50 %.
b) Que perciban durante el período de un año ayudas o subvenciones públicas en una cuantía superior a 100.000 euros o cuando al menos el 40 % del total de sus ingresos anuales tengan carácter de ayuda o subvención pública, siempre que alcancen como mínimo la cantidad de 5.000 euros.
c) Con personalidad jurídica propia, vinculadas a cualquiera de las Administraciones Públicas o dependientes de ellas.
d) Que tengan atribuidas funciones de regulación o supervisión de carácter externo sobre un determinado sector o actividad.

3. En el ámbito de la Administración General del Estado, ¿a quién corresponde la evaluación del cumplimiento de los planes y programas anuales y plurianuales que las Administraciones Públicas deben publicar?

a) Al Ministerio de Hacienda y Función Pública.
b) Al Tribunal de Cuentas.

c) Al Instituto Nacional para las Administraciones Públicas (INAP).
d) A las Inspecciones Generales de Servicios.

4. El Portal de la Transparencia contendrá información publicada de acuerdo con las prescripciones técnicas que se establezcan reglamentariamente que deberán adecuarse a los siguientes principios. Señala la respuesta incorrecta:

a) Accesibilidad.
b) Interoperabilidad.
c) Control.
d) Reutilización.

5. ¿Qué título de la Ley 19/2013 regula todo lo relativo a la "Transparencia de la actividad pública"?

a) Título I.
b) Título II.
c) Título III.
d) Título IV.

6. ¿Qué plazo máximo otorgó la Ley 19/2013, de 9 de diciembre, de transparencia, acceso a la información pública y buen gobierno a los órganos de las Comunidades Autónomas y de las Entidades Locales para adaptarse a las obligaciones contenidas en dicha ley?

a) 1 año.
b) 2 años.
c) 3 años.
d) 5 años.

7. El cumplimiento de las obligaciones de publicidad activa derivadas de la Ley 19/2013, de 9 de diciembre, de transparencia, acceso a la información pública y buen gobierno, podrá realizarse utilizando los medios electrónicos puestos a su disposición por la Administración Pública de la que provenga la mayor parte de las ayudas o subvenciones públicas percibidas cuando se trate de entidades sin ánimo de lucro que persigan exclusivamente fines de interés social o cultural y cuyo presupuesto sea inferior a:

a) 50.000 euros.
b) 100.000 euros.
c) 200.000 euros.
d) 250.000 euros.

8. Según lo previsto en el artículo 18 de la Ley 19/2013, de 9 de diciembre, de transparencia, acceso a la información pública y buen gobierno, se inadmitirán a trámite, mediante resolución motivada, las solicitudes de acceso a la información:

a) Relativas a los intereses económicos y turísticos.
b) Relativas a la garantía de la confidencialidad o el secreto requerido en procesos de toma de decisión.

c) Relativas a información para cuya divulgación sea necesaria una acción previa de reelaboración.

d) Relativas a infraestructuras críticas.

9. ¿Qué organismo público se crea por la Ley 19/2013, de 9 de diciembre, de transparencia, acceso a la información pública y buen gobierno con la finalidad de promover la transparencia de la actividad pública, velar por el cumplimiento de las obligaciones de publicidad, salvaguardar el ejercicio de derecho de acceso a la información pública y garantizar la observancia de las disposiciones de buen gobierno?

a) El Instituto Nacional de Ética y Gobernanza.
b) La Comisión Ministerial de Lucha contra la Corrupción.
c) La Inspección de Servicios Administrativos.
d) El Consejo de Transparencia y Buen Gobierno.

10. El acceso a la información pública requiere:

a) Solicitud previa.
b) Acreditación de la condición de interesado.
c) Motivación expresa.
d) La utilización de medios telemáticos.

11. Cuando la información pública solicitada no contuviera datos especialmente protegidos, el órgano al que se dirija la solicitud concederá el acceso previa .... suficientemente razonada del interés público en la divulgación de la información y los derechos de los afectados cuyos datos aparezcan en la información solicitada, en particular su derecho fundamental a la protección de datos de carácter personal. Señala la palabra que falta:

a) Catalogación.
b) Acreditación.
c) Ponderación.
d) Identificación.

12. El incumplimiento reiterado de la obligación de resolver en plazo procedimientos de acceso a la información pública:

a) Tendrá la consideración de infracción grave.
b) Tendrá la consideración de infracción muy grave.
c) Tendrá la consideración de infracción leve.
d) No tendrá la consideración de infracción.

13. Frente a toda resolución expresa o presunta en materia de acceso podrá interponerse una reclamación ante el Consejo de Transparencia y Buen Gobierno, previo a su impugnación en vía contencioso-administrativa, con carácter:

a) Preceptivo.
b) Potestativo.

c) Colectivo.
d) Extraordinario.

14. Frente a toda resolución expresa o presunta en materia de acceso a la información pública podrá interponerse, con carácter potestativo y previo a su impugnación en vía contencioso-administrativa, una reclamación ante:

a) La Inspección de Servicios del Departamento correspondiente.
b) La Inspección de Servicios del Ministerio de Hacienda y Función Pública.
c) El Consejo de Transparencia y Buen Gobierno.
d) El Instituto para la Evaluación de las Políticas Públicas.

15. Según el artículo 7 de la Ley 19/2013, de 9 de diciembre, de transparencia, acceso a la información pública y buen gobierno, relativo a la información de relevancia jurídica:

a) Las Administraciones Públicas, en el ámbito de sus competencias, publicarán los proyectos de Reglamento cuya iniciativa les corresponda.
b) Las Administraciones Públicas, en el ámbito de sus competencias, no publicarán los proyectos de Reglamento cuya iniciativa les corresponda.
c) Las Administraciones Públicas, en el ámbito de sus competencias, no podrán publicar los anteproyectos de ley hasta su aprobación.
d) Las Administraciones Públicas no podrán publicar los proyectos de decretos legislativos cuando se soliciten los dictámenes a los órganos consultivos.

16. La Ley 19/2013 destaca tres ejes fundamentales de toda acción política. Señala cuál de los siguientes no es correcto:

a) La transparencia.
b) El acceso a la información pública.
c) Las normas de buen gobierno.
d) Las incompatibilidades.

17. El Título I de la Ley 19/2013 regula e incrementa la transparencia de la actividad de todos los sujetos que prestan servicios públicos o ejercen potestades administrativas mediante un conjunto de previsiones que se recogen en dos capítulos diferenciados y desde una doble perspectiva: el derecho de acceso a la información pública y:

a) Los conflictos de intereses.
b) La publicidad activa.
c) La austeridad.
d) Los principios de actuación.

18. El artículo 26 de la ley 19/2013 desglosa los principios de buen gobierno a los que someterán su actuación los miembros del Gobierno y los altos cargos. Entre los principios generales que señala figura:

a) No se implicarán en situaciones, actividades o intereses incompatibles con sus funciones y se abstendrán de intervenir en los asuntos en que concurra alguna causa que pueda afectar a su objetividad.

b) Guardarán la debida reserva respecto a los hechos o informaciones conocidos con motivo u ocasión del ejercicio de sus competencias.

c) Mantendrán una conducta digna y tratarán a los ciudadanos con esmerada corrección.

d) No aceptarán para sí regalos que superen los usos habituales, sociales o de cortesía, ni favores o servicios en condiciones ventajosas que puedan condicionar el desarrollo de sus funciones.

19. Según la Ley 19/2013, de 9 de diciembre, de Transparencia, Acceso a la Información Pública y Buen Gobierno, el derecho de acceso podrá ser limitado cuando acceder a la información suponga un perjuicio para:

a) La seguridad pública.

b) La igualdad de las partes en los procesos judiciales y la tutela judicial efectiva.

c) La política económica y monetaria.

d) Todo lo anterior.

20. La motivación de una solicitud de acceso a la información, según la Ley 19/2013:

a) Es requisito ineludible para que se facilite la información.

b) Será causa de rechazo de la solicitud.

c) Las dos respuestas anteriores son ciertas.

d) Se deja a la decisión del solicitante.

21. La transparencia de la actividad pública, respecto a la casa de su Majestad el Rey:

a) No se aplica.

b) Se aplica en todas sus actividades.

c) Se aplica en sus actividades sujetas al Derecho Administrativo.

d) Se aplica solo en sus actividades de índole política.

22. Para que se aplique la Ley 19/2013 a sociedades mercantiles, la participación en las mismas de entidades de Derecho Público debe ser superior al:

a) 10 %.

b) 20 %.

c) 50 %.

d) No se aplica en caso alguno dicha ley a este tipo de sociedades.

23. ¿Qué define el artículo 13 de la Ley 19/2013 como, los contenidos o documentos, cualquiera que sea su formato o soporte, que obren en poder de alguno de los sujetos incluidos en el ámbito de aplicación de este título (título I) y que hayan sido elaborados o adquiridos en el ejercicio de sus funciones?

a) La información pública.
b) La publicidad activa.
c) La información de relevancia jurídica.
d) La información general.

24. Corresponde recibir y dar tramitación a las solicitudes de acceso a la información, en el ámbito de la Administración General del Estado:

a) A la Oficina para la ejecución de la reforma de la Administración.
b) A las Unidades de Información y Transparencia.
c) A la Dirección de Tecnologías de la Información y las Comunicaciones.
d) A las Inspecciones de Servicios.

25. ¿Cuál de los siguientes contenidos de la Ley 19/2013 entró primeramente en vigor?

a) El Título I (Transparencia de la actividad pública).
b) El Título II (Buen Gobierno).
c) El Título III (Consejo de Transparencia y Buen Gobierno)
d) El Título Preliminar (Objeto de la ley).

26. Según el artículo 5 de la Ley 19/2013, de 9 de diciembre, de transparencia, acceso a la información pública y buen gobierno, toda la información será comprensible, de acceso fácil y gratuito y estará a disposición de las personas con discapacidad en una modalidad suministrada por medios o en formatos adecuados de manera que resulten accesibles y comprensibles, conforme al principio de:

a) Igualdad de oportunidades.
b) No discriminación.
c) Eficacia.
d) Accesibilidad universal y diseño para todos.

27. Señala la respuesta incorrecta. Según el artículo 6 de la Ley 19/2013, de 9 de diciembre, de transparencia, acceso a la información pública y buen gobierno, los sujetos comprendidos en el ámbito de aplicación de su título I deben publicar información relativa a:

a) Las funciones que desarrollan.
b) La normativa que les sea de aplicación.
c) El personal adscrito.
d) Su estructura organizativa.

28. El incumplimiento reiterado de las obligaciones de publicidad activa reguladas en el Capítulo II del Título I de la Ley 19/2013, de 9 de diciembre, de transparencia, acceso a la información pública y buen gobierno, tendrá la consideración, a los efectos de aplicación a sus responsables del régimen disciplinario previsto en la correspondiente normativa reguladora, de infracción:

a) Grave.
b) Leve.
c) Muy grave.
d) No constituye infracción administrativa.

29. ¿Cuántos senadores forman parte de la Comisión de Transparencia y Buen Gobierno?

a) Uno.
b) Dos.
c) Tres.
d) Cinco.

30. En virtud del artículo 11 de la Ley 19/2013, de 9 de diciembre, de transparencia, acceso a la información pública y buen gobierno, el Portal de la Transparencia proporcionará información estructurada sobre los documentos y recursos de información con vistas a facilitar la identificación y búsqueda de la información, en base al principio de:

a) Interoperabilidad.
b) Accesibilidad.
c) Reutilización.
d) DIsponibilidad.

31. Señala la respuesta incorrecta. El derecho de acceso a la información pública podrá ser limitado cuando acceder a la información suponga un perjuicio para:

a) Los intereses económicos y comerciales.
b) La garantía de la confidencialidad o el secreto requerido en procesos de toma de decisión.
c) El honor de los funcionarios o cargos directivos.
d) La protección del medio ambiente.

32. Los documentos que contengan datos personales de carácter policial, procesal, clínico o de cualquier otra índole que puedan afectar a la seguridad de las personas, a su honor, a la intimidad de su vida privada y familiar y a su propia imagen, no podrán ser públicamente consultados sin que medie consentimiento expreso de los afectados o hasta que haya transcurrido un plazo desde su muerte, si su fecha es conocida, de:

a) 25 años.
b) 30 años.

c) 40 años.
d) 50 años.

33. Señala la respuesta incorrecta. La solicitud de acceso a la información pública podrá presentarse por cualquier medio que permita tener constancia de:

a) La identidad del solicitante.
b) La información que se solicita.
c) Una dirección de contacto, preferentemente electrónica, a efectos de comunicaciones.
d) La motivación de la solicitud.

34. No es una causa de inadmisión de las solicitudes de acceso a la información pública:

a) Que se refieran a información que esté en curso de elaboración o de publicación general.
b) Que se dirijan a un órgano en cuyo poder no obre la información.
c) Que sean manifiestamente repetitivas.
d) Que se refieran a información para cuya divulgación sea necesaria una acción previa de reelaboración.

35. Frente a toda resolución expresa o presunta en materia de acceso podrá interponerse una reclamación ante el Consejo de Transparencia y Buen Gobierno, con carácter potestativo y previo a su impugnación en vía contencioso-administrativa. El plazo máximo para resolver y notificar la resolución será de:

a) 15 días.
b) 1 mes.
c) 3 meses.
d) 6 meses.

Solución al test n.º 16

1. b) Transparencia.

2. b) Que perciban durante el período de un año ayudas o subvenciones públicas en una cuantía superior a 100.000 euros o cuando al menos el 40 % del total de sus ingresos anuales tengan carácter de ayuda o subvención pública, siempre que alcancen como mínimo la cantidad de 5.000 euros.

3. d) A las Inspecciones Generales de Servicios.

4. c) Control.

5. a) Título I.

6. b) 2 años.

7. a) 50.000 euros.

8. c) Relativas a información para cuya divulgación sea necesaria una acción previa de reelaboración.

9. d) El Consejo de Transparencia y Buen Gobierno.

10. a) Solicitud previa.

11. c) Ponderación.

12. a) Tendrá la consideración de infracción grave.

13. b) Potestativo.

14. c) El Consejo de Transparencia y Buen Gobierno.

15. a) Las Administraciones Públicas, en el ámbito de sus competencias, publicarán los proyectos de Reglamento cuya iniciativa les corresponda.

16. d) Las incompatibilidades.

17. b) La publicidad activa.

18. c) Mantendrán una conducta digna y tratarán a los ciudadanos con esmerada corrección.

19. d) Todo lo anterior.

20. d) Se deja a la decisión del solicitante.

21. c) Se aplica en sus actividades sujetas al Derecho Administrativo.

22. c) 50 %.

23. a) La información pública.

24. b) A las Unidades de Información y Transparencia.

25. b) El Título II (Buen Gobierno).

26. d) Accesibilidad universal y diseño para todos.

27. c) El personal adscrito.

28. a) Grave.

29. a) Uno.

30. b) Accesibilidad.

31. c) El honor de los funcionarios o cargos directivos.

32. a) 25 años.

33. d) La motivación de la solicitud.

34. b) Que se dirijan a un órgano en cuyo poder no obre la información.

35. c) 3 meses.

El servicio público. Nociones generales. Modos de gestión del servicio público. El servicio público en la esfera local. Modos de gestión

1. ¿Qué actividad realiza la Administración Local para conseguir que los particulares ajusten obligatoriamente su conducta o su patrimonio al interés público municipal o provincial?

a) Actividad de fomento.
b) Actividad de estímulo.
c) Actividad de policía.
d) Actividad de prestación.

2. Cuando la actividad que es objeto de la prestación se realiza por particulares conforme a una ordenanza local del servicio que les impone obligaciones específicas de servicio público en virtud de un criterio de interés general, los servicios locales de interés general se prestan en régimen de:

a) Servicio reglamentado.
b) Servicio público.
c) Servicio externo.
d) Servicio auxiliar.

3. Las entidades locales pueden configurar los servicios locales de interés general como:

a) Servicio público y servicio reglamentado.
b) Servicio básico y servicio especial.
c) Servicio central y servicio periférico.
d) Servicio gratuito y servicio de pago.

4. Cuando la propia entidad local realiza, de forma directa o mediante contrato administrativo, la actividad objeto de la prestación, los servicios generales se prestan en régimen de:

a) Servicio público.
b) Servicio básico.

c) Servicio reglamentado.
d) Servicio de pago.

5. Las Entidades Locales podrán ejercer la iniciativa pública para el desarrollo de actividades económicas, siempre que esté garantizado el cumplimiento del objetivo de .... presupuestaria y de la .... financiera del ejercicio de sus competencias. ¿Qué dos palabras completan correctamente la frase anterior?

a) Eficiencia y contabilidad.
b) Estabilidad y sostenibilidad.
c) Transparencia y responsabilidad.
d) Contención y austeridad.

6. La prestación de los servicios públicos que las entidades locales desarrollan por sí o a través de sus entes vinculados o dependientes, tiene la consideración de:

a) Gestión impropia o indirecta.
b) Gestión propia o directa.
c) Gestión mixta.
d) Gestión subrogada.

7. En las entidades públicas empresariales locales deberá existir:

a) Un equipo de dirección.
b) Una junta de gobierno.
c) Un consejo de administración.
d) Una comisión de gestión y administración.

8. En los organismos autónomos locales deberá existir:

a) Un consejo rector.
b) Una junta de gobierno.
c) Un consejo de administración.
d) Una comisión de gestión y administración.

9. ¿Puede ser titular del máximo órgano de dirección de una entidad pública empresarial local un profesional del sector privado?

a) No, debe ser un funcionario de carrera de la Administración Pública.
b) No, debe ser un funcionario de carrera o personal laboral de la Administración Pública.
c) Sí, siempre que sea titulado superior y con más de cinco años de ejercicio profesional.
d) Sí, siempre que sea titulado superior.

10. Es una forma de gestión directa de los servicios públicos locales:

a) Concesión.
b) Sociedad de economía mixta.
c) Organismo autónomo local.
d) Gestión interesada.

Solución al test n.º 17

1. c) Actividad de policía.

2. a) Servicio reglamentado.

3. a) Servicio público y servicio reglamentado.

4. a) Servicio público.

5. b) Estabilidad y sostenibilidad.

6. b) Gestión propia o directa.

7. c) Un consejo de administración.

8. a) Un consejo rector.

9. c) Sí, siempre que sea titulado superior y con más de cinco años de ejercicio profesional.

10. c) Organismo autónomo local.

TEST N.º 18

La Ley de Contratos del Sector Público. Principios generales y requisitos. Clases de contratos. Organización de las Entidades Locales en materia de Contratación. Mesa de contratación. El expediente de contratación. Contratos menores. Procedimiento y formas de adjudicación de los contratos

1. Los contratos que tienen por objeto la adquisición, el arrendamiento financiero, o el arrendamiento, con o sin opción de compra, de productos o bienes muebles, son:

a) Contratos de servicios.
b) Contratos de suministro.
c) Contratos de obras.
d) Contratos de gestión de servicios públicos.

2. No se consideran contratos de suministros:

a) Aquellos en los que el empresario se obligue a entregar una pluralidad de bienes de forma sucesiva y por precio unitario sin que la cuantía total se defina con exactitud al tiempo de celebrar el contrato, por estar subordinadas las entregas a las necesidades del adquirente.
b) Los que tengan por objeto la adquisición y el arrendamiento de equipos y sistemas de telecomunicaciones o para el tratamiento de la información, sus dispositivos y programas, y la cesión del derecho de uso de estos últimos.
c) Los de adquisición de programas de ordenador desarrollados a medida.
d) Los de fabricación, por los que la cosa o cosas que hayan de ser entregadas por el empresario deban ser elaboradas con arreglo a características peculiares fijadas previamente por la entidad contratante, aun cuando esta se obligue a aportar, total o parcialmente, los materiales precisos.

3. De los siguientes, son contratos privados los contratos celebrados por una Administración Pública que tengan por objeto:

a) La suscripción a revistas, publicaciones periódicas y bases de datos.
b) La concesión de servicios públicos.

c) Los contratos de colaboración entre el sector público y el sector privado.

d) La adquisición de suministros.

4. En un contrato de concesión de obras, cuando no esté garantizado que, en condiciones normales de funcionamiento, el concesionario vaya a recuperar las inversiones realizadas ni a cubrir los costes en que hubiera incurrido como consecuencia de la explotación de las obras que sean objeto de la concesión, se considerará que el mismo asume un riesgo:

a) Operacional.

b) Virtual.

c) General.

d) Provisional.

5. No podrán ser objeto de los contratos de servicios:

a) Los que impliquen ejercicio de la autoridad inherente a los poderes públicos.

b) Los que impliquen el desarrollo o mantenimiento de aplicaciones informáticas.

c) Los que tengan por objeto el desarrollo y la puesta a disposición de productos protegidos por un derecho de propiedad intelectual o industrial.

d) Los que tengan por objeto la prestación de actividades docentes en centros del sector público desarrolladas en forma de cursos de formación o perfeccionamiento del personal al servicio de la Administración.

6. Según el art. 13.3 de la Ley 9/2017, de 8 de noviembre, de Contratos del Sector Público, los contratos de obras se referirán:

a) A una obra completa.

b) A una superficie acotada.

c) A un área concreta.

d) A un plan urbanístico determinado.

7. No se consideran sujetos a regulación armonizada, cualquiera que sea su valor estimado, los contratos siguientes:

a) Los contratos de obras que tengan por objeto la construcción de hospitales, centros deportivos, recreativos o de ocio, edificios escolares o universitarios y edificios de uso administrativo.

b) Aquellos que tengan por objeto la representación y defensa legal de un cliente por un procurador o un abogado, ya sea en un arbitraje o una conciliación celebrada en un Estado o ante una instancia internacional de conciliación o arbitraje, o ya sea en un procedimiento judicial ante los órganos jurisdiccionales o las autoridades públicas de un Estado o ante órganos jurisdiccionales o instituciones internacionales.

c) Los que tengan por objeto servicios sociales.

d) Los adjudicados por órganos de contratación que pertenezcan al sector de la defensa.

8. La duración de los contratos de arrendamiento de bienes muebles no podrá exceder, incluyendo las posibles prórrogas, de:

a) 3 años.
b) 4 años.
c) 5 años.
d) 7 años.

9. Se consideran contratos menores los contratos de suministro o de servicios de valor estimado inferior a:

a) 15.000 euros.
b) 20.000 euros.
c) 30.000 euros.
d) 40.000 euros.

10. ¿Cuáles de los siguientes contratos se perfeccionan con su adjudicación?

a) Los contratos menores.
b) Los contratos subvencionados que deban considerarse sujetos a regulación armonizada.
c) Los contratos basados en un acuerdo marco.
d) Los contratos subvencionados no sujetos a regulación armonizada.

11. En relación al expediente de contratación, NO es cierto que:

a) El expediente deba referirse a la totalidad del objeto del contrato.
b) En todo caso, se han de incorporar al expediente el pliego de cláusulas administrativas particulares y el de prescripciones generales.
c) Debe incorporarse al expediente el certificado de existencia de crédito.
d) El expediente se iniciará por el órgano de contratación, que ha de motivar la necesidad del contrato.

12. No se adjudicarán mediante subasta electrónica:

a) Los contratos tramitados por procedimientos abiertos.
b) Los contratos tramitados por procedimientos restringidos.
c) Aquellos contratos en que la adjudicación se base únicamente en los precios.
d) Los contratos cuyo objeto tenga relación con la calidad alimentaria.

13. Cuando solo se utilice un criterio de adjudicación, este ha de relacionarse, necesariamente con:

a) La calidad.
b) Las características vinculadas con la satisfacción de exigencias sociales que respondan a necesidades, definidas en las especificaciones del contrato, propias de las categorías de población especialmente desfavorecidas a las que pertenezcan los usuarios o beneficiarios de las prestaciones a contratar.

c) El plazo de ejecución o entrega de la prestación.
d) Los costes.

14. En los contratos que tengan por objeto prestaciones de carácter intelectual, los criterios relacionados con la calidad deberán representar, al menos:

a) El 40 % de la puntuación asignable en la valoración de las ofertas.
b) El 50 % de la puntuación asignable en la valoración de las ofertas.
c) El 51 % de la puntuación asignable en la valoración de las ofertas.
d) El 60 % de la puntuación asignable en la valoración de las ofertas.

15. El órgano de contratación señalará el número mínimo de empresarios a los que invitará a participar en un procedimiento restringido, que no podrá ser inferior a:

a) Tres.
b) Cinco.
c) Siete.
d) Diez.

16. ¿En cuál de los siguientes casos se considerará que la oferta presentada en una licitación es inaceptable?

a) Cuando se haya recibido fuera de plazo.
b) Cuando muestre indicios de colusión o corrupción.
c) Cuando haya sido considerada anormalmente baja por el órgano de contratación.
d) Cuando haya sido presentada por licitador que no posea la cualificación requerida.

17. En relación a la formalización del contrato, ¿pueden las entidades del sector público contratar verbalmente?

a) No, en ningún caso.
b) Solo cuando se trate de contratos menores.
c) Solo cuando el contrato tenga carácter de emergencia.
d) Solo en caso de contratos de suministros no sujetos a regulación armonizada.

Solución al test n.º 18

1. b) Contratos de suministro.

2. c) Los de adquisición de programas de ordenador desarrollados a medida.

3. a) La suscripción a revistas, publicaciones periódicas y bases de datos.

4. a) Operacional.

5. a) Los que impliquen ejercicio de la autoridad inherente a los poderes públicos.

6. a) A una obra completa.

7. b) Aquellos que tengan por objeto la representación y defensa legal de un cliente por un procurador o un abogado, ya sea en un arbitraje o una conciliación celebrada en un Estado o ante una instancia internacional de conciliación o arbitraje, o ya sea en un procedimiento judicial ante los órganos jurisdiccionales o las autoridades públicas de un Estado o ante órganos jurisdiccionales o instituciones internacionales.

8. c) 5 años.

9. a) 15.000 euros.

10. c) Los contratos basados en un acuerdo marco.

11. b) En todo caso, se han de incorporar al expediente el pliego de cláusulas administrativas particulares y el de prescripciones generales.

12. d) Los contratos cuyo objeto tenga relación con la calidad alimentaria.

13. d) Los costes.

14. c) El 51% de la puntuación asignable en la valoración de las ofertas.

15. b) Cinco.

16. d) Cuando haya sido presentada por licitador que no posea la cualificación requerida.

17. c) Solo cuando el contrato tenga carácter de emergencia.

TEST N.º 19

La Ley Orgánica 3/2018, de 5 de diciembre, de Protección de Datos Personales y garantía de los derechos digitales. Nociones generales

1. El artículo 18.1 de la Constitución Española garantiza el derecho al honor, a la intimidad personal y familiar y a:

a) La protección de datos de carácter personal.
b) La confidencialidad.
c) La propia imagen.
d) El secreto profesional.

2. Según el artículo 18.3 de la Constitución Española, se garantiza el secreto de las comunicaciones y, en especial, de las postales, telegráficas y telefónicas:

a) Siempre.
b) Salvo resolución judicial.
c) Excepto en los casos que establezcan las leyes.
d) Salvo consentimiento del interesado.

3. El RGPD señala al determinar cuál es su objeto, que la libre circulación de los datos personales en la Unión:

a) Podrá ser restringida y prohibida por motivos relacionados con la protección de las personas físicas en lo que respecta al tratamiento de datos personales.
b) Podrá ser restringida, pero no prohibida, por motivos relacionados con la protección de las personas físicas en lo que respecta al tratamiento de datos personales.
c) No podrá ser restringida ni prohibida por motivos relacionados con la protección de las personas físicas en lo que respecta al tratamiento de datos personales.
d) No podrá ser restringida, pero sí prohibida, por motivos relacionados con la protección de las personas físicas en lo que respecta al tratamiento de datos personales.

4. El Reglamento General de Protección de Datos se aplica:

a) Únicamente al tratamiento automatizado de datos personales.
b) Únicamente al tratamiento no automatizado de datos personales contenidos o destinados a ser incluidos en un fichero.

c) Únicamente al tratamiento total o parcialmente automatizado de datos personales.

d) Al tratamiento total o parcialmente automatizado de datos personales, así como al tratamiento no automatizado de datos personales contenidos o destinados a ser incluidos en un fichero.

5. El Reglamento General de Protección de Datos se aplica:

a) Al tratamiento de datos personales que no tenga lugar en la Unión Europea en el contexto de las actividades de un establecimiento del responsable o del encargado en la Unión Europea.

b) Al tratamiento de datos personales en el ejercicio de una actividad no comprendida en el ámbito de aplicación del Derecho de la Unión.

c) Al tratamiento de datos personales efectuado por una persona física en el ejercicio de actividades exclusivamente personales o domésticas.

d) Al tratamiento de datos personales por parte de las autoridades competentes con fines de prevención, investigación, detección o enjuiciamiento de infracciones penales, o de ejecución de sanciones penales, incluida la de protección frente a amenazas a la seguridad pública y su prevención.

6. Los datos personales obtenidos a partir de un tratamiento técnico específico, relativos a las características físicas, fisiológicas o conductuales de una persona física que permitan o confirmen la identificación única de dicha persona, como imágenes faciales o datos dactiloscópicos, se denominan:

a) Datos corporales.
b) Datos naturales.
c) Datos genéticos.
d) Datos biométricos.

7. ¿En virtud de qué principio previsto por el Reglamento General de Protección de Datos, los datos personales serán adecuados, pertinentes y limitados a lo necesario en relación con los fines para los que son tratados?

a) Principio de exactitud.
b) Principio de limitación de la finalidad.
c) Principio de responsabilidad proactiva.
d) Principio de minimización de datos.

8. En relación con el consentimiento, el Reglamento General de Protección de Datos dispone que:

a) El consentimiento puede deducirse del silencio o de la inacción de los ciudadanos.
b) Se permite el llamado consentimiento tácito.

c) No es admisible el consentimiento del interesado dado en el contexto de una declaración escrita que también se refiera a otros asuntos.

d) Quienes recopilen datos personales deben ser capaces de demostrar que el afectado les otorgó su consentimiento.

9. Como la consecuencia del derecho que tienen los ciudadanos a solicitar, y obtener de los responsables, que los datos personales sean suprimidos cuando, entre otros casos, estos ya no sean necesarios para la finalidad con la que fueron recogidos, cuando se haya retirado el consentimiento o cuando estos se hayan recogido de forma ilícita, el Reglamento General de Protección de Datos propugna el derecho:

a) Al olvido.
b) De oposición.
c) De rectificación.
d) Al borrado.

10. Según el Reglamento General de Protección de Datos, cuando los datos personales no se hayan obtenido del interesado, el responsable del tratamiento le facilitará, entre otras informaciones, los fines del tratamiento a que se destinan los datos personales, así como la base jurídica del tratamiento. El responsable del tratamiento facilitará la información dentro de un plazo razonable, una vez obtenidos los datos personales, y a más tardar dentro de:

a) 10 días hábiles.
b) 20 días.
c) 1 mes.
d) 3 meses.

11. Según el artículo 5 del Reglamento (UE) 2016/679, de 27 de abril, relativo a la protección de las personas físicas en lo que respecta al tratamiento de datos personales y a la libre circulación de estos datos, los datos personales serán tratados, en relación con el interesado, de manera lícita, leal y:

a) Fiable.
b) Segura.
c) Confidencial.
d) Transparente.

12. Conforme al artículo 3 de la LO 3/2018, las personas vinculadas al fallecido por razones familiares o de hecho así como sus herederos:

a) No podrán dirigirse al responsable o encargado del tratamiento para solicitar el acceso a los datos personales de aquella, si no es por vía judicial.

b) Solo podrán dirigirse al encargado del tratamiento, siempre que sea con objeto de rectificar datos manifiestamente falsos.

c) Podrán dirigirse al responsable o encargado del tratamiento siempre que sea con objeto de solicitar la supresión de los datos personales de aquella sin posibilidad de acceder a ellos.

d) Podrán dirigirse al responsable o encargado del tratamiento al objeto de solicitar el acceso a los datos personales de aquella y, en su caso, su rectificación o supresión.

13. Cuando los plazos se señalen por días en el RGPD o en la LO 3/2018, se entiende que estos:

a) Son naturales.

b) Son hábiles, de lunes a sábado, excluyéndose del cómputo los domingos y los declarados festivos.

c) Son naturales, excluyéndose del cómputo los declarados festivos.

d) Son hábiles, excluyéndose del cómputo los sábados, los domingos y los declarados festivos.

14. En relación con el consentimiento del interesado al tratamiento de datos de carácter personal, es cierto que:

a) En ningún caso se puede obligar a nadie a facilitar sus datos.

b) El consentimiento ha de ser previo a la información sobre el tratamiento.

c) Si se puede consentir libremente, del mismo modo, se puede retirar el consentimiento.

d) La solicitud del consentimiento deberá ir referida a todos los tratamientos que se puedan dar en un plazo determinado.

15. Conforme al RGPD, el interesado tendrá derecho a obtener del responsable del tratamiento la limitación del tratamiento de los datos cuando el responsable ya no necesite los datos personales para los fines del tratamiento, pero el interesado los necesite para:

a) La formulación, el ejercicio o la defensa de reclamaciones.

b) Verificar la exactitud de los mismos.

c) Incorporarlos a sus archivos personales.

d) Proceder él mismo a su destrucción.

16. El derecho a la portabilidad de los datos:

a) Se podrá aplicar a los tratamientos que sean necesarios para el cumplimiento de una misión realizada en interés público o en el ejercicio de poderes públicos conferidos al responsable del tratamiento.

b) A diferencia de otros derechos, podrá afectar negativamente a los derechos y libertades de otros.

c) Supone la obligación de que, en todo caso, los datos personales se transmitan directamente de responsable a responsable.

d) Requiere que el tratamiento se efectúe por medios automatizados.

17. En virtud del derecho de acceso al que se refiere el artículo 15 del Reglamento (UE) 2016/679, del Parlamento Europeo y del Consejo, de 27 de abril, relativo a la protección de las personas físicas en lo que respecta al tratamiento de datos personales y a la libre circulación de estos datos y por el que se deroga la Directiva 95/46/CE:

a) El interesado tendrá derecho a conocer si sus datos de carácter personal están siendo tratados, qué datos son objeto de dicho tratamiento, la finalidad del mismo, el origen de los citados datos y si se han comunicado o se van a comunicar a un tercero.

b) El interesado, previo pago de un canon, tendrá derecho a obtener información sobre sus datos de carácter personal sometidos a tratamiento.

c) El interesado tiene derecho a conocer el nombre y apellidos de las personas que han accedido a sus datos.

d) El interesado tendrá derecho a obtener información de sus datos de carácter personal sometidos a tratamiento, pero no de las comunicaciones que se prevean hacer de ellos.

18. Conforme al RGPD, ¿puede facilitarse la información al interesado de forma verbal?

a) No, en ningún caso.

b) Sí, siempre que lo solicite el interesado.

c) Sí, en cualquier caso siempre que se demuestre la identidad del interesado por otros medios.

d) Sí, cuando lo solicite el interesado y se pueda demostrar su identidad por otros medios.

19. Conforme al RGPD, la información al interesado sobre la base de una solicitud será facilitada por el responsable del tratamiento en el plazo de un mes a partir de la recepción de la solicitud. Teniendo en cuenta la complejidad y el número de solicitudes, dicho plazo será prorrogado:

a) 15 días más.

b) Un mes más.

c) Otros dos meses.

d) Otros tres meses.

20. Señala la respuesta incorrecta. El artículo 15 del RGPD dispone que el interesado tendrá derecho a obtener del responsable del tratamiento confirmación de si se están tratando o no datos personales que le conciernen y, en tal caso, derecho de acceso a los datos personales y a información sobre la existencia de decisiones automatizadas, incluida la elaboración de perfiles, y, al menos en tales casos, información significativa sobre:

a) Los demás interesados afectados por las decisiones.

b) La lógica aplicada.

c) La importancia del tratamiento.

d) Las consecuencias para el interesado previstas de dicho tratamiento.

21. Conforme al artículo 16 del RGPD, teniendo en cuenta los fines del trata-miento, el interesado tendrá derecho a que se completen los datos personales que sean incompletos, inclusive mediante:

a) Levantamiento de acta.
b) Certificación de modificación.
c) Una declaración adicional.
d) Elaboración de anexos.

22. Según el artículo 17 del RGPC, el interesado tendrá derecho a obtener sin dilación indebida del responsable del tratamiento la supresión de los datos perso-nales que le conciernan, el cual estará obligado a suprimir sin dilación indebida los datos personales cuando concurra alguna de las circunstancias siguientes:

a) Los datos personales siguen siendo necesarios en relación con los fines para los que fueron recogidos y tratados del mismo modo.
b) El interesado retire el consentimiento en que se basa el tratamiento, y este se basa en otro fundamento jurídico.
c) El interesado se opone al tratamiento de datos personales que tiene por objeto la mercadotecnia directa.
d) Los datos personales no han sido obtenidos en relación con la oferta de servicios de la sociedad de la información.

23. Conforme al artículo 17 del RGPD, el derecho de supresión no se podrá apli-car cuando:

a) Los datos personales ya no sean necesarios en relación con los fines para los que fueron recogidos o tratados de otro modo.
b) Los datos personales se hayan obtenido en relación con la oferta de servicios de la sociedad de la información.
c) Los datos personales hayan sido tratados ilícitamente.
d) Los datos personales sean necesarios para ejercer el derecho a la libertad de expre-sión e información.

24. Conforme al artículo 17 del RGPD, el derecho de supresión no se podrá apli-car cuando:

a) El interesado retire el consentimiento en que se basa el tratamiento, y este no se base en otro fundamento jurídico.
b) El tratamiento sea necesario para la formulación, el ejercicio o la defensa de recla-maciones.
c) El interesado se oponga al tratamiento y no prevalezcan otros motivos legítimos para el tratamiento.
d) El interesado se oponga al tratamiento cuando el tratamiento de datos personales tenga por objeto la mercadotecnia directa.

25. Conforme al artículo 18 del RGPD, el interesado tendrá derecho a obtener del responsable del tratamiento la limitación del tratamiento de los datos:

a) Cuando los datos personales ya no sean necesarios en relación con los fines para los que fueron recogidos o tratados de otro modo.

b) Para que el interesado pueda ejercer el derecho a la libertad de expresión e información.

c) Cuando el interesado impugne la exactitud de los datos personales, durante un plazo que permita al responsable verificar la exactitud de los mismos.

d) Por razones de interés público en el ámbito de la salud pública.

26. En relación con el derecho de portabilidad, es cierto que:

a) El ejercicio de este derecho impide el ejercicio del derecho de supresión.

b) Al ejercer su derecho a la portabilidad de los datos, el interesado tendrá que transmitir los datos directamente al nuevo responsable de los mismos.

c) Se aplicará al tratamiento que sea necesario para el cumplimiento de una misión realizada en interés público o en el ejercicio de poderes públicos conferidos al responsable del tratamiento.

d) No podrá afectar negativamente a los derechos y libertades de otros.

27. En referencia con el derecho de oposición, el artículo 21 del RGPD señala que:

a) Cuando el tratamiento de datos personales tenga por objeto la mercadotecnia directa, el interesado tendrá derecho a oponerse en todo momento al tratamiento de los datos personales que le conciernan.

b) A más tardar en el momento de la segunda comunicación con el interesado, el derecho de oposición será mencionado explícitamente al interesado y será presentado claramente y al margen de cualquier otra información.

c) Aun cuando el tratamiento de datos personales tenga por objeto la mercadotecnia directa, el interesado no podrá oponerse a la elaboración de perfiles relacionada con la citada mercadotecnia.

d) Los motivos legítimos para el tratamiento por parte del responsable del tratamiento no pueden prevalecer sobre los intereses, derechos y libertades del interesado.

28. Señala la respuesta incorrecta. Conforme al artículo 22 del RGPD, en caso de que las decisiones individuales automatizadas sean necesarias para la ejecución de un contrato entre el interesado y un responsable del tratamiento, este deberá adoptar las medidas adecuadas para salvaguardar los derechos y libertades y los intereses legítimos del interesado, como mínimo el derecho:

a) A ser indemnizado.

b) A obtener intervención humana por parte del responsable.

c) A expresar su punto de vista.

d) A impugnar la decisión.

29. El RGPD considera "destinatario":

a) A la persona física o jurídica, autoridad pública, servicio u otro organismo al que se comuniquen datos personales, siempre que se trate de un tercero.

b) A la persona física o jurídica, autoridad pública, servicio u otro organismo al que se comuniquen datos personales, se trate o no de un tercero.

c) A la autoridad pública que pueda recibir datos personales en el marco de una investigación concreta de conformidad con el Derecho de la Unión o de los Estados miembros.

d) A la persona física o jurídica, autoridad pública, servicio u organismo distinto del interesado, del responsable del tratamiento, del encargado del tratamiento y de las personas autorizadas para tratar los datos personales bajo la autoridad directa del responsable o del encargado.

30. El RGPD denomina a la autoridad pública independiente establecida por un Estado miembro:

a) Agencia Nacional de Protección de Datos.

b) Representante.

c) Autoridad de control.

d) Autoridad de referencia.

31. Las Administraciones Públicas incorporarán a los temarios de las pruebas de acceso a los cuerpos superiores y a aquellos en que habitualmente se desempeñen funciones que impliquen el acceso a datos personales materias relacionadas con la garantía de los derechos digitales y en particular:

a) El de protección de datos.

b) El de libertad de expresión.

c) El de protección de los menores.

d) El de seguridad de las comunicaciones.

32. Conforme al artículo 3 de la LO 3/2018, las personas vinculadas al fallecido por razones familiares o de hecho así como sus herederos:

a) No podrán dirigirse al responsable o encargado del tratamiento para solicitar el acceso a los datos personales de aquella, si no es por vía judicial.

b) Solo podrán dirigirse al encargado del tratamiento, siempre que sea con objeto de rectificar datos manifiestamente falsos.

c) Podrán dirigirse al responsable o encargado del tratamiento siempre que sea con objeto de solicitar la supresión de los datos personales de aquella sin posibilidad de acceder a ellos.

d) Podrán dirigirse al responsable o encargado del tratamiento al objeto de solicitar el acceso a los datos personales de aquella y, en su caso, su rectificación o supresión.

Solución al test n.º 19

1. c) La propia imagen.

2. b) Salvo resolución judicial.

3. c) No podrá ser restringida ni prohibida por motivos relacionados con la protección de las personas físicas en lo que respecta al tratamiento de datos personales.

4. d) Al tratamiento total o parcialmente automatizado de datos personales, así como al tratamiento no automatizado de datos personales contenidos o destinados a ser incluidos en un fichero.

5. a) Al tratamiento de datos personales que no tenga lugar en la Unión Europea en el contexto de las actividades de un establecimiento del responsable o del encargado en la Unión Europea.

6. d) Datos biométricos.

7. d) Principio de minimización de datos.

8. d) Quienes recopilen datos personales deben ser capaces de demostrar que el afectado les otorgó su consentimiento.

9. a) Al olvido.

10. c) 1 mes.

11. d) Transparente.

12. d) Podrán dirigirse al responsable o encargado del tratamiento al objeto de solicitar el acceso a los datos personales de aquella y, en su caso, su rectificación o supresión.

13. d) Son hábiles, excluyéndose del cómputo los sábados, los domingos y los declarados festivos.

14. c) Si se puede consentir libremente, del mismo modo, se puede retirar el consentimiento.

15. a) La formulación, el ejercicio o la defensa de reclamaciones.

16. d) Requiere que el tratamiento se efectúe por medios automatizados.

17. a) El interesado tendrá derecho a conocer si sus datos de carácter personal están siendo tratados, qué datos son objeto de dicho tratamiento, la finalidad del mismo, el origen de los citados datos y si se han comunicado o se van a comunicar a un tercero.

18. d) Sí, cuando lo solicite el interesado y se pueda demostrar su identidad por otros medios.

19. c) Otros dos meses.

20. a) Los demás interesados afectados por las decisiones.

21. c) Una declaración adicional.

22. c) El interesado se opone al tratamiento de datos personales que tiene por objeto la mercadotecnia directa.

23. d) Los datos personales sean necesarios para ejercer el derecho a la libertad de expresión e información.

24. b) El tratamiento sea necesario para la formulación, el ejercicio o la defensa de reclamaciones.

25. c) Cuando el interesado impugne la exactitud de los datos personales, durante un plazo que permita al responsable verificar la exactitud de los mismos.

26. d) No podrá afectar negativamente a los derechos y libertades de otros.

27. a) Cuando el tratamiento de datos personales tenga por objeto la mercadotecnia directa, el interesado tendrá derecho a oponerse en todo momento al tratamiento de los datos personales que le conciernan.

28. a) A ser indemnizado.

29. b) A la persona física o jurídica, autoridad pública, servicio u otro organismo al que se comuniquen datos personales, se trate o no de un tercero.

30. c) Autoridad de control.

31. a) El de protección de datos.

32. d) Podrán dirigirse al responsable o encargado del tratamiento al objeto de solicitar el acceso a los datos personales de aquella y, en su caso, su rectificación o supresión.

TEST N.º 20

Régimen local español. Principios generales. El municipio. El término municipal. El empadronamiento. La población. El Reglamento de Población y Demarcación Territorial de las Entidades Locales

1. ¿Qué Real Decreto aprueba el Reglamento de Población y Demarcación Territorial de las Entidades Locales?

a) El Real Decreto 781/1990, de 1 de diciembre.
b) El Real Decreto 1029/1984, de 12 de mayo.
c) El Real Decreto 1430/1988, de 20 de abril.
d) El Real Decreto 1690/1986, de 11 de julio.

2. ¿A quién compete, a tenor del Reglamento de Población y Demarcación Territorial de las Entidades Locales, la división del término municipal en distritos y en barrios y las variaciones de los mismos?

a) Al Estado.
b) A las Comunidades Autónomas.
c) A los Ayuntamientos.
d) A las Diputaciones Provinciales.

3. ¿Cuándo podrán suponer la alteración de los límites provinciales los expedientes de alteración de términos municipales?

a) Cuando cuente con el dictamen favorable del Consejo de Estado.
b) Cuando así lo determine el Consejo de Gobierno de la Comunidad Autónoma correspondiente.
c) Cuando así lo apruebe la mayoría absoluta del número legal de miembros de la Corporación.
d) En ningún caso.

4. En todos los expedientes sobre alteración de términos municipales la resolución definitiva se hará mediante:

a) Acuerdo aprobado por el Consejo de Gobierno de la Comunidad Autónoma correspondiente.

b) Decreto aprobado por el Consejo de Gobierno de la Comunidad Autónoma correspondiente.

c) Resolución aprobada por el Consejo de Gobierno de la Comunidad Autónoma correspondiente.

d) Ninguna respuesta es correcta.

5. ¿Dónde se publicarán las resoluciones definitivas sobre alteración de términos municipales?

a) En el «Boletín Oficial del Estado».

b) En los «Boletines Oficiales» de la Comunidad Autónoma.

c) En el Boletín Oficial de la provincia respectiva.

d) Todas las respuestas son correctas.

6. Según dispone el Reglamento de Población y Demarcación Territorial de las Entidades Locales, el nombre y la capitalidad de los municipios podrán ser alterados:

a) Previo acuerdo del Ayuntamiento e informe de la Diputación Provincial respectiva, con la aprobación de la Comunidad Autónoma.

b) Previo acuerdo del Ayuntamiento e informe de la Diputación Provincial respectiva, con la aprobación de la Comunidad Autónoma y del Consejo de Estado.

c) Previo acuerdo del Ayuntamiento y de la Diputación Provincial respectiva, con el informe de la Comunidad Autónoma.

d) Previo acuerdo del Ayuntamiento y de la Diputación Provincial respectiva, con la aprobación del Consejo de Estado.

7. Señala cuál de los siguientes no es uno de los motivos en los que habrá de fundarse el cambio de capitalidad:

a) Ubicación de universidades o complejos hospitalarios.

b) Mayor facilidad de comunicaciones.

c) Mayor número de habitantes.

d) Carácter histórico de la población elegida.

8. ¿Cuándo tendrán carácter oficial el nombre de los municipios de nueva creación y los cambios de denominación de los ya existentes?

a) Cuando hayan sido inscritos o anotados en el Registro de Entidades Locales de la Administración del Estado.

b) Cuando se aprueben por el Consejo de Gobierno de la Comunidad Autónoma.

c) Cuando se publiquen en el «Boletín Oficial del Estado».

d) Cuando cuenten con el informe favorable de la Real Sociedad Geográfica o de la Real Academia de la Historia.

9. Señala alguno de los extremos que habrán de expresar los Estatutos de las Mancomunidades municipales:

a) Los fines de la Mancomunidad y sus competencias.

b) Los municipios que comprende la Mancomunidad.

c) El procedimiento para modificar los Estatutos.

d) Todas las respuestas son correctas.

10. El Presidente del órgano de gobierno de la Mancomunidad de Municipios, ¿en qué plazo solicitará del Registro de Entidades Locales la inscripción de la Mancomunidad, así como de las modificaciones que se produzcan en los datos inscritos, y la cancelación registral cuando la Mancomunidad se extinga, conforme al Real Decreto 382/1986, de 10 de febrero?

a) En el plazo de seis meses.

b) En el plazo de tres meses.

c) En el plazo de un mes.

d) En el plazo de quince días.

11. ¿En cuántas provincias se divide el territorio de la Nación española?

a) 55.

b) 50.

c) 48.

d) 45.

12. Señala la respuesta incorrecta respecto al territorio provincial:

a) Cualquier alteración de los límites provinciales habrá de ser aprobada por las Cortes Generales mediante Ley orgánica.

b) La provincia es una Entidad local con personalidad jurídica propia, determinada por la agrupación de municipios.

c) Solamente por medio de una Ley del Congreso de los Diputados podrá modificarse la denominación o capitalidad de una provincia.

d) El territorio de la Nación española se divide en 50 provincias, con los límites, denominación y capitales que tienen actualmente.

13. Señala cuál de los siguientes no es uno de los datos obligatorios de los vecinos que se han de contener en la inscripción en el padrón municipal:

a) Sexo.

b) Número de teléfono móvil o fijo.

c) Nacionalidad.

d) Lugar y fecha de nacimiento.

14. ¿A quién corresponde la resolución de las discrepancias que por motivo de cambio de domicilio surjan entre los Ayuntamientos, Diputaciones Provinciales, Diputaciones forales, Cabildos y Consejos Insulares o entre estos entes y el Instituto Nacional de Estadística?

a) Al Consejo de Empadronamiento.

b) A la persona titular del Ministerio del Interior.

c) A la Oficina del Censo Electoral.

d) A la Presidencia del Instituto Nacional de Estadística.

15. ¿A quién corresponde la formación, actualización, revisión y custodia del padrón municipal?

a) Al Consejo de Empadronamiento.

b) Al Instituto Nacional de Estadística.

c) Al Ministerio de Economía, Comercio y Empresa.

d) Al Ayuntamiento.

16. Señala cuál de los siguientes no es uno de los datos que con carácter voluntario se pueden recoger en la inscripción en el padrón municipal:

a) Certificado o título escolar o académico que posea.

b) Correo electrónico.

c) Designación de las personas que pueden representar a cada vecino ante la Administración municipal a efectos padronales.

d) Número de teléfono móvil o fijo.

17. Indica cuál de los siguientes no es uno de los derechos o deberes que confiere la condición de vecino:

a) Contribuir mediante las prestaciones económicas y personales legalmente previstas a la realización de las competencias municipales.

b) Solicitar la prestación y, en su caso, el establecimiento del correspondiente servicio público, así como exigirlos en el supuesto de constituir una competencia municipal propia de carácter obligatorio.

c) En el caso de los extranjeros constituirá prueba de su residencia legal en España.

d) Ser informado, previa petición razonada, y dirigir solicitudes a la Administración municipal en relación con los expedientes y la documentación municipal, de acuerdo con lo previsto en el artículo 105 de la Constitución.

18. En todo caso, cuando se trate de la inscripción de extranjeros sin autorización de residencia de larga duración, no pertenecientes a un Estado miembro de la Unión Europea, a Estados parte en el Acuerdo sobre el Espacio Económico Europeo o a otros Estados a los que, en virtud de un convenio internacional, se extienda el régimen jurídico previsto para los ciudadanos de los Estados mencionados anteriormente, la inscripción en el padrón municipal deberá ser objeto de renovación periódica cada:

a) Año.
b) Dos años.
c) Tres años.
d) Cinco años.

19. Señala la respuesta incorrecta respecto al padrón municipal:

a) Las personas menores de edad no emancipadas tendrán la misma vecindad que los padres que tengan su guarda y custodia o, en su defecto, de sus representantes legales, salvo autorización por escrito de éstos para residir en otro domicilio o municipio.
b) La inscripción en el padrón municipal de personas que residiendo en el municipio carezcan de domicilio en el mismo sólo se podrá llevar a cabo después de haber puesto el hecho en conocimiento de los servicios sociales competentes en el ámbito geográfico donde esa persona resida.
c) La adquisición de la condición de vecino se produce desde el mismo momento de su inscripción en el padrón.
d) Toda persona que viva en España está obligada a inscribirse en el padrón del municipio en el que resida habitualmente. Quien viva en varios municipios deberá inscribirse en ambos.

20. La iniciación de los expedientes de alteración de términos municipales se podrá decretar por el órgano competente de la Comunidad Autónoma en esta materia, de oficio o a instancia de:

a) La Administración del Estado, a través del Delegado del Gobierno.
b) Las Diputaciones Provinciales respectivas.
c) Cualesquiera de los Ayuntamientos interesados.
d) Todas las respuestas son correctas.

21. Los términos municipales podrán ser alterados:

a) Por incorporación de uno o más municipios a otro u otros limítrofes.
b) Por fusión de dos o más municipios limítrofes.
c) Por segregación de parte del territorio de uno o varios municipios para constituir otro independiente.
d) Todas las respuestas anteriores son correctas.

22. La denominación de los municipios:

a) Debe ser en castellano.
b) Podrá ser en una lengua cooficial de la Comunidad Autónoma.
c) Deberá ser en castellano o en una lengua cooficial de la Comunidad Autónoma, pero no en ambas.
d) Podrá ser en cualquier lengua cooficial del Estado español.

23. Para que los municipios se mancomunen:

a) Será indispensable que pertenezcan a la misma provincia.
b) No será indispensable que pertenezcan a la misma provincia.
c) No es necesario que exista entre ellos continuidad territorial si ésta no es requerida para la naturaleza de los fines de la Mancomunidad.
d) Son correctas las respuestas b) y c).

24. Los órganos de gobierno o Juntas de Mancomunidad estarán integrados por:

a) Un Presidente.
b) Tres Vicepresidentes.
c) Un vocal.
d) Un agente.

25. El cargo de Secretario o Secretario-Contador:

a) Es obligatorio.
b) Se asimila al de Interventor-Tesorero.
c) Pueden ser ejercidos por quien designe la Junta.
d) Habrán de ser ejercidos por funcionarios con habilitación de carácter nacional.

26. El Presidente del órgano de gobierno de la Mancomunidad de Municipios solicitará del Registro de Entidades Locales la inscripción de la Mancomunidad:

a) En el plazo de tres días.
b) En el plazo de una semana.
c) En el plazo de quince días.
d) En el plazo de un mes.

27. El territorio de la Nación española se divide en:

a) 15 provincias.
b) 20 provincias.
c) 50 provincias.
d) 70 provincias.

28. Se puede ser vecino:

a) Sólo de un municipio.
b) Como máximo de dos municipios.
c) Como máximo de tres municipios.
d) Como máximo de cuatro municipios.

29. Los Ayuntamientos revisarán la relación de entidades y núcleos de población y la división en secciones del término municipal, de acuerdo con las definiciones e instrucciones que establezcan las disposiciones legales que regulen estas materias, y las remitirán al Instituto Nacional de Estadística para su comprobación:

a) Una vez al mes.
b) Una vez al trimestre.
c) Al menos una vez al año.
d) Cada cinco años.

30. Es un órgano colegiado de colaboración entre la Administración General del Estado y los Entes locales en materia padronal:

a) El Ministerio de Población.
b) El Consejo de Empadronamiento.
c) El Ayuntamiento.
d) La Diputación.

31. Entre las potestades y prerrogativas que tienen los municipios se encuentran:

a) La tributaria y financiera.
b) De revisión de oficio de sus actos y acuerdos.
c) Expropiatoria.
d) Todas las respuestas son correctas.

32. Los elementos del Municipio son:

a) El territorio, la población y la financiación.
b) El territorio, las instituciones y la organización.
c) La organización, la autonomía y el territorio.
d) La población, la organización y el territorio.

33. Según el Reglamento de Población y Demarcación Territorial de las Entidades Locales el término municipal es:

a) El territorio en que el Ayuntamiento ejerce su jurisdicción.
b) El territorio en que el Ayuntamiento ejerce sus competencias.

c) El territorio en que el Ayuntamiento ejerce su política.
d) Las respuestas b) y c) son correctas.

34. De acuerdo con lo dispuesto en la Ley de Bases de Régimen Local:

a) La creación de nuevos municipios solo podrá realizarse sobre la base de núcleos de población territorialmente diferenciados, de al menos 25.000 habitantes.
b) La creación de nuevos municipios solo podrá realizarse sobre la base de núcleos de población territorialmente diferenciados, de al menos 4.000 habitantes.
c) La creación de nuevos municipios solo podrá realizarse sobre la base de núcleos de población territorialmente diferenciados, de al menos 3.000 habitantes.
d) La creación de nuevos municipios solo podrá realizarse sobre la base de núcleos de población territorialmente diferenciados, de al menos 250.000 habitantes.

35. ¿La alteración de términos municipales podrá suponer la modificación de los límites provinciales?

a) Solo en casos excepcionales.
b) En ningún caso.
c) Cuando concurran los requisitos establecidos en la ley.
d) Sí.

36. En los casos de fusión de municipios:

a) El nuevo municipio se subrogará en todos los derechos y obligaciones de los anteriores municipios.
b) El nuevo municipio resultante de la fusión no podrá segregarse hasta transcurridos cien años.
c) El órgano del gobierno del nuevo municipio resultante estará constituido transitoriamente por la suma de los concejales de los municipios fusionados.
d) Las respuestas a) y c) son correctas.

37. Son derechos y deberes de los vecinos:

a) Contribuir mediante la aportación de sus bienes inmuebles a la realización de las competencias municipales.
b) Exigir la prestación y, en su caso, el establecimiento del correspondiente servicio público, en el supuesto de constituir una competencia municipal propia aunque no sea de carácter obligatorio.
c) Acceder a los aprovechamientos comunales.
d) Ejercer la iniciativa individual en los términos previstos en el art. 70 bis de la Ley de Bases de Régimen Local.

38. La inscripción de los extranjeros en el Padrón municipal:

a) Constituirá prueba de su residencia legal en España.
b) Iniciará el expediente de adquisición de la nacionalidad española.
c) No les atribuirá ningún derecho que no les confiera la legislación vigente.
d) Permitirá obtener un permiso de trabajo.

39. El padrón municipal es:

a) La base de datos donde constan los nombres de los vecinos.
b) El registro administrativo donde solo constan los domicilios de los vecinos.
c) El registro administrativo donde constan los vecinos de un municipio.
d) El registro administrativo donde solo constan los domicilios de los extranjeros del municipio.

40. La inscripción en el Padrón municipal contendrá como obligatorios los siguientes datos:

a) Las matrículas de los vehículos de los vecinos.
b) El número de identificación de los aparatos tecnológicos existentes en cada casa.
c) Los ascendientes que habitan en cada casa.
d) Ninguna de las respuestas es correcta.

41. Quien viva en varios municipios:

a) Deberá inscribirse únicamente en el Padrón municipal del municipio en el que habite durante más tiempo al año.
b) Deberá inscribirse únicamente en el Padrón municipal del municipio en el que tenga su lugar de trabajo.
c) Deberá inscribirse únicamente en el Padrón municipal del municipio en el que haya nacido.
d) Deberá inscribirse en el Padrón municipal de todos los municipios.

42. ¿Existe Padrón de españoles residentes en el extranjero?

a) Sí.
b) No.
c) Sí, y su formación se realizará por la Administración General del Estado.
d) Solo para aquellos que se encuentren en la Unión Europea.

43. La personalidad jurídica de los Municipios, según la Constitución Española, es:

a) Propia.
b) Plena.
c) Reconocida por el Ente que los crea.
d) Dependiente de su autonomía.

44. Según nuestra Constitución, los Concejales no son elegidos por sufragio:

a) Universal.
b) Igual.
c) Paritario.
d) Libre.

45. La pertenencia de un Municipio a dos Provincias:

a) Se admite excepcionalmente.
b) Ha de estar prevista en norma con rango de ley.
c) Está prohibida en nuestro ordenamiento jurídico.
d) Las respuestas a) y b) son ciertas.

Solución al test n.º 20

1. d) El Real Decreto 1690/1986, de 11 de julio.

2. c) A los Ayuntamientos.

3. d) En ningún caso.

4. b) Decreto aprobado por el Consejo de Gobierno de la Comunidad Autónoma correspondiente.

5. d) Todas las respuestas son correctas.

6. a) Previo acuerdo del Ayuntamiento e informe de la Diputación Provincial respectiva, con la aprobación de la Comunidad Autónoma.

7. a) Ubicación de universidades o complejos hospitalarios.

8. c) Cuando se publiquen en el «Boletín Oficial del Estado».

9. d) Todas las respuestas son correctas.

10. c) En el plazo de un mes.

11. b) 50.

12. c) Solamente por medio de una Ley del Congreso de los Diputados podrá modificarse la denominación o capitalidad de una provincia.

13. b) Número de teléfono móvil o fijo.

14. d) A la Presidencia del Instituto Nacional de Estadística.

15. d) Al Ayuntamiento.

16. a) Certificado o título escolar o académico que posea.

17. c) En el caso de los extranjeros constituirá prueba de su residencia legal en España.

18. b) Dos años.

19. d) Toda persona que viva en España está obligada a inscribirse en el padrón del municipio en el que resida habitualmente. Quien viva en varios municipios deberá inscribirse en ambos.

20. d) Todas las respuestas son correctas.

21. d) Todas las respuestas anteriores son correctas.

22. b) Podrá ser en una lengua cooficial de la Comunidad Autónoma.

23. d) Son correctas las respuestas b) y c).

24. a) Un Presidente.

25. d) Habrán de ser ejercidos por funcionarios con habilitación de carácter nacional.

26. d) En el plazo de un mes.

27. c) 50 provincias.

28. a) Sólo de un municipio.

29. c) Al menos una vez al año.

30. b) El Consejo de Empadronamiento.

31. d) Todas las respuestas son correctas.

32. d) La población, la organización y el territorio.

33. b) El territorio en que el Ayuntamiento ejerce sus competencias.

34. b) La creación de nuevos municipios solo podrá realizarse sobre la base de núcleos de población territorialmente diferenciados, de al menos 4.000 habitantes.

35. b) En ningún caso.

36. d) Las respuestas a) y c) son correctas.

37. c) Acceder a los aprovechamientos comunales.

38. c) No les atribuirá ningún derecho que no les confiera la legislación vigente.

39. c) El registro administrativo donde constan los vecinos de un municipio.

40. d) Ninguna de las respuestas es correcta.

41. a) Deberá inscribirse únicamente en el Padrón municipal del municipio en el que habite durante más tiempo al año.

42. c) Sí, y su formación se realizará por la Administración General del Estado.

43. b) Plena.

44. c) Paritario.

45. c) Está prohibida en nuestro ordenamiento jurídico.

Organización municipal. Competencias. Funcionamiento de los órganos colegiados locales. Estatuto de los miembros de las Corporaciones Locales. El Reglamento de Organización y Funcionamiento de las Entidades Locales

1. Funcionan en régimen de Concejo Abierto:

a) Los municipios de menos de 200 habitantes.
b) Los municipios de menos de 300 habitantes.
c) Los municipios de menos de 500 habitantes.
d) Los municipios que tradicional y voluntariamente cuenten con ese singular régimen de gobierno y administración.

2. La organización municipal responde a las siguientes reglas:

a) El Alcalde, los Tenientes de Alcalde y el Pleno existen en todos los Ayuntamientos.
b) El Alcalde, la Junta de Gobierno y el Pleno existen en todos los Ayuntamientos.
c) El Alcalde y el Pleno existen en todos los Ayuntamientos.
d) El Alcalde y la Junta de Gobierno existen en todos los Ayuntamientos.

3. La Comisión Especial de Cuentas:

a) Existe en todos los municipios.
b) Existe en los municipios que así se acuerde.
c) Existe en los municipios de más de 1000 habitantes.
d) Ninguna de las respuestas es correcta.

4. De acuerdo con la Ley Orgánica de Régimen Electoral, será proclamado alcalde electo:

a) El Concejal que haya obtenido la mayoría simple de los votos de los concejales.
b) El Concejal que encabece la lista que haya obtenido mayor número de votos populares.

c) El Concejal que haya obtenido la mayoría absoluta de los votos de los concejales.
d) El Concejal que haya ganado el sorteo.

5. Los alcaldes tendrán tratamiento de:

a) Ilustrísima en los municipios de Madrid y Barcelona.
b) Excelencia en los municipios que sean capitales de provincia.
c) Señoría en los municipios que no sean capitales de provincia ni las ciudades de Madrid y Barcelona.
d) Ilustrísima en todos los municipios.

6. La cuestión de confianza a la que podrá ser sometido el Alcalde se puede vincular a:

a) La aprobación o modificación de los Presupuestos anuales.
b) La aprobación o modificación del Reglamento Orgánico.
c) La aprobación o modificación de las Ordenanzas Fiscales.
d) Todas las respuestas son verdaderas.

7. No es una atribución del Alcalde:

a) Aprobar la oferta de empleo público.
b) La aprobación del reglamento orgánico y de las ordenanzas.
c) Dictar Bandos.
d) Ejercer la jefatura de la Policía Municipal.

8. Es una atribución del Pleno del Ayuntamiento:

a) La alteración de la calificación jurídica de los bienes de dominio público.
b) La aprobación inicial de las leyes.
c) Desempeñar la jefatura superior de todo el personal.
d) Ordenar la publicación, ejecución y hacer cumplir los acuerdos del Ayuntamiento.

9. La Junta de Gobierno Local se integra por el Alcalde y un número de Concejales:

a) No superior al tercio del número legal de los mismos.
b) No superior a la mitad del número legal de los mismos.
c) No superior a dos tercios del número legal de los mismos.
d) Ninguna de las respuestas es correcta.

10. El Municipio no ejercerá como competencia propia:

a) Tráfico, estacionamiento de vehículos y movilidad.
b) Abastecimiento de agua potable a domicilio.
c) Administración de Justicia.
d) Cementerios y actividades funerarias.

11. El servicio de transporte colectivo urbano de viajeros deberá prestarse en todo caso:

a) En los Municipios con población superior a 5.000 habitantes.
b) En todos los Municipios.
c) En los Municipios con población superior a 50.000 habitantes.
d) En los Municipios con población superior a 20.000 habitantes.

12. El servicio de prevención y extinción de incendios deberá prestarse en todo caso:

a) En los Municipios con población superior a 50.000 habitantes.
b) En los Municipios con población superior a 5.000 habitantes.
c) En los Municipios con población superior a 20.000 habitantes.
d) En todos los Municipios.

13. El servicio de recogida de residuos deberá prestarse en todo caso en:

a) En los Municipios con población superior a 20.000 habitantes.
b) En los Municipios con población superior a 5.000 habitantes.
c) En todos los Municipios.
d) En los Municipios con población superior a 50.000 habitantes.

14. La organización municipal complementaria que establezca una Comunidad Autónoma con carácter general, respecto a los Municipios de la misma:

a) Se aplica preferentemente a la establecida con tal carácter por el Estado.
b) Se aplica preferentemente a la establecida por el Reglamento Orgánico de cada Municipio.
c) Se aplica después de la del Estado y la del Reglamento Orgánico.
d) Las respuestas a) y b) son ciertas.

15. La elección de un Alcalde, tras unas elecciones locales, se efectúa:

a) Directamente en las elecciones locales.
b) En sesión extraordinaria al efecto.
c) En la sesión constitutiva de la Corporación.
d) Por los vecinos exclusivamente.

16. La destitución del Presidente de una Corporación Local se efectúa a través de la:

a) Renuncia.
b) Cuestión de confianza.
c) Moción de censura.
d) Las respuestas b) y c) son ciertas.

17. ¿Se puede presentar más de una moción de censura contra el mismo Presidente de una Entidad Local?

a) Sí, cuando prospere una de ellas.
b) Solo en distintos períodos de sesiones.
c) Depende del Reglamento Orgánico de la Entidad.
d) Nada de lo expuesto es cierto.

18. En una moción de censura contra un Presidente de una Entidad Local, puede ser candidato:

a) Los cabezas de lista.
b) Los portavoces de los Grupos Políticos.
c) Cualquier miembro de la Corporación.
d) Ninguno de los anteriores.

19. Si un Alcalde pierde una cuestión de confianza:

a) Quedan cesados todos sus miembros.
b) Se procede al nombramiento de otro según las normas aplicadas en el nombramiento del dimitido.
c) Se nombra como tal al primer Teniente de Alcalde.
d) Se hace una nueva sesión constitutiva, tras la celebración de elecciones.

20. El voto de calidad del Presidente de una Corporación Local:

a) Inclina la votación al sector en el que él haya votado, en caso de empate producido en la reunión de un órgano colegiado.
b) Da fe del resultado de la votación.
c) Significa que es muy importante quien emite el voto.
d) Provoca la irrecurribilidad del acuerdo adoptado.

21. La delegación de competencias de un Alcalde:

a) Se efectúa por acuerdo de Pleno.
b) Se reviste formalmente en forma de Decreto de dicho Pleno.
c) Se puede dar en todo tipo de materias.
d) Nada de lo anterior es correcto.

22. Los nombramientos de funcionarios en los Ayuntamientos de Municipios de régimen común corresponden al/a la:

a) Pleno.
b) Junta de Gobierno Local.
c) Presidente.
d) Delegado de Personal.

23. La aprobación de las formas de gestión de los servicios públicos en los Ayuntamientos de Municipios de régimen común corresponde genuinamente al/a la:

a) Pleno.
b) Presidente.
c) Junta de Gobierno Local.
d) Comunidad Autónoma respectiva.

24. En un Municipio de 7.000 habitantes, ¿cuántos Concejales habrá de elegirse para su Ayuntamiento?

a) Siete.
b) Diez.
c) Trece.
d) Quince.

25. La representación del Ayuntamiento compete al/a la/a los:

a) Alcalde.
b) Pleno.
c) Junta de Gobierno Local.
d) Tenientes de Alcalde en su ámbito competencial respectivo.

26. Conceder gratificaciones al personal en Ayuntamientos de Municipios de régimen común es competencia del/de la:

a) Pleno.
b) Presidente.
c) Junta de Gobierno Local.
d) Junta de Personal.

27. Señala cuál de los siguientes puede ser una forma de organización desconcentrada del Municipio, para la administración de núcleos de población separados, sin personalidad jurídica:

a) Parroquia.
b) Pedanía.
c) Aldea.
d) Todos los anteriores pueden serlo.

28. La Junta de Gobierno Local de un Ayuntamiento de Municipio de régimen común tiene, además del Presidente, los siguientes miembros como máximo:

a) Diez.
b) Depende del número de habitantes.

c) Dos tercios del de la Corporación.
d) Un tercio de estos.

29. Los Concejales-Delegados se nombran por el/la:

a) Presidente.
b) Pleno.
c) Grupo Político.
d) Junta de Gobierno Local.

30. Cuando un Teniente de Alcalde sustituye al Alcalde en una sesión, en la deliberación y votación de un asunto en el que el sustituido debe abstenerse:

a) Tiene un doble voto.
b) Preside circunstancialmente la misma.
c) No puede votar.
d) No puede hacerlo.

31. El Pleno, respecto del nombramiento de los Tenientes de Alcalde:

a) Es oído previamente.
b) Toma conocimiento.
c) Lo aprueba.
d) No tiene nada que hacer.

32. Los representantes personales en poblados y barriadas se dan solo en:

a) Los Municipios.
b) Las Provincias.
c) Las Islas menores.
d) Todas las respuestas son correctas.

33. La Comisión Especial de Cuentas es un órgano:

a) Necesario.
b) Complementario y, por lo tanto, facultativo.
c) Voluntario.
d) Decisorio.

34. Las Juntas Municipales de Distrito son creadas por el/la/los:

a) Comunidad Autónoma de que se trate.
b) Consejos Sectoriales.
c) Pleno del Ayuntamiento de que dependan.
d) Alcalde, a quien corresponde el nombramiento de sus integrantes.

35. Los grupos políticos de una Entidad Local deben estar representados forzosamente en la/los:

a) Comisión Especial de Cuentas.
b) Órganos desconcentrados.
c) Consejos Sectoriales.
d) Todas las respuestas son correctas.

36. Tiene carácter transitorio en el mandato de una Corporación Local el/la/las:

a) Comisiones Informativas Especiales.
b) Comisión Especial de Cuentas.
c) Pleno.
d) Comisiones Informativas en general.

37. El órgano complementario que se constituye con y sin miembros de la Corporación para tratar colegiadamente asuntos que afectan a materias concretas de la actividad y competencia de un Municipio se llama:

a) Comisión Informativa.
b) Consejo Sectorial.
c) Junta Municipal de Distrito.
d) Comisión Especial de Cuentas.

38. Los Consejos Sectoriales se presiden por el:

a) Presidente de la Corporación.
b) Miembro de esta que designe el Pleno.
c) Miembro de esta que designe el Presidente.
d) Elegido por y entre sus miembros.

39. Para ser representante personal del Alcalde en una barriada se requiere:

a) Elección por el Pleno.
b) Ser elegido en las elecciones locales por esa circunscripción.
c) Pertenecer al grupo de gobierno municipal.
d) Vivir en ella.

40. La protección civil es servicio mínimo a prestar por los Municipios de más de:

a) 5.000 habitantes.
b) 20.000 habitantes.
c) 50.000 habitantes.
d) Las respuestas b) y c) son ciertas.

41. No es servicio mínimo de un Ayuntamiento de menos de 5.000 habitantes el de:

a) Acceso a los núcleos de población.
b) Alumbrado público.
c) Transporte colectivo urbano de viajeros.
d) Recogida de residuos.

42. Es servicio mínimo de un Ayuntamiento de menos de 5.000 habitantes el de:

a) Servicios funerarios.
b) Medio ambiente urbano.
c) Extinción de incendios.
d) Limpieza viaria.

43. El transporte colectivo urbano de viajeros debe prestarse obligatoriamente en los Municipios de más de:

a) 5.000 habitantes.
b) 10.000 habitantes.
c) 20.000 habitantes.
d) 50.000 habitantes.

44. La evaluación e información de situaciones de necesidad social y la atención inmediata a personas en situación o riesgo de exclusión social, debe prestarse en los Municipios que tengan una población, como mínimo, superior a:

a) 50.000 habitantes.
b) 5.000 habitantes.
c) 20.000 habitantes.
d) 100.000 habitantes.

45. Si se plantea un conflicto de competencias entre dos Ayuntamientos de distintas Provincias de una misma Comunidad Autónoma, se resuelve por el/la/las:

a) Pleno de cada uno de ellos.
b) Ministerio de la Presidencia, Justicia y Relaciones con las Cortes.
c) Respectivas Diputaciones Provinciales.
d) Comunidad Autónoma.

46. ¿A qué órgano del Ayuntamiento le corresponde la creación de los distritos?

a) Al Alcalde.
b) A la Junta de Gobierno Local.
c) Al Teniente de Alcalde.
d) Al Pleno de la Corporación.

47. El órgano administrativo responsable de la asistencia jurídica al Alcalde, a la Junta de Gobierno Local y a los órganos directivos, se denomina:

a) Gabinete Jurídico.
b) Asesoría Jurídica.
c) Asesoría Social.
d) Defensa Jurídica del Ayuntamiento.

48. En los Municipios en los que exista un Consejo Social de la Ciudad, este estará integrado por representantes de las organizaciones:

a) Económicas.
b) Sociales y profesionales.
c) Organizaciones de vecinos más representativas.
d) Todas las respuestas anteriores son correctas.

49. Los conflictos de atribuciones que surjan entre órganos y Entidades dependientes de una misma Corporación Local se resolverán por:

a) El Pleno o el Presidente de la Corporación, según los implicados en el conflicto.
b) Por el Pleno, en todo caso.
c) Por la Junta de Gobierno local.
d) Por la Asesoría Jurídica de la Corporación.

50. Señala cuál de los siguientes no es un servicio que se deba prestar en todos los Municipios:

a) Biblioteca pública.
b) Pavimentación de las vías públicas.
c) Limpieza viaria.
d) Abastecimiento domiciliario de agua potable.

51. No es una competencia que pueda ser ejercida como propia por el Municipio:

a) La protección y gestión del Patrimonio histórico.
b) Policía nacional y protección civil.
c) La protección contra la contaminación acústica.
d) La protección de la salubridad pública.

52. Los conflictos de competencias planteados entre diferentes Entidades Locales serán resueltos por la Administración de la Comunidad Autónoma o por la Administración del Estado, previa audiencia de:

a) El Senado.
b) Las Comunidades Autónomas afectadas.
c) El Consejo de Estado.
d) El Tribunal Constitucional.

Solución al test n.º 21

1. d) Los municipios que tradicional y voluntariamente cuenten con ese singular régimen de gobierno y administración.

2. a) El Alcalde, los Tenientes de Alcalde y el Pleno existen en todos los Ayuntamientos.

3. a) Existe en todos los municipios.

4. c) El Concejal que haya obtenido la mayoría absoluta de los votos de los concejales.

5. c) Señoría en los municipios que no sean capitales de provincia ni las ciudades de Madrid y Barcelona.

6. d) Todas las respuestas son verdaderas.

7. b) La aprobación del reglamento orgánico y de las ordenanzas.

8. a) La alteración de la calificación jurídica de los bienes de dominio público.

9. a) No superior al tercio del número legal de los mismos.

10. c) Administración de Justicia.

11. c) En los Municipios con población superior a 50.000 habitantes.

12. c) En los Municipios con población superior a 20.000 habitantes.

13. c) En todos los Municipios.

14. b) Se aplica preferentemente a la establecida por el Reglamento Orgánico de cada Municipio.

15. c) En la sesión constitutiva de la Corporación.

16. d) Las respuestas b) y c) son ciertas.

17. d) Nada de lo expuesto es cierto.

18. c) Cualquier miembro de la Corporación.

19. b) Se procede al nombramiento de otro según las normas aplicadas en el nombramiento del dimitido.

20. a) Inclina la votación al sector en el que él haya votado, en caso de empate producido en la reunión de un órgano colegiado.

21. d) Nada de lo anterior es correcto.

22. c) Presidente.

23. a) Pleno.

24. c) Trece.

25. a) Alcalde.

26. b) Presidente.

27. d) Todos los anteriores pueden serlo.

28. d) Un tercio de estos.

29. a) Presidente.

30. b) Preside circunstancialmente la misma.

31. b) Toma conocimiento.

32. a) Los Municipios.

33. a) Necesario.

34. c) Pleno del Ayuntamiento de que dependan.

35. a) Comisión Especial de Cuentas.

36. a) Comisiones Informativas Especiales.

37. b) Consejo Sectorial.

38. c) Miembro de esta que designe el Presidente.

39. d) Vivir en ella.

40. d) Las respuestas b) y c) son ciertas.

41. c) Transporte colectivo urbano de viajeros.

42. d) Limpieza viaria.

43. d) 50.000 habitantes.

44. c) 20.000 habitantes.

45. d) Comunidad Autónoma.

46. d) Al Pleno de la Corporación.

47. b) Asesoría Jurídica.

48. d) Todas las respuestas anteriores son correctas.

49. a) El Pleno o el Presidente de la Corporación, según los implicados en el conflicto.

50. a) Biblioteca pública.

51. b) Policía nacional y protección civil.

52. b) Las Comunidades Autónomas afectadas.

TEST N.º 22

**Régimen de funcionamiento. Actas y certificados de acuerdos.
Impugnación de actos y acuerdos. La Secretaría municipal.
Las funciones de Secretaría**

1. ¿En qué capítulo y título de la Ley 7/1985, de 2 de abril, reguladora de las Bases del Régimen Local, se regula la impugnación de actos y acuerdos y ejercicio de acciones de las entidades locales?

a) En el capítulo I del título IV.
b) En el capítulo II del título IV.
c) En el capítulo I del título V.
d) En el capítulo III del título V.

2. Las entidades locales territoriales estarán legitimadas para promover, en los términos del artículo 119 de la Ley 7/1985, de 2 de abril, la impugnación de Leyes del Estado o de las Comunidades Autónomas cuando se estime que son estas las que lesionan la autonomía constitucionalmente garantizada, ante:

a) El Tribunal Constitucional.
b) El Tribunal Supremo.
c) La Audiencia Nacional.
d) Los Tribunales Superiores de Justicia.

3. El art. 65.1 de la Ley 7/1985, de 2 de abril, dispone que cuando la Administración del Estado o de las Comunidades Autónomas considere, en el ámbito de las respectivas competencias, que un acto o acuerdo de alguna Entidad local infringe el ordenamiento jurídico, podrá requerirla, invocando expresamente tal artículo, para que anule dicho acto en el plazo máximo de:

a) Seis meses.
b) Tres meses.
c) Un mes.
d) Veinte días.

223

4. Cuando una Entidad local adopte actos o acuerdos que atenten gravemente al interés general de España, ¿quién podrá suspenderlos y adoptar las medidas pertinentes para la protección de dicho interés, a tenor del art. 67.1 de la Ley 7/1985, de 2 de abril, reguladora de las Bases del Régimen Local?

a) El Presidente del Gobierno de la Nación.
b) El Consejo de Ministros.
c) La persona titular del Ministerio de Justicia.
d) El Delegado del Gobierno.

5. Cuando una Entidad local adopte actos o acuerdos que atenten gravemente al interés general de España, el requerimiento de anulación al Presidente de la Corporación otorga un plazo para llevarlo a cabo, no superior a:

a) Cinco días.
b) Cuatro días.
c) Tres días.
d) Dos días.

6. El apartado tercero del art. 67 de la Ley 7/1985, de 2 de abril, reguladora de las Bases del Régimen Local, señala que, acordada la suspensión de un acto o acuerdo, el Delegado del Gobierno deberá impugnarlo ante la Jurisdicción Contencioso-administrativa en el plazo de:

a) Veinte días desde la suspensión.
b) Quince días desde la suspensión.
c) Diez días desde la suspensión.
d) Siete días desde la suspensión.

7. ¿Qué Real Decreto regula el régimen jurídico de los funcionarios de Administración Local con habilitación de carácter nacional?

a) El Real Decreto 88/2018, de 9 de abril.
b) El Real Decreto 128/2018, de 16 de marzo.
c) El Real Decreto 138/2019, de 9 de septiembre.
d) El Real Decreto 205/2016, de 14 de octubre.

8. ¿A qué clase pertenecen las Secretarías de las Diputaciones Provinciales?

a) A la clase primera.
b) A la clase segunda.
c) A la clase tercera.
d) A la clase especial.

9. Las Secretarías de Ayuntamiento de municipios de población inferior a 5.001 habitantes cuyo presupuesto no exceda los 3.000.000 de euros se encuadran dentro de la clase:

a) Primera.
b) Segunda.
c) Tercera.
d) Especial.

10. ¿A qué clase pertenecen las Secretarías de Ayuntamiento de municipios cuya población está comprendida entre 5.001 y 20.000 habitantes?

a) A la clase primera.
b) A la clase segunda.
c) A la clase tercera.
d) A la clase especial.

11. ¿En qué Entidades Locales existirá un puesto de trabajo denominado Intervención, que tendrá atribuida la responsabilidad administrativa de las funciones de control y fiscalización interna de la gestión económica-financiera y presupuestaria y función de contabilidad?

a) En todas.
b) Solo en las Entidades Locales cuya Secretaría esté clasificada en clase primera.
c) Solo en las Entidades Locales cuya Secretaría esté clasificada en clase segunda.
d) En las Entidades Locales cuya Secretaría esté clasificada en clase primera o segunda.

12. Las Diputaciones Provinciales, Cabildos, Consejos insulares o entes supramunicipales incluirán, en sus relaciones de puestos de trabajo, los reservados a funcionarios de Administración Local con habilitación de carácter nacional necesarios para garantizar el cumplimiento de tales funciones. En todo caso garantizará la prestación de los servicios de secretaría e intervención y tesorería y recaudación en los municipios de menos de:

a) 15.000 habitantes.
b) 10.000 habitantes.
c) 5.000 habitantes.
d) 1.000 habitantes.

13. La función de fe pública comprende:

a) Custodiar, desde el momento de la convocatoria, la documentación íntegra de los expedientes incluidos en el orden del día y tenerla a disposición de los miembros del respectivo órgano colegiado que deseen examinarla, facilitando la obtención de copias de la indicada documentación cuando le fuese solicitada por dichos miembros.

b) Notificar las convocatorias de las sesiones que celebren el Pleno, la Junta de Gobierno y cualquier otro órgano colegiado de la Corporación en que se adopten acuerdos que vinculen a la misma a todos los componentes del órgano colegiado, en el plazo legal o reglamentariamente establecido.

c) Preparar los asuntos que hayan de ser incluidos en el orden del día de las sesiones que celebren el Pleno, la Junta de Gobierno y cualquier otro órgano colegiado de la Corporación en que se adopten acuerdos que vinculen a la misma, de conformidad con lo establecido por el Alcalde o Presidente de la misma, y la asistencia a éste en la realización de la correspondiente convocatoria.

d) Todas las respuestas son correctas.

14. ¿Quién lleva y custodia el Registro de Intereses de los miembros de la Corporación y el Inventario de Bienes de la Entidad Local?

a) El Alcalde.
b) El Pleno de la Corporación.
c) El Interventor.
d) El Secretario.

15. ¿A qué clase pertenecen las Secretarías de Ayuntamiento de capitales de provincia y Ayuntamiento de municipios con población superior a 20.000 habitantes?

a) A la clase primera.
b) A la clase segunda.
c) A la clase tercera.
d) A la clase especial.

16. Atendiendo a la clasificación de los puestos de trabajo de Secretaría de las Entidades Locales, los Cabildos son de:

a) Primera clase.
b) Segunda clase.
c) Tercera clase.
d) Cuarta clase.

17. Atendiendo a la clasificación de los puestos de trabajo de Secretaría de las Entidades Locales, Secretarías de Ayuntamiento de municipios cuya población está comprendida entre 5.001 y 20.000 habitantes, así como los de población inferior a 5.001 habitantes, cuyo presupuesto supere los 3.000.000 de euros, son de:

a) Primera clase.
b) Segunda clase.
c) Tercera clase.
d) Cuarta clase.

18. Comprensiva de la fe pública y el asesoramiento legal preceptivo:

a) La Secretaría.
b) La Intervención-Tesorería.
c) La Secretaría-Intervención.
d) La Gerencia.

19. Le corresponden las funciones de la fe pública y el asesoramiento legal preceptivo y las funciones de control y fiscalización interna de la gestión económica-financiera y presupuestaria, y la contabilidad, tesorería y recaudación:

a) La Secretaría.
b) La Intervención-Tesorería.
c) La Secretaría-Intervención.
d) La Gerencia.

20. La función de fe pública comprende:

a) Preparar los asuntos que hayan de ser incluidos en el orden del día de las sesiones que celebren el Pleno, la Junta de Gobierno y cualquier otro órgano colegiado de la Corporación en que se adopten acuerdos que vinculen a la misma, de conformidad con lo establecido por el Alcalde o Presidente de la misma, y la asistencia a éste en la realización de la correspondiente convocatoria.

b) Notificar las convocatorias de las sesiones que celebren el Pleno, la Junta de Gobierno y cualquier otro órgano colegiado de la Corporación en que se adopten acuerdos que vinculen a la misma a todos los componentes del órgano colegiado, en el plazo legal o reglamentariamente establecido.

c) Custodiar, desde el momento de la convocatoria, la documentación íntegra de los expedientes incluidos en el orden del día y tenerla a disposición de los miembros del respectivo órgano colegiado que deseen examinarla, facilitando la obtención de copias de la indicada documentación cuando le fuese solicitada por dichos miembros.

d) Todas las respuestas anteriores son correctas.

Solución al test n.º 22

1. d) En el capítulo III del título V.

2. a) El Tribunal Constitucional.

3. c) Un mes.

4. d) El Delegado del Gobierno.

5. a) Cinco días.

6. c) Diez días desde la suspensión.

7. b) El Real Decreto 128/2018, de 16 de marzo.

8. a) A la clase primera.

9. c) Tercera.

10. b) A la clase segunda.

11. d) En las Entidades Locales cuya Secretaría esté clasificada en clase primera o segunda.

12. d) 1.000 habitantes.

13. d) Todas las respuestas son correctas.

14. d) El Secretario.

15. a) A la clase primera.

16. a) Primera clase.

17. b) Segunda clase.

18. a) La Secretaría.

19. c) La Secretaría-Intervención.

20. d) Todas las respuestas anteriores son correctas.

Ordenanzas y reglamentos de las Entidades Locales.
Las Ordenanzas Fiscales. Procedimiento de elaboración y aprobación

1. ¿Cómo se denominan los bandos dictados en desarrollo de las atribuciones del Alcalde para mejor regir y gobernar la vida de la comunidad?

a) Bandos Ordinarios.
b) Bandos de Gobierno.
c) Bandos de Policía y Buen Gobierno.
d) Bandos de Seguridad y Buen Gobierno.

2. ¿A quién le corresponde, en los Municipios de gran población, la aprobación de los proyectos de ordenanzas y reglamentos, incluidos los orgánicos, con excepción de las normas reguladoras del Pleno y de sus comisiones?

a) Al Alcalde.
b) Al Pleno.
c) A la Junta de Gobierno Local.
d) Al Secretario de la Corporación.

3. Los actos de deterioro grave y relevante de equipamientos, infraestructuras, instalaciones o elementos de un servicio público, constituyen una infracción a las ordenanzas locales de carácter:

a) Muy grave.
b) Grave.
c) Menos grave.
d) Leve.

4. Las infracciones leves de las Ordenanzas Locales podrán acarrear una multa de hasta:

a) 1.500 euros.
b) 1.000 euros.

c) 750 euros.
d) 600 euros.

5. ¿Cuándo prescribirán las sanciones impuestas por faltas muy graves a las Ordenanzas Locales, si estas no fijaran plazo de prescripción?

a) A los cinco años.
b) A los tres años.
c) A los dos años.
d) Al año.

6. El art. 30 de la Ley 40/2015, de 1 de octubre, de Régimen Jurídico del Sector Público, dispone que las infracciones y sanciones prescriban según lo dispuesto en las leyes que las establezcan. Si estas no fijan plazos de prescripción, las infracciones muy graves prescribirán:

a) A los cinco años.
b) A los tres años.
c) A los dos años.
d) Al año.

7. ¿Cómo se denominan los bandos que se limitan a recordar el cumplimiento de disposiciones vigentes de carácter legal, publicándose en fechas fijadas de antemano por la ley y en todos los Municipios?

a) Bandos generales.
b) Bandos simples.
c) Bandos ordinarios.
d) Bandos periódicos.

8. ¿Cómo se denominan los bandos dictados en desarrollo de las atribuciones del Alcalde para mejor regir y gobernar la vida de la comunidad?

a) Bandos de urgencia.
b) Bandos periódicos.
c) Bandos de buena administración.
d) Bandos de policía y buen gobierno.

9. ¿A qué disposiciones denomina GARCÍA DE ENTERRÍA «reglamentos de necesidad»?

a) A las Ordenanzas.
b) A los Decretos.
c) A los Reales Decretos.
d) A los Bandos.

10. Las infracciones a las ordenanzas locales a que se refiere el artículo anterior se clasificarán en:

a) Muy graves, graves y leves.
b) Muy graves, graves y menos graves.
c) Graves y leves.
d) Muy graves, menos graves, graves y leves.

11. El impedimento o la grave y relevante obstrucción al normal funcionamiento de un servicio público, constituye una infracción:

a) Muy grave.
b) Menos grave.
c) Grave.
d) Leve.

12. Salvo previsión legal distinta, las multas por infracción muy grave a las Ordenanzas locales, se sanciona con una sanción económica de:

a) Hasta 6.000 euros.
b) Hasta 5.000 euros.
c) Hasta 3.000 euros.
d) Hasta 1.500 euros.

13. Salvo previsión legal distinta, las multas por infracción leve a las Ordenanzas locales, se sanciona con una sanción económica de:

a) Hasta 1.000 euros.
b) Hasta 750 euros.
c) Hasta 500 euros.
d) Hasta 300 euros.

14. Las Ordenanzas fiscales entran en vigor:

a) En el momento de su publicación definitiva en el Boletín Oficial de la Provincia.
b) A los diez días de su publicación definitiva en el Boletín Oficial de la Provincia.
b) En el momento de su publicación definitiva en el Boletín Oficial del Estado.
d) A los veinte días de su publicación definitiva en el Boletín Oficial del Estado.

15. Las normas locales que regulan las relaciones entre el Ente Local que las promulga y los ciudadanos a los que se dirigen, se denominan:

a) Reglamentos.
b) Ordenanzas.
c) Bandos.
d) Recomendaciones.

16. Por el Pleno de la Corporación se aprobarán inicialmente las Ordenanzas y Reglamentos, como regla general por:

a) Mayoría de los miembros del Pleno de la Corporación.
b) Mayoría absoluta y con el voto favorable del Presidente de la Corporación.
c) Basta con el voto favorable del Presidente de la Corporación.
d) La Junta de Gobierno, por delegación del Pleno.

17. Una vez aprobadas inicialmente las Ordenanzas y Reglamentos, se expondrán al público durante un plazo mínimo de:

a) Cuarenta y cinco días hábiles.
b) Treinta días hábiles.
c) Veinte días naturales.
d) Quince días naturales.

18. Aprobadas definitivamente las Ordenanzas y Reglamentos, se procederá a su publicación en:

a) El Boletín Oficial de la Provincia.
b) El Boletín Oficial de la Comunidad Autónoma.
c) El Boletín Oficial del Estado.
d) El Boletín Oficial de la Comunidad Autónoma y en el BOE.

19. Para la modificación del Reglamento Orgánico de una Corporación, será necesario el voto favorable de/del:

a) Presidente de la Corporación.
b) La mayoría simple del número legal de miembros de la Corporación.
c) La mayoría absoluta del número legal de miembros de la Corporación.
d) No existe una mayoría establecida.

Solución al test n.º 23

1. c) Bandos de Policía y Buen Gobierno.

2. c) A la Junta de Gobierno Local.

3. a) Muy grave.

4. c) 750 euros.

5. b) A los tres años.

6. b) A los tres años.

7. d) Bandos periódicos.

8. d) Bandos de policía y buen gobierno.

9. d) A los Bandos.

10. a) Muy graves, graves y leves.

11. a) Muy grave.

12. c) Hasta 3.000 euros.

13. b) Hasta 750 euros.

14. a) En el momento de su publicación definitiva en el Boletín Oficial de la Provincia.

15. b) Ordenanzas.

16. a) Mayoría de los miembros del Pleno de la Corporación.

17. b) Treinta días hábiles.

18. a) El Boletín Oficial de la Provincia.

19. c) La mayoría absoluta del número legal de miembros de la Corporación.

Los bienes de las Entidades locales. El Reglamento de bienes. Concepto y clasificación. Patrimonio. Conservación, tutela y prerrogativas

1. ¿Cómo se denominan, a tenor de la Ley 7/1985, de 2 de abril, Reguladora de las Bases del Régimen Local, a los bienes cuyo aprovechamiento corresponda al común de los vecinos?

a) Públicos.
b) Comunales.
c) Comunes.
d) Patrimoniales.

2. Señala cuál de las siguientes no es una de las características de los bienes comunales y demás bienes de dominio público:

a) Son inembargables.
b) Son inalienables.
c) Son imprescriptibles.
d) Están sujetos a los mismos tributos que el resto de los bienes.

3. Según establece la Ley 7/1985, de 2 de abril, Reguladora de las Bases del Régimen Local, las entidades locales podrán recuperar por sí mismas la posesión de sus bienes patrimoniales en el plazo de:

a) Cinco años.
b) Tres años.
c) Dos años.
d) Un año.

4. ¿Qué Real Decreto aprueba el Reglamento de Bienes de las Entidades Locales?

a) El Real Decreto 1372/1986, de 13 de junio.
b) El Real Decreto 1219/1988, de 9 de junio.

c) El Real Decreto 1033/1988, de 8 de junio.
d) El Real Decreto 1279/1990, de 12 de mayo.

5. ¿Qué régimen rige el régimen de bienes de las Entidades locales?

a) Por la legislación básica del Estado reguladora del régimen jurídico de los bienes de las Administraciones Públicas.
b) Por la legislación que en el ámbito de sus competencias dicten las Comunidades Autónomas.
c) Por la legislación básica del Estado en materia de régimen local.
d) Todas las respuestas son correctas.

6. Señala cuáles de los siguientes bienes se clasifican como patrimoniales:

a) Los elementos de transporte.
b) Las parcelas sobrantes y los efectos no utilizables.
c) Los cementerios.
d) Las escuelas.

7. La alteración de la calificación jurídica de los bienes de las Entidades locales requiere expediente en el que se acrediten su oportunidad y legalidad. El expediente deberá ser resuelto, previa información pública durante:

a) Un mes.
b) Veinte días.
c) Quince días.
d) Diez días.

8. ¿En cuál de los siguientes supuestos la alteración de la calificación jurídica de los bienes de las Entidades locales se producirá automáticamente?

a) Por la adscripción de bienes patrimoniales por más de veinte años a un uso o servicio público o comunal.
b) Cuando la entidad adquiera por usucapión, con arreglo al derecho civil, el dominio de una cosa que viniere estando destinada a un uso o servicio público o comunal.
c) Por la aprobación definitiva de los planes de ordenación urbana y de los proyectos de obras y servicios.
d) Las respuestas b y c son correctas.

9. ¿Cómo pueden las Corporaciones Locales adquirir bienes y derechos?

a) Por prescripción.
b) Por herencia, legado o donación.
c) Por ocupación.
d) Todas las respuestas son correctas.

10. Los valores mobiliarios se custodiarán en la caja de caudales, bajo la responsabilidad de:

a) El Presidente de la Corporación.
b) El Secretario de la Corporación.
c) El Letrado de la Corporación.
d) Los tres claveros.

11. ¿En qué plazo, contado desde el día siguiente al que deba darse por terminada la publicación de los anuncios en el tablón de la Corporación, podrán las personas afectadas por el expediente de investigación alegar por escrito cuanto estimen conveniente a su derecho ante la Corporación, acompañando todos los documentos en que funden sus alegaciones?

a) Tres meses.
b) Un mes.
c) Veinte días.
d) Quince días.

12. A las personas que promuevan el ejercicio de la acción investigadora, se les abonará, como premio e indemnización de todos los gastos:

a) El 30 por 100 del valor líquido que la Corporación obtenga de la enajenación de los bienes investigados.
b) El 20 por 100 del valor líquido que la Corporación obtenga de la enajenación de los bienes investigados.
c) El 15 por 100 del valor líquido que la Corporación obtenga de la enajenación de los bienes investigados.
d) El 10 por 100 del valor líquido que la Corporación obtenga de la enajenación de los bienes investigados.

13. Señala la respuesta incorrecta respecto a los bienes de las Entidades locales:

a) Los bienes patrimoniales se rigen en todo caso por las normas de Derecho privado.
b) Los montes vecinales en mano común se regulan por su legislación específica.
c) La alteración de la calificación jurídica de los bienes de las entidades locales requiere expediente en el que se acrediten su oportunidad y legalidad.
d) Los bienes de las Entidades locales son de dominio público o patrimoniales.

14. Si los bienes se hubieren adquirido por la Entidad local bajo condición o modalidad de su afectación permanente a determinados destinos, se entenderá cumplida y consumada:

a) Cuando durante treinta años hubieren servido al mismo y aunque luego dejaren de estarlo por circunstancias sobrevenidas de interés público.

b) Cuando durante veinticinco años hubieren servido al mismo y aunque luego dejaren de estarlo por circunstancias sobrevenidas de interés público.

c) Cuando durante veinte años hubieren servido al mismo y aunque luego dejaren de estarlo por circunstancias sobrevenidas de interés público.

d) Cuando durante quince años hubieren servido al mismo y aunque luego dejaren de estarlo por circunstancias sobrevenidas de interés público.

15. Señala la respuesta incorrecta respecto al inventario y registro de los bienes de las Corporaciones locales:

a) De los inventarios previstos quedará, en todo caso, un ejemplar en la Entidad respectiva, otro en las oficinas de la Corporación y otro en poder de la Administración del Estado y de la Comunidad Autónoma, como adicional al General de la Entidad local correspondiente.

b) El Pleno de la Corporación local será el órgano competente para acordar la aprobación del inventario ya formado, su rectificación y comprobación.

c) Los inventarios serán autorizados por el Secretario de la Corporación con el visto bueno del Presidente y una copia del mismo y de sus rectificaciones se remitirá a la Administración del Estado y de la Comunidad Autónoma.

d) La rectificación del inventario se verificará cada dos años, y en ella se reflejarán las vicisitudes de toda índole de los bienes y derechos durante esa etapa.

Solución al test n.º 24

1. b) Comunales.

2. d) Están sujetos a los mismos tributos que el resto de los bienes.

3. d) Un año.

4. a) El Real Decreto 1372/1986, de 13 de junio.

5. d) Todas las respuestas son correctas.

6. b) Las parcelas sobrantes y los efectos no utilizables.

7. a) Un mes.

8. d) Las respuestas b y c son correctas.

9. d) Todas las respuestas son correctas.

10. d) Los tres claveros.

11. b) Un mes.

12. d) El 10 por 100 del valor líquido que la Corporación obtenga de la enajenación de los bienes investigados.

13. a) Los bienes patrimoniales se rigen en todo caso por las normas de Derecho privado.

14. a) Cuando durante treinta años hubieren servido al mismo y aunque luego dejaren de estarlo por circunstancias sobrevenidas de interés público.

15. d) La rectificación del inventario se verificará cada dos años, y en ella se reflejarán las vicisitudes de toda índole de los bienes y derechos durante esa etapa.

TEST N.º 25

Texto Refundido del Estatuto Básico del Empleado Público. Función pública local. Su organización. Adquisición y pérdida de la condición de funcionario. Derechos, deberes e incompatibilidades de los funcionarios. Situaciones administrativas. El Personal laboral de la Administración Pública

1. ¿A qué dos principios ha de atender la designación del personal directivo profesional de las Administraciones Públicas?

a) Publicidad y concurrencia.
b) Legalidad e igualdad.
c) Capacidad y mérito.
d) Idoneidad y transparencia.

2. ¿De cuánto tiempo disfrutarán los empleados públicos por traslado de domicilio sin cambio de residencia?

a) De dos días.
b) De un día.
c) De dos horas.
d) De un máximo de seis horas.

3. Señala la respuesta incorrecta respecto de los derechos de los funcionarios públicos:

a) Por razones de guarda legal, cuando el funcionario tenga el cuidado directo de algún menor de doce años, de persona mayor que requiera especial dedicación, o de una persona con discapacidad que no desempeñe actividad retribuida, tendrá derecho a la reducción de su jornada de trabajo, sin disminución de sus retribuciones.
b) Por lactancia de un hijo menor de doce meses, la funcionaria tendrá derecho a una hora de ausencia del trabajo que podrá dividir en dos fracciones.
c) Por nacimiento de hijos prematuros o que por cualquier otra causa deban permanecer hospitalizados a continuación del parto, la funcionaria o el funcionario tendrá derecho a ausentarse del trabajo durante un máximo de dos horas diarias percibiendo las retribuciones íntegras.
d) La funcionaria podrá solicitar la sustitución del tiempo de lactancia por un permiso retribuido que acumule en jornadas completas el tiempo correspondiente.

4. Por ser preciso atender el cuidado de un familiar de primer grado, el funcionario tendrá derecho a solicitar una reducción de:

a) Hasta el cincuenta por ciento de la jornada laboral, con carácter retribuido, por razones de enfermedad grave o muy grave y por el plazo máximo de tres meses.

b) Hasta el setenta por ciento de la jornada laboral, con carácter retribuido, por razones de enfermedad grave o muy grave y por el plazo máximo de un mes.

c) Hasta el cincuenta por ciento de la jornada laboral, con carácter retribuido, por razones de enfermedad muy grave y por el plazo máximo de un mes.

d) Hasta el setenta por ciento de la jornada laboral, con carácter retribuido, por razones de enfermedad muy grave y por el plazo máximo de un mes.

5. Para el acceso a los cuerpos o escalas del Grupo B se exigirá estar en posesión del:

a) Título de Técnico Superior.

b) Título de Bachiller.

c) Título de Técnico.

d) Título universitario de Grado.

6. Indica una de las notas características de los funcionarios de carrera:

a) Desempeño de servicios de carácter permanente.

b) Nombramiento legal, hecho por Autoridad competente.

c) Los puestos de trabajo que desempeñan han de figurar en la Plantilla orgánica y en el Registro de Personal.

d) Todas las respuestas son correctas.

7. ¿Cómo se denomina al personal que, en virtud de nombramiento y con carácter no permanente, sólo realiza funciones expresamente calificadas como de confianza o asesoramiento especial, siendo retribuido con cargo a los créditos presupuestarios consignados para este fin?

a) Personal Laboral.

b) Personal Eventual.

c) Funcionarios interinos.

d) Funcionarios de carrera.

8. Señala la respuesta incorrecta respecto al personal eventual:

a) Su nombramiento y cese serán libres.

b) La condición de personal eventual podrá constituir mérito para el acceso a la Función Pública.

c) Su cese tendrá lugar, en todo caso, cuando se produzca el de la autoridad a la que se preste la función de confianza o asesoramiento.

d) Le será aplicable, en lo que sea adecuado a la naturaleza de su condición, el régimen general de los funcionarios de carrera.

9. Para el cumplimiento de un deber inexcusable de carácter público o personal, se tiene derecho a un permiso:

a) De tres días.
b) Por tiempo indispensable.
c) De cinco días.
d) De dos días.

10. En una Corporación de cincuenta y nueve funcionarios existirán representándolos:

a) Un Delegado de Personal.
b) Dos Delegados de Personal.
c) Un Comité de Empresa.
d) Una Junta de Personal.

11. Los Ayuntamientos de Municipios con población superior a 50.000 y no superior a 75.000 habitantes podrán incluir en sus plantillas puestos de trabajo de personal eventual por un número que no podrá exceder de:

a) Uno.
b) Dos.
c) Siete.
d) La mitad de concejales de la Corporación local.

12. Indica cuál de los siguientes es uno de los derechos de carácter individual de los empleados públicos:

a) A percibir las retribuciones y las indemnizaciones por razón del servicio.
b) Al desempeño efectivo de las funciones o tareas propias de su condición profesional y de acuerdo con la progresión alcanzada en su carrera profesional.
c) A la formación continua y a la actualización permanente de sus conocimientos y capacidades profesionales, preferentemente en horario laboral.
d) Todas las respuestas son correctas.

13. El permiso de paternidad en 2023 por el nacimiento, guarda con fines de adopción, acogimiento o adopción de un hijo tendrá una duración, a disfrutar por el padre o el otro progenitor a partir de la fecha del nacimiento, de la decisión administrativa de guarda con fines de adopción o acogimiento, o de la resolución judicial por la que se constituya la adopción, de:

a) Nueve semanas.
b) Dieciséis semanas.
c) Doce semanas.
d) Quince semanas.

14. ¿Cómo se denomina al personal que en virtud de contrato de trabajo formalizado por escrito, en cualquiera de las modalidades de contratación de personal previstas en la legislación laboral, presta servicios retribuidos por las Administraciones Públicas?

a) Interino.
b) De carrera.
c) Eventual.
d) Laboral.

15. Los funcionarios públicos tendrán derecho a disfrutar, durante cada año natural, de unas vacaciones retribuidas de:

a) Veinte días hábiles, o de los días que correspondan proporcionalmente si el tiempo de servicio durante el año fue menor.
b) Veintidós días hábiles, o de los días que correspondan proporcionalmente si el tiempo de servicio durante el año fue menor.
c) Veintiséis días hábiles, o de los días que correspondan proporcionalmente si el tiempo de servicio durante el año fue menor.
d) Treinta días hábiles, o de los días que correspondan proporcionalmente si el tiempo de servicio durante el año fue menor.

16. ¿Cuántos días hábiles de permiso se concederán en el caso de accidente o enfermedad graves, hospitalización o intervención quirúrgica sin hospitalización que precise de reposo domiciliario del cónyuge, pareja de hecho o parientes hasta el primer grado por consanguinidad o afinidad, así como de cualquier otra persona distinta de las anteriores que conviva con el funcionario o funcionaria en el mismo domicilio y que requiera el cuidado efectivo de aquella?

a) Tres días.
b) Cuatro días.
c) Cinco días.
d) Seis días.

17. ¿De cuántos días al año, con carácter general, podrá disponer el funcionario de permiso para asuntos personales sin justificación?

a) De hasta 6 días al año.
b) De hasta 7 días al año.
c) De hasta 8 días al año.
d) De hasta 9 días al año.

18. Como máximo, y con carácter general, si se mantiene la necesidad de cuidado directo, continuo y permanente, el permiso por cuidado de hijo menor afectado por cáncer u otra enfermedad grave, se extenderá hasta que cumpla:

a) 12 años.
b) 18 años.

c) 16 años.
d) 23 años.

19. Por razón de matrimonio o registro o constitución formalizada por documento público de pareja de hecho, los funcionarios tendrán derecho a una licencia de:

a) Diez días.
b) Un mes.
c) Quince días.
d) Veinte días.

20. Por nacimiento de hijos prematuros o que por cualquier otra causa deban permanecer hospitalizados a continuación del parto, la funcionaria o el funcionario tendrá derecho a ausentarse del trabajo durante:

a) Un máximo de una hora diaria percibiendo las retribuciones íntegras.
b) Un máximo de 2 horas diarias percibiendo las retribuciones íntegras.
c) Un máximo de 2,5 horas diarias percibiendo las retribuciones íntegras.
d) Un máximo de 3 horas diarias percibiendo las retribuciones íntegras.

21. No se rigen por el Derecho Administrativo el/los:

a) Funcionarios.
b) Personal Laboral.
c) Personal Eventual.
d) Interinos.

22. Los puestos de confianza o asesoramiento especial se suelen reservar al/a los:

a) Políticos.
b) Personal Eventual.
c) Personal Laboral.
d) Funcionarios.

23. Los interinos ocupan provisionalmente puestos que pueden ser desempeñados por:

a) Contratados temporales.
b) Personal eventual.
c) Funcionarios.
d) Personal Laboral.

24. Cuando un funcionario haya sido declarado en la situación de suspensión, dicha situación determinará la pérdida del puesto de trabajo cuando la suspensión exceda de:

a) Seis meses.
b) Tres meses.
c) Cinco meses.
d) Dos meses.

25. Siguiendo las nuevas titulaciones, se exigirá título de Graduado en Educación Secundaria Obligatoria para pertenecer al Subgrupo:

a) A1.
b) B2.
c) C1.
d) C2.

26. El Texto Refundido de la Ley del Estatuto Básico del Empleado Público se aprobó por:

a) Real Decreto Legislativo 12/2007, de 13 de marzo.
b) Real Decreto Legislativo 5/2012, de 13 de mayo.
c) Real Decreto Legislativo 5/2015, de 30 de octubre.
d) Real Decreto Legislativo 3/2015, de 14 de abril.

27. Las cantidades destinadas a financiar aportaciones a planes de pensiones o contratos de seguros tendrán a todos los efectos la consideración de:

a) Retribución básica.
b) Retribución complementaria.
c) Indemnizaciones.
d) Retribución diferida.

28. El número de Personal Eventual que haya de existir en un Municipio de régimen común se fija por el/la:

a) Pleno.
b) Alcalde o Presidente.
c) Comunidad Autónoma respectiva.
d) Junta de Gobierno Local.

29. Por muerte de un tío carnal, teniendo en cuenta que es familiar dentro del tercer grado, se tiene derecho al siguiente permiso:

a) Dos días si es en la misma localidad.
b) Cuatro días si es en distinta localidad.
c) Ningún día.
d) Las respuestas a) y b) son correctas.

30. La disminución de la jornada por cuidado directo de un menor de seis años:

a) Puede equivaler a un tercio o un medio.
b) No implica reducción de retribuciones.
c) Comporta exclusivamente la reducción de las retribuciones complementarias.
d) Nada de lo anterior es cierto.

31. Con respecto a las retribuciones diferidas el Real Decreto Legislativo 5/2015, de 30 de octubre, señala:

a) Las Leyes de Función Pública fijaran el porcentaje máximo de la masa salarial destinadas a financiar las aportaciones a planes de presiones de empleo o contratos de seguros.

b) Las cantidades destinadas a financiar aportaciones a planes de pensiones o contratos de seguros tendrán a todos los efectos la consideración de retribución diferida.

c) Las Administraciones Públicas podrán financiar, dentro del límite establecido en la respuesta a), aportaciones a planes de pensiones de empleo o contratos de seguros individuales que incluyan la cobertura de la contingencia de jubilación si así se establece en negociación colectiva.

d) El Real Decreto Legislativo 5/2015, no contempla las retribuciones diferidas.

32. La excedencia voluntaria supone el cese temporal en la relación de servicio. El funcionario excedente:

a) No devengará retribuciones, pero le será computable el tiempo permanecido en tal situación a efectos de ascensos, consolidación de grado personal, trienios y derechos pasivos.

b) No devengará retribuciones, ni le será computable el tiempo permanecido en tal situación a efectos de ascensos, consolidación de grado personal, trienios y derechos pasivos.

c) No devengará retribuciones, ni le será computable el tiempo permanecido en tal situación a efectos de ascensos y consolidación de grado personal pero si a efectos de trienios y derechos pasivos.

d) Devenga retribuciones y su tiempo computa a efectos de derechos.

33. De conformidad con el artículo 54.6 del Real Decreto Legislativo 5/2015, de 30 de octubre, entre los principios de conducta que configura el Código de Conducta se encuentra:

a) Los empleados públicos se abstendrán en aquellos asuntos en los que tengan un interés personal, así como de toda actividad privada o interés que pueda suponer un riesgo de plantear conflictos de intereses con su puesto público.

b) Rechazarán cualquier regalo, favor o servicio en condiciones ventajosas que vaya más allá de los usos habituales, sociales y de cortesía, sin perjuicio de lo establecido en el código penal.

c) Su conducta se basará en el respeto de los derechos fundamentales y libertades públicas.

d) Se abstendrán en aquellos asuntos en los que tengan un interés personal, así como de toda actividad privada o interés que pueda suponer un riesgo de plantear conflictos de intereses con su puesto público.

34. A efectos del Real Decreto Legislativo 5/2015, de 30 de octubre, en relación con la excedencia por cuidado de familiares hasta el segundo grado inclusive de consanguinidad o afinidad:

a) Su duración no podrá ser superior a dos años.

b) El puesto de trabajo desempeñado se reservará, al menos, durante dos años. Transcurrido ese periodo, dicha reserva lo será a un puesto en la misma localidad y de igual retribución.

c) En el caso de que dos funcionarios generasen el derecho a disfrutarla por el mismo sujeto causante, este derecho podrá ser ejercido indistintamente sin que la Administración pueda limitar su ejercicio simultáneo.

d) Todas son correctas.

35. Señala la respuesta correcta relativa a la determinación de las cuantías y de los incrementos retributivos:

a) Las cuantías de las retribuciones básicas y el incremento de las cuantías globales de las retribuciones complementarias de los funcionarios, así como el incremento de la masa salarial del personal laboral, deberán reflejarse para cada ejercicio presupuestario en la correspondiente ley de presupuestos.

b) Podrán acordarse incrementos retributivos que globalmente supongan un incremento de la masa salarial superior a los límites fijados anualmente en la Ley de Presupuestos Generales del Estado para el personal.

c) Las cuantías de las retribuciones básicas y el incremento de las cuantías globales de las retribuciones complementarias de los funcionarios, así como el incremento de la masa salarial del personal eventual, deberán reflejarse para cada ejercicio presupuestario en la correspondiente ley de presupuestos.

d) Ninguna es correcta.

36. Señala la respuesta incorrecta:

a) Las retribuciones básicas son las que retribuyen al funcionario según la adscripción de su cuerpo o escala a un determinado Subgrupo o Grupo de clasificación profesional, en el supuesto de que éste no tenga Subgrupo, y por su antigüedad en el mismo. Dentro de ellas están comprendidas los componentes de sueldo y trienios de las pagas extraordinarias.

b) Las retribuciones complementarias son las que retribuyen las características de los puestos de trabajo, la carrera profesional o el desempeño, rendimiento o resultados alcanzados por el funcionario.

c) Las pagas extraordinarias serán dos al año, cada una por el importe de una mensualidad de retribuciones básicas y de la totalidad de las retribuciones complementarias, salvo aquéllas a las que se refieren los apartados c) y d) del artículo 24.

d) Podrá percibirse participación en tributos o en cualquier otro ingreso de las Administraciones Públicas como contraprestación de cualquier servicio, participación o premio en multas impuestas, aun cuando estuviesen normativamente atribuidas a los servicios.

37. La condición de funcionario de carrera se adquiere por el cumplimiento sucesivo de los siguientes requisitos. Señala la opción incorrecta:

a) Superación del proceso selectivo.

b) Nombramiento por el órgano o autoridad competente, que será publicado en el Diario Oficial correspondiente.

c) Acto de acatamiento de la Constitución y, en su caso, del Estatuto de Autonomía correspondiente y del resto del Ordenamiento Jurídico.

d) Toma de posesión dentro del plazo que se establezca, por ley.

38. De conformidad con lo dispuesto en el artículo 10 del Real Decreto Legislativo 5/2015, de 30 de octubre, por el que se aprueba el Texto Refundido de la Ley del Estatuto Básico del Empleado Público, el nombramiento de funcionario interino por exceso o acumulación de tareas tendrá una duración máxima de:

a) Un año, ampliable hasta tres años más por las leyes de Función Pública que se dicten en desarrollo de este Estatuto.

b) Nueve meses, dentro de un periodo de dieciocho meses.

c) Seis meses, ampliable hasta doce meses más por las leyes de Función Pública que se dicten en desarrollo de este Estatuto.

d) Tres años, ampliable hasta doce meses más por las leyes de Función Pública que se dicten en desarrollo de este Estatuto.

39. Es personal eventual, según el concepto establecido en el EBEP, el que:

a) Es nombrado para ejecutar programas de carácter temporal por exceso o acumulación de tareas.

b) Mediante contrato de trabajo y con carácter temporal, desempeña funciones en las Administraciones Públicas de confianza o asesoramiento.

c) En virtud de nombramiento y con carácter no permanente, sólo realiza funciones expresamente calificadas como de confianza o asesoramiento especial.

d) Ninguna es correcta.

40. Señala la respuesta correcta relativa a los funcionarios interinos:

a) El personal interino cuya designación sea consecuencia de la ejecución de programas de carácter temporal o del exceso o acumulación de tareas por plazo máximo de seis meses, dentro de un período de doce meses, deberá prestar los servicios que se le encomienden en la unidad administrativa en la que se produzca su nombramiento o en otras unidades administrativas en las que desempeñe funciones análogas, siempre que, respectivamente, dichas unidades participen en el ámbito de aplicación del citado programa de carácter temporal, con el límite de duración señalado en este artículo, o estén afectadas por la mencionada acumulación de tareas.

b) Se regulan en el artículo 9.

c) A los funcionarios interinos no les será aplicable, en cuanto sea adecuado a la naturaleza de su condición, el régimen general de los funcionarios de carrera.

d) El cese de los funcionarios interinos se producirá, además de por las causas previstas en el artículo 63, cuando finalice la causa que dio lugar a su nombramiento.

Solución al test n.º 25

1. c) Capacidad y mérito.

2. b) De un día.

3. a) Por razones de guarda legal, cuando el funcionario tenga el cuidado directo de algún menor de doce años, de persona mayor que requiera especial dedicación, o de una persona con discapacidad que no desempeñe actividad retribuida, tendrá derecho a la reducción de su jornada de trabajo, sin disminución de sus retribuciones.

4. c) Hasta el cincuenta por ciento de la jornada laboral, con carácter retribuido, por razones de enfermedad muy grave y por el plazo máximo de un mes.

5. a) Título de Técnico Superior.

6. d) Todas las respuestas son correctas.

7. b) Personal Eventual.

8. b) La condición de personal eventual podrá constituir mérito para el acceso a la Función Pública.

9. b) Por tiempo indispensable.

10. d) Una Junta de Personal.

11. d) La mitad de concejales de la Corporación local.

12. d) Todas las respuestas son correctas.

13. b) Dieciséis semanas.

14. d) Laboral.

15. b) Veintidós días hábiles, o de los días que correspondan proporcionalmente si el tiempo de servicio durante el año fue menor.

16. c) Cinco días.

17. a) De hasta 6 días al año.

18. d) 23 años.

19. c) Quince días.

20. b) Un máximo de 2 horas diarias percibiendo las retribuciones íntegras.

21. b) Personal Laboral.

22. b) Personal Eventual.

23. c) Funcionarios.

24. a) Seis meses.

25. d) C2.

26. c) Real Decreto Legislativo 5/2015, de 30 de octubre.

27. d) Retribución diferida.

28. a) Pleno.

29. c) Ningún día.

30. d) Nada de lo anterior es cierto.

31. b) Las cantidades destinadas a financiar aportaciones a planes de pensiones o contratos de seguros tendrán a todos los efectos la consideración de retribución diferida.

32. b) No devengará retribuciones, ni le será computable el tiempo permanecido en tal situación a efectos de ascensos, consolidación de grado personal, trienios y derechos pasivos.

33. b) Rechazarán cualquier regalo, favor o servicio en condiciones ventajosas que vaya más allá de los usos habituales, sociales y de cortesía, sin perjuicio de lo establecido en el código penal.

34. b) El puesto de trabajo desempeñado se reservará, al menos, durante dos años. Transcurrido ese periodo, dicha reserva lo será a un puesto en la misma localidad y de igual retribución.

35. a) Las cuantías de las retribuciones básicas y el incremento de las cuantías globales de las retribuciones complementarias de los funcionarios, así como el incremento de la masa salarial del personal laboral, deberán reflejarse para cada ejercicio presupuestario en la correspondiente ley de presupuestos.

36. d) Podrá percibirse participación en tributos o en cualquier otro ingreso de las Administraciones Públicas como contraprestación de cualquier servicio, participación o premio en multas impuestas, aun cuando estuviesen normativamente atribuidas a los servicios.

37. d) Toma de posesión dentro del plazo que se establezca, por ley.

38. b) Nueve meses, dentro de un periodo de dieciocho meses.

39. c) En virtud de nombramiento y con carácter no permanente, sólo realiza funciones expresamente calificadas como de confianza o asesoramiento especial.

40. d) El cese de los funcionarios interinos se producirá, además de por las causas previstas en el artículo 63, cuando finalice la causa que dio lugar a su nombramiento.

TEST N.º 26

Ley Reguladora de Haciendas Locales. Ingresos de las Entidades Locales: Conceptos generales. La Tesorería municipal. Las funciones de la Tesorería. Reglamento General de Recaudación: Conceptos generales. Formas de extinción de la deuda tributaria: Conceptos generales. El procedimiento de apremio: Conceptos generales

1. La principal fuente de financiación de las Haciendas Locales son los/las:

a) Créditos obtenidos de las instituciones financieras.
b) Ingresos de Derecho Privado.
c) Tributos propios.
d) Prestaciones personales de los vecinos.

2. Nuestra vigente Constitución, respecto de las Haciendas Locales, consagra el principio de:

a) Autodeterminación.
b) Suficiencia.
c) Autonomía.
d) Dependencia del Estado.

3. Para alcanzar dicho principio, en relación con los tributos del Estado y de las Comunidades Autónomas, las Haciendas Locales:

a) Se encargarán de gestionarlos y recaudarlos.
b) Percibirán las cantidades abonadas por los mismos.
c) Participarán de los resultados de dichos tributos.
d) Determinarán cuáles se implantan en el respectivo territorio de la Entidad Local de que se trate.

4. En cualquier caso, los recursos con que cuenten las Haciendas Locales:

a) Han de ser suficientes para el cumplimiento de los fines de las Entidades Locales.
b) Deben tener carácter tributario.

c) Solo deben gestionarse por las propias Haciendas Locales.
d) Todo lo anterior es correcto.

5. Y estos recursos han de estar previstos, previa y originariamente, en un/una:

a) Ley ordinaria de las Cortes Generales.
b) Ley de los Parlamentos Autonómicos.
c) Ordenanza Fiscal de la propia Entidad.
d) Reglamento de carácter general.

6. Es una figura tributaria un/una:

a) Precio público.
b) Operación de crédito.
c) Tasa.
d) Subvención.

7. Es una figura tributaria un/una:

a) Precio público.
b) Subvención.
c) Multa.
d) Contribución especial.

8. La potestad tributaria de las Entidades Locales:

a) No tiene base legal alguna.
b) Es de carácter derivado o secundario.
c) En su territorio, tiene mayor valor que la propia del Estado.
d) La tienen reservada para la creación de sus propios tributos.

9. En cuanto a la posibilidad de dictar las Entidades Locales normas reglamentarias en esta materia:

a) Se manifiesta a través de Reglamentos Generales de Recaudación.
b) Se realiza mediante Bandos de los Alcaldes.
c) No se le reconoce legalmente.
d) Es requisito *sine qua non* para que puedan exigir sus tributos.

10. La figura a través de la cual se realiza dicha normación en esta materia por una Entidad Local es un/una:

a) Ley.
b) Ordenanza Fiscal.
c) Reglamento General.
d) Bando.

11. Respecto de los tributos previamente creados por una ley estatal como propios de las Entidades Locales, estas tienen:

a) Autonomía para establecerlos y exigirlos.
b) Que delegar en el Estado su gestión y recaudación.
c) Actuar al dictado de lo que señalen las Comunidades Autónomas respectivas.
d) Que ceder su aprovechamiento al propio Estado.

12. En relación con la gestión, recaudación e inspección de sus tributos propios, las Entidades Locales pueden:

a) Descentralizarlas en Entidades inferiores.
b) Concederlas a un particular o una empresa privada con personalidad jurídica.
c) Desconcentrarlas en otra Administración Pública.
d) Delegarlas en una Entidad Local de ámbito superior.

13. Asimismo, respecto de estas materias y en relación con el Estado, pueden:

a) Desconcentrarle las competencias.
b) Descentralizarle las mismas.
c) Establecer mecanismos de colaboración.
d) Delegarle estas competencias.

14. En defecto de su legislación específica, debe aplicarse en esta materia la ley:

a) General Presupuestaria.
b) De Presupuestos Generales del Estado de cada año.
c) Del Procedimiento Administrativo Común de las Administraciones Públicas.
d) General Tributaria.

15. Tienen carácter privado los ingresos procedentes del/de los:

a) Tributos en general.
b) Tributos del Estado.
c) Patrimonio.
d) Precios públicos.

16. Para la cobranza de sus tributos, las Entidades Locales:

a) No gozan de privilegios o prerrogativas.
b) Tienen los propios del Estado.
c) Han de utilizar los servicios propios del Estado.
d) Deben constituir Entidades de Crédito.

17. Los ingresos que procedan de los bienes de dominio público local tienen la consideración de:

a) Derecho Público.
b) Derecho Privado.
c) Tributos en cualquier caso.
d) Atípicos.

18. En cambio, los rendimientos derivados del patrimonio de las Entidades Locales se consideran ingresos de:

a) Derecho Público.
b) Derecho Privado.
c) Carácter tributario.
d) Carácter excepcional.

19. Una condición para considerar de carácter privado los ingresos derivados de un derecho real en favor de una Entidad es que:

a) Sean tributarios.
b) Dicho derecho real no se halle afecto a un uso o servicio público.
c) No posea este tipo de derecho la susceptibilidad de valoración económica.
d) Todo lo anterior es correcto.

20. La adquisición de un bien donado por un particular se considera, a estos efectos:

a) Ingreso de dominio público local.
b) Ingreso de Derecho Público.
c) Ingreso de Derecho Privado.
d) Contribución especial.

21. Lo que abona un particular por la prestación de un servicio público que le afecta o beneficia, siendo de recepción obligatoria, es un/una:

a) Impuesto.
b) Contribución especial.
c) Tasa.
d) Precio público.

22. Si dicho servicio público no fuera de recepción obligatoria, el particular abonaría un/una:

a) Impuesto.
b) Contribución especial.

c) Tasa.
d) Precio público.

23. Siguiendo el artículo 163 LGT, no es una característica del procedimiento de apremio:

a) Es un procedimiento administrativo.
b) La regla general es la no suspensión.
c) Es un procedimiento exclusivo.
d) Es un procedimiento no acumulable a otros procedimientos.

24. Según el artículo 167.3 LGT, no es un motivo de impugnación de la providencia de apremio:

a) Extinción parcial de la deuda.
b) Prescripción del derecho a exigir el pago.
c) Solicitud de aplazamiento, fraccionamiento o compensación en período voluntario.
d) Anulación de la liquidación.

25. Cuando una Entidad Local realiza una obra pública, en virtud de la cual un ciudadano experimenta en sus bienes un incremento de valor, puede exigirle el pago de un/una:

a) Impuesto.
b) Contribución especial.
c) Tasa.
d) Precio público.

26. Señala la respuesta incorrecta. Según el artículo 165 LGT, el procedimiento de apremio se suspenderá de forma automática por los órganos de recaudación, sin necesidad de prestar garantía:

a) Cuando el interesado demuestre que se ha producido en su perjuicio error material, aritmético o de hecho en la determinación de la deuda.
b) Cuando se haya interpuesto recurso o reclamación económico-administrativa contra la providencia de apremio.
c) Cuando la deuda haya sido ingresada, condonada, compensada, aplazada o suspendida.
d) Cuando el interesado demuestre que ha prescrito el derecho a exigir el pago de la deuda.

27. Es de carácter obligatorio su establecimiento y exigencia, para los Ayuntamientos, el Impuesto sobre:

a) El Incremento de Valor de los Terrenos de Naturaleza Urbana.
b) Circulación de Vehículos.
c) Construcciones, Instalaciones y Obras.
d) Vehículos de Tracción Mecánica.

28. Asimismo lo es el Impuesto sobre:

a) La Radicación.
b) Actividades Económicas.
c) Construcciones, Instalaciones y Obras.
d) El Incremento de Valor de los Terrenos de Naturaleza Urbana.

29. En cambio, es potestativo para el Ayuntamiento el establecimiento y exigencia del Impuesto sobre:

a) Actividades Económicas.
b) Vehículos de Tracción Mecánica.
c) Construcciones, Instalaciones y Obras.
d) Bienes Inmuebles.

30. Los vehículos gravados por el Impuesto sobre Vehículos de Tracción Mecánica, han de:

a) Pertenecer a una Administración Pública como regla general.
b) Ser aptos para circular por vías públicas.
c) Ser destinados a su circulación exclusiva por vías privadas.
d) Las respuestas b) y c) son ciertas.

31. La figura impositiva que ha sustituido al desaparecido Impuesto Municipal de Solares es el Impuesto sobre:

a) Construcciones, Instalaciones y Obras.
b) Actividades Económicas.
c) Incremento de Valor de los Terrenos de Naturaleza Urbana.
d) Bienes Inmuebles.

32. Y la que ha sustituido al Impuesto Municipal sobre la Radicación es el Impuesto sobre:

a) Bienes Inmuebles.
b) Actividades Económicas.
c) Construcciones, Instalaciones y Obras.
d) Ninguno de los anteriores.

33. Los beneficios fiscales en los tributos locales han de estar reconocidos originariamente:

a) Por el Pleno de la Corporación.
b) En norma con rango de ley.
c) En la correspondiente Ordenanza Fiscal.
d) En la Ley General Tributaria.

34. Tiene el carácter de tributo indirecto el Impuesto sobre:

a) Actividades Económicas.
b) Incremento de Valor de los Terrenos de Naturaleza Urbana.
c) Construcciones, Instalaciones y Obras.
d) Vehículos de Tracción Mecánica.

35. En el Impuesto sobre el Incremento de Valor de los Terrenos de Naturaleza Urbana:

a) Se paga dicho incremento por la mera posesión de dichos bienes, unida al transcurso de los años.
b) El citado incremento ha de ponerse de manifiesto, por ejemplo, al transmitirse la propiedad del bien de que se trate.
c) Se grava cualquier terreno, al margen de su clasificación y calificación urbanística.
d) El incremento de que se trata ha de revertir a la colectividad en su integridad.

36. Respecto de las Áreas Metropolitanas está previsto el establecimiento de recargos sobre el siguiente Impuesto:

a) Construcciones, Instalaciones y Obras.
b) Actividades Económicas.
c) Incremento de Valor de los Terrenos de Naturaleza Urbana.
d) Bienes Inmuebles.

37. En relación con algún tributo de una Entidad Local, hay una previsión legal de establecimiento por otra Entidad de este tipo de un/una:

a) Impuesto.
b) Participación.
c) Recargo.
d) Precio Público.

38. Las operaciones de crédito a que pueden acudir las Entidades Locales no pueden instrumentarse a través de:

a) Hipotecas sobre los bienes patrimoniales de la Entidad.
b) Emisión de Deuda Pública.
c) Sustitución total o parcial de una operación de crédito preexistente.
d) Las respuestas a) y c) son ciertas.

39. Este tipo de crédito ha de ser:

a) A medio y largo plazo.
b) A corto y largo plazo.

c) Destinado a obras de mantenimiento.

d) Concertado necesariamente con Entidades Públicas.

40. Por el aprovechamiento especial del dominio público las Entidades Locales han de exigir un/una:

a) Contribución especial.

b) Precio público.

c) Tasa.

d) Prestación personal.

41. De los siguientes ingresos, han de destinarse precisamente a los fines por los que se establecen:

a) Los impuestos.

b) Las subvenciones.

c) Las contribuciones especiales.

d) Las respuestas b) y c) son ciertas.

42. Según el artículo 164 LGT, cuando concurra con otros procesos o procedimientos singulares de ejecución, el procedimiento de apremio será preferente:

a) Si la providencia de apremio notificada fuera la más antigua.

b) Si el embargo efectuado en el curso del procedimiento de apremio fuera el más antiguo.

c) Siempre que la providencia de apremio acordada en el mismo se hubiera efectuado con anterioridad a la fecha de declaración del concurso.

d) Siempre que el embargo acordado en el mismo se hubiera efectuado con anterioridad a la fecha de declaración del concurso.

43. El recurso de reposición, en relación con los actos sobre aplicación y efectividad de un tributo local, en un Municipio de régimen común, es:

a) Inadmisible.

b) Potestativo para el particular.

c) Obligatorio.

d) El único posible en vía administrativa.

44. El ejercicio de la potestad de revisión de los actos dictados en vía de gestión tributaria se reserva al/a la:

a) Jurisdicción Contencioso-Administrativa.

b) Pleno de la Corporación.

c) Presidente de la Corporación.

d) Tribunal Económico-Administrativo competente.

45. Para que pueda producirse una compensación de deudas de una Entidad Local:

a) Ha de tenerla con un particular necesariamente.

b) Debe estar pendiente de exigirse.

c) No ha de haberse liquidado, produciéndose esta liquidación al efectuar dicha compensación.

d) Nada de lo anterior es correcto.

Solución al test n.º 26

1. c) Tributos propios.

2. b) Suficiencia.

3. c) Participarán de los resultados de dichos tributos.

4. a) Han de ser suficientes para el cumplimiento de los fines de las Entidades Locales.

5. a) Ley ordinaria de las Cortes Generales.

6. c) Tasa.

7. d) Contribución especial.

8. b) Es de carácter derivado o secundario.

9. d) Es requisito sine qua non para que puedan exigir sus tributos.

10. b) Ordenanza Fiscal.

11. a) Autonomía para establecerlos y exigirlos.

12. d) Delegarlas en una Entidad Local de ámbito superior.

13. c) Establecer mecanismos de colaboración.

14. d) General Tributaria.

15. c) Patrimonio.

16. b) Tienen los propios del Estado.

17. a) Derecho Público.

18. b) Derecho Privado.

19. b) Dicho derecho real no se halle afecto a un uso o servicio público.

20. c) Ingreso de Derecho Privado.

21. c) Tasa.

22. d) Precio público.

23. b) La regla general es la no suspensión.

24. a) Extinción parcial de la deuda.

25. b) Contribución especial.

26. b) Cuando se haya interpuesto recurso o reclamación económico-administrativa contra la providencia de apremio.

27. d) Vehículos de Tracción Mecánica.

28. b) Actividades Económicas.

29. c) Construcciones, Instalaciones y Obras.

30. b) Ser aptos para circular por vías públicas.

31. d) Bienes Inmuebles.

32. b) Actividades Económicas.

33. b) En norma con rango de ley.

34. c) Construcciones, Instalaciones y Obras.

35. b) El citado incremento ha de ponerse de manifiesto, por ejemplo, al transmitirse la propiedad del bien de que se trate.

36. d) Bienes Inmuebles.

37. c) Recargo.

38. a) Hipotecas sobre los bienes patrimoniales de la Entidad.

39. b) A corto y largo plazo.

40. c) Tasa.

41. d) Las respuestas b) y c) son ciertas.

42. b) Si el embargo efectuado en el curso del procedimiento de apremio fuera el más antiguo.

43. d) El único posible en vía administrativa.

44. b) Pleno de la Corporación.

45. d) Nada de lo anterior es correcto.

TEST N.º 27

Presupuestos de las Entidades Locales. Principios Generales. Su elaboración, tramitación y aprobación. La clasificación funcional y económica de los gastos. La ejecución del estado de gastos del presupuesto. Ejecución del estado de ingresos del presupuesto. Liquidación y cierre del Presupuesto

1. Los Presupuestos Generales de las Entidades Locales constituyen de acuerdo con el Texto Refundido de la Ley Reguladora de las Haciendas Locales:

a) La expresión de las obligaciones que, como máximo, pueden reconocer la Entidad y sus Organismos Autónomos.

b) La expresión cifrada, conjunta y sistemática de las obligaciones que, como máximo, pueden reconocer la Entidad y sus Organismos Autónomos.

c) La expresión cifrada, general y sistemática de las obligaciones que, como máximo, pueden reconocer la Entidad y sus Organismos Autónomos.

d) La expresión contable, conjunta y sistemática de las obligaciones que, como máximo, pueden reconocer la Entidad y sus Organismos Autónomos.

2. Las Entidades Locales elaborarán y aprobarán anualmente un Presupuesto General en el que se integrarán:

a) El Presupuesto de los organismos autónomos dependientes.

b) Los estados de previsión de gastos e ingresos de las Sociedades Mercantiles cuyo capital social pertenezca íntegramente a la Entidad Local.

c) Las respuestas a) y b) son correctas.

d) El presupuesto agregado de la propia Entidad.

3. Es contenido mínimo de las Bases de Ejecución del Presupuesto deberá incluir:

a) Normas que regulen el procedimiento de ejecución del Presupuesto.

b) Regulación de las transferencias de créditos.

c) Niveles de vinculación jurídica de los créditos.

d) Todas respuestas son correctas.

4. ¿Qué norma regula la estructura de los Presupuestos de las Entidades Locales?

a) Orden EHA/3565/2006, de 3 de diciembre, por la que se aprueba la estructura de los Presupuestos de las Entidades Locales de los bienes de uso privado.

b) Orden EHA/3565/2008, de 3 de diciembre, por la que se aprueba la estructura de los Presupuestos de las Entidades Locales.

c) Orden de 20 de septiembre de 1989 por la que se establece la estructura de los presupuestos de las entidades locales.

d) Orden EHA/3565/2005, de diciembre, por la que se aprueba la estructura de los presupuestos de las entidades locales.

5. Dentro de las áreas de gasto del presupuesto, se incluye en el área de gasto 2 referente a Actuaciones de protección y promoción social:

a) Seguridad y movilidad ciudadana.

b) Pensiones.

c) Cultura.

d) Agricultura, ganadería y pesca.

6. ¿En qué área de gasto se incluye la política de gasto denominada "Infraestructuras"?

a) Actuaciones de carácter económico.

b) Actuaciones de carácter general.

c) Producción de bienes públicos de carácter preferente.

d) Deuda pública.

7. ¿En qué área de gasto se incluye la política de gasto denominada "Administración financiera y tributaria"?

a) Actuaciones de carácter general.

b) Actuaciones de carácter económico.

c) Actuaciones de protección y promoción social.

d) Producción de bienes públicos de carácter preferente.

8. ¿En qué área de gasto se incluye la política de gasto denominada "Sanidad"?

a) Producción de bienes públicos de carácter preferente.

b) Actuaciones de protección y promoción social.

c) Servicios públicos básicos.

d) Actuaciones de carácter general.

9. ¿En qué área de gasto se incluye la política de gasto denominada "Fomento del empleo"?

a) Servicios públicos básicos.

b) Actuaciones de protección y promoción social.

c) Actuaciones de carácter económico.
d) Actuaciones de carácter general.

10. En relación con la Clasificación Económica de los Gastos del Presupuesto de las Entidades Locales se distingue entre:

a) Operaciones abiertas y cerradas.
b) Operaciones limitadas y no limitadas.
c) Operaciones financieras y no financieras.
d) Operaciones a préstamo y liberadas.

11. El Fondo de Contingencia tiene como fin:

a) Atender al abono de los intereses de las operaciones de crédito.
b) Hacer frente a los gastos de contratación del personal laboral.
c) Completar aquellas aplicaciones presupuestarias que necesiten ser ampliadas.
d) Atender a las necesidades imprevistas, inaplazables y no discrecionales, para las que no exista crédito presupuestario o el previsto resulte insuficiente.

12. El Fondo de Contingencia y Otros Imprevistos se ha de incluir obligatoriamente en los Presupuestos:

a) De los municipios con población superior a 5.000 habitantes.
b) De las capitales de provincia.
c) De los municipios con población superior a 15.000 habitantes.
d) De los municipios con población superior a 25.000 habitantes.

13. Respecto a la Clasificación Económica de los Gastos del Presupuesto de las Entidades Locales, dentro del capítulo 1: Gastos de personal, se encuentra el gasto siguiente:

a) Gastos de naturaleza social.
b) Cotizaciones obligatorias de las entidades locales y de sus organismos autónomos a los distintos regímenes de Seguridad Social.
c) Retribuciones fijas y variables.
d) Todas las respuestas son verdaderas.

14. En relación con la Clasificación Económica de los Ingresos del Presupuesto de las Entidades Locales:

a) Se distinguen las operaciones no financieras de las financieras, subdividiéndose las segundas en operaciones corrientes y de capital.
b) Se distinguen las operaciones no financieras de las financieras, subdividiéndose las primeras en operaciones corrientes y de capital.
c) Se distinguen las operaciones no financieras, operaciones corrientes y de capital.
d) Se distinguen las operaciones no financieras de las financieras y de capital.

15. En relación con la Clasificación Económica de los Ingresos del Presupuesto de las Entidades Locales no forman parte de las operaciones corrientes:

a) Impuestos directos.
b) Transferencias de capital.
c) Tasas, precios públicos y otros ingresos.
d) Ingresos patrimoniales.

16. Dentro de los Pasivos Financieros se recoge:

a) El ingreso que obtienen las entidades locales y sus organismos autónomos por la enajenación de activos financieros.
b) La financiación de las entidades locales y sus organismos autónomos procedente de la emisión de Deuda Pública.
c) Las dos respuestas anteriores son correctas.
d) Ninguna respuesta es correcta.

17. ¿Quién forma el presupuesto de la Entidad Local?

a) El Presidente de la entidad.
b) El Interventor.
c) El Secretario.
d) El Tesorero.

18. Deberán unirse al presupuesto como documentación:

a) Anexo de las inversiones a realizar en un plazo de cuatro años.
b) Anexo de personal de la Entidad Local.
c) Liquidación de los presupuestos de ejercicios anteriores.
d) Todas las respuestas son verdaderas.

19. Aprobado inicialmente el presupuesto general, se expondrá al público, previo anuncio en el boletín oficial de la provincia o, en su caso, de la comunidad autónoma uniprovincial:

a) Por quince días.
b) Por treinta días.
c) Por veinte días.
d) Por cuarenta días.

20. El presupuesto se considerará definitivamente aprobado si durante el plazo de alegaciones:

a) No se hubiesen presentado reclamaciones.
b) Se hubieran presentado reclamaciones con falta de motivación.

c) Se hubieran presentado reclamaciones infundadas.

d) Se hubieran presentado reclamaciones extemporáneas o basadas en datos irreales.

21. Únicamente podrán entablarse reclamaciones contra el Presupuesto:

a) Por ser de manifiesta insuficiencia los ingresos con relación a los gastos.

b) Por no haberse ajustado su elaboración a los trámites legalmente establecidos al efecto.

c) Por no haberse ajustado su aprobación a los trámites legalmente establecidos al efecto.

d) Todas las respuestas son válidas.

22. Si al iniciarse el ejercicio económico no hubiese entrado en vigor el presupuesto correspondiente:

a) Se iniciará de nuevo todo el procedimiento de aprobación.

b) Dará lugar a una cuestión de confianza.

c) Se considerará automáticamente prorrogado el del anterior, con sus créditos iniciales.

d) Se adoptará una moción de censura.

23. Los Créditos extraordinarios son:

a) Aquellas modificaciones del Presupuesto de Gastos en los que el crédito previsto resulta insuficiente y no puede ser objeto de ampliación.

b) Aquella modificación del Presupuesto de gastos mediante la que, sin alterar la cuantía total del mismo, se imputa el importe total o parcial de un crédito a otras partidas presupuestarias con diferente vinculación jurídica.

c) Aquellas modificaciones del Presupuesto de Gastos, mediante las que se asigna crédito para la realización de un gasto específico y determinado que no puede demorarse hasta el ejercicio siguiente y para el que no existe crédito.

d) La incorporación de remanentes de crédito de ejercicio anterior.

24. Los créditos extraordinarios y los suplementos de crédito se podrán financiar indistintamente con el siguiente recurso:

a) Con cargo al Remanente Líquido de Tesorería.

b) Mediante anulaciones o bajas de créditos.

c) Las respuestas a y b son correctas.

d) Mediante la venta de bienes patrimoniales de la entidad local.

25. La aprobación de las transferencias de crédito entre distintos grupos de función será competencia:

a) Del órgano que señale las Bases de ejecución del presupuesto.

b) Del Pleno de la Corporación, salvo cuando las bajas y las altas afecten a créditos de personal.

c) Del Presidente de la entidad.

d) Las respuestas b) y c) son correctas.

26. Las transferencias de crédito de cualquier clase estarán sujetas a las siguientes limitaciones:

a) No afectarán a los créditos ampliables.
b) No afectarán a suplementos de crédito concedidos durante el ejercicio.
c) Solo podrán incrementar créditos en un cincuenta por ciento.
d) Las respuestas a) y c) son correctas.

27. Como consecuencia de la liquidación del presupuesto no deberá determinarse:

a) Los remanentes de los presupuestos de los cinco ejercicios anteriores.
b) Los derechos pendientes de cobro y las obligaciones pendientes de pago a 31 de diciembre.
c) El resultado presupuestario del ejercicio.
d) El remanente de Tesorería.

28. A la propuesta de los expedientes de concesión de créditos extraordinarios y suplementos de créditos se habrá de acompañar:

a) Una Memoria justificativa.
b) El estado de ingresos de la entidad.
c) El estado de gastos de la entidad.
d) Las respuestas b) y c) son correctas.

29. Contra la aprobación definitiva del Presupuesto podrá:

a) Interponerse directamente recurso contencioso-administrativo.
b) Interponerse directamente recurso ante el Tribunal de Cuentas.
c) Interponerse recurso de alzada ante el Pleno.
d) Ninguna respuesta es correcta.

30. Tendrán la consideración de interesados para presentar reclamaciones ante la aprobación inicial del presupuesto:

a) Las Cámaras Oficiales.
b) Los Sindicatos.
c) Cualquier ciudadano.
d) Las respuestas a) y b) son correctas.

31. El Presupuesto, con respecto a los gastos, es un/una:

a) Previsión.
b) Límite mínimo.
c) Límite cuantitativo.
d) Cálculo aproximado.

32. Las obligaciones reconocidas y los derechos liquidados se aplicarán a los Presupuestos:

a) Por su importe íntegro.
b) En ningún supuesto.
c) Minorándose.
d) Nada de lo anterior es cierto.

33. Las reglas que deben seguirse en la ejecución del Presupuesto se contienen en la/las/los:

a) Memoria del mismo.
b) Delegaciones de gastos.
c) Bases de Ejecución.
d) Estudios Financieros.

34. A la obligación de la Entidad de destinar los créditos al fin específico que se detalle en la plasmación escrita del Presupuesto, sin poder realizar cambios o traslados de los mismos a otros fines no recogidos en el nivel de que se trate se le denomina:

a) Regulación de las transferencias de créditos.
b) Acumulación de varias fases de la ejecución del Presupuesto.
c) Niveles de vinculación jurídica de los créditos.
d) Disponibilidad presupuestaria.

35. Debe acompañarse como Anexo al Presupuesto General de una Corporación el/los:

a) Presupuestos de los Organismos Autónomos dependientes de la misma.
b) Estados de previsión de gastos e ingresos de las Sociedades Mercantiles de capital íntegro de la Entidad.
c) Estado de consolidación del Presupuesto de la propia Entidad con el de todos los Presupuestos y estados de previsión de sus Organismos Autónomos y Sociedades Mercantiles.
d) Las respuestas a) y b) son ciertas.

36. Asimismo, debe unirse como Anexo el/los:

a) Niveles de vinculación jurídica de los créditos.
b) Presupuesto de los Organismos Autónomos dependientes de la Entidad.
c) Estados de Gastos.
d) Planes y programas de inversión y financiación.

37. Las estimaciones de los distintos recursos económicos a liquidar durante el ejercicio se contienen en/en el:

a) Estado de Ingresos.
b) Estado de previsión de gastos e ingresos.
c) Estado de Gastos.
d) Ninguno de ellos.

38. Por su parte, los créditos necesarios para atender el cumplimiento de las obligaciones ordinarias se contienen en/en el:

a) Estado de Ingresos.
b) Plan de Inversión.
c) Estado de Gastos.
d) Todos los anteriores.

39. El Plan de Inversiones de una Corporación debe coordinarse con el/los:

a) Planes de Etapas del Planeamiento Urbanístico.
b) Programa Financiero o de Financiación.
c) Planes de Inversiones de la Comunidad Autónoma.
d) Las respuestas a) y b) son ciertas.

40. Y debe completarse dicho Plan con el/los:

a) Programa de Actuación del Planeamiento Urbanístico.
b) Planes de Etapas del citado Planeamiento.
c) Planes de Inversión autonómicos.
d) Programa Financiero o de Financiación.

41. Este Plan de Inversiones se formula por un plazo de:

a) Ocho años.
b) Un año, prorrogable uno más.
c) Cuatro años.
d) Dos años.

42. Y se revisa con carácter:

a) Trimestral.
b) Anual.
c) Bianual.
d) Semestral.

43. De este Plan de Inversiones se da cuenta, en un Municipio de régimen común, al/a la:

a) Junta de Gobierno Local, al comienzo de cada ejercicio.
b) Pleno coincidiendo con la aprobación del Presupuesto.
c) Alcalde, cada mes.
d) Opinión pública, al finalizar el mandato de la Corporación.

44. Y al revisarlo:

a) Se liquida el mismo con carácter definitivo.
b) Se le añade un nuevo ejercicio a sus previsiones.
c) Censura la gestión de la Corporación.
d) Nada de lo anterior es correcto.

45. Los Presupuestos que se integran en el Presupuesto General de la Corporación deberán aprobarse:

a) Separadamente de este.
b) Con déficit equilibrado.
c) Sin déficit inicial.
d) Por el Alcalde.

46. Para que, a lo largo del ejercicio económico no se presente déficit en el Presupuesto:

a) Se compensarán en el mismo momento en que se acuerden los decrementos de los créditos y los incrementos de los ingresos.
b) Dicha compensación se efectuará respecto de los decrementos de los ingresos y los incrementos de los créditos.
c) No se llevará a cabo gasto alguno que lo provoque.
d) Se incrementarán los conceptos tributarios vigentes.

47. La estructura de los Presupuestos de las Corporaciones Locales se fija por el:

a) Presidente de las mismas.
b) Ministerio de Hacienda.
c) Pleno de ellas.
d) Interventor General de Fondos respectivo.

48. ¿Quién puede aprobar Reglamentos o Normas generales que desarrollen los procedimientos de ejecución del Presupuesto?

a) El Presidente de la Entidad Local.
b) La Junta General de la Entidad Local.

c) El Pleno de la Entidad Local.
d) El Alcalde de la Entidad Local.

49. Dentro de la clasificación por programas de los gastos, el Área de Gasto 1 se refiere a la:

a) Servicios públicos básicos.
b) Actuaciones de carácter económico.
c) Actuaciones de carácter general.
d) Actuaciones de protección y promoción social.

50. Las áreas de gasto se dividen con carácter inmediato en:

a) Grupos de programas.
b) Políticas de programas.
c) Políticas de gasto.
d) Capítulos de gasto.

51. En la Clasificación Económica de los Gastos no hay Capítulo:

a) De transferencias corrientes.
b) Número diez.
c) De gastos financieros.
d) De activos financieros.

52. Según la Clasificación Económica, los gastos se clasifican, dentro de las operaciones no financieras, en:

a) De obligaciones generales y obligaciones diversas.
b) De actividades generales y económicas.
c) Por objetivos.
d) De operaciones de capital y operaciones corrientes.

53. La política de gasto de los órganos de gobierno de una Corporación Local se incluye en la siguiente área de gasto:

a) 1.
b) 4.
c) 9.
d) 0.

54. Por su parte, la Cultura se incluye en la siguiente área de gasto:

a) 1.
b) 2.

c) 3.
d) 4.

55. Las partidas presupuestarias desarrollan, dentro de la Clasificación Económica de los gastos, los/las:

a) Subfunciones.
b) Subconceptos.
c) Programas.
d) Artículos.

56. El Capítulo 1 de la Clasificación Económica de los Gastos se refiere a:

a) Gastos financieros.
b) Transferencias corrientes.
c) Gastos de Personal.
d) Gastos de servicios.

57. La adquisición de activos financieros por las Entidades Locales, se recoge en el siguiente Capítulo de la Clasificación Económica de los Gastos:

a) 8.
b) 9.
c) 7.
d) 6.

58. Por su parte, dentro de dicha Clasificación, los gastos de indemnizaciones por razón del servicio a los funcionarios se recogen en el siguiente Capítulo:

a) Gastos de Personal.
b) Gastos en bienes corrientes y de servicios.
c) Transferencias corrientes.
d) Gastos Financieros.

59. En la Clasificación Económica de los Ingresos, la financiación de las Entidades procedente de la emisión de deuda pública se recoge en el siguiente Capítulo:

a) Transferencias corrientes.
b) Ingresos patrimoniales.
c) Pasivos Financieros.
d) Transferencias de capital.

60. El Presupuesto de las Entidades Locales legalmente debe aprobarse definitivamente:

a) Antes de concluir el ejercicio económico en el que haya de aplicarse.
b) Antes de concluir el ejercicio económico anterior a aquel en que vaya a regir.

c) Cuando lo estime oportuno la Corporación.

d) En el mes de enero del ejercicio económico a que se refiera.

61. A los efectos anteriores, el Presidente de la Corporación remitirá al Pleno de la misma el proyecto de Presupuesto:

a) Antes del 15 de octubre del año anterior al en que va a regir.

b) Al finalizar el ejercicio económico anterior.

c) Cuando se lo demande el propio Pleno.

d) El primer día hábil del mes de enero del ejercicio económico al que se refiera.

62. En el supuesto de que no esté aprobado el Presupuesto antes del primer día del ejercicio económico a que se refiera:

a) No puede realizarse gasto alguno hasta que no se efectúe dicha aprobación.

b) Incurrirá en responsabilidad contable el Presidente.

c) Deberá incoarse expediente de habilitación de créditos.

d) Se prorroga automáticamente el del ejercicio anterior.

63. La formación del Proyecto de Presupuesto, en un Municipio de régimen común, es competencia del:

a) Pleno de la Corporación.

b) Presidente de la misma.

c) Interventor General de Fondos.

d) Tesorero.

64. El plazo de exposición al público de un Presupuesto, tras su aprobación inicial es de:

a) Treinta días hábiles.

b) Quince días hábiles.

c) Quince días naturales.

d) Un mes.

65. El Pleno de la Corporación tiene de plazo para resolver las reclamaciones presentadas en el período de exposición al público del Presupuesto:

a) Dos meses.

b) Un mes.

c) Treinta días.

d) Veinte días.

66. Debe insertarse el Presupuesto íntegramente en el:

a) Diario de mayor difusión de la Provincia.

b) Boletín Oficial de la Corporación, si lo tuviere.

c) Boletín Oficial de la Provincia.

d) Tablón de Edictos de la Corporación.

67. El Presupuesto entrará en vigor desde:

a) Su aprobación definitiva por el Pleno.

b) La recepción de copia del mismo por la Administración del Estado y de la Comunidad Autónoma respectiva.

c) La publicación en el diario de mayor circulación de la Provincia.

d) El ejercicio correspondiente, una vez publicado en el boletín oficial de la corporación, si lo tuviera, y, resumido por capítulos de cada uno de los presupuestos que lo integran, en el de la provincia o, en su caso, de la Comunidad Autónoma uniprovincial.

68. Contra la aprobación definitiva del Presupuesto el recurso que puede interponerse es:

a) Obligatoriamente, el de reposición como previo a la vía contencioso-administrativa.

b) Ante el Tribunal de Cuentas.

c) El contencioso-administrativo, sin necesidad de previa reposición.

d) El económico-administrativo.

69. El informe del Tribunal de Cuentas está previsto para el supuesto de que:

a) El Presupuesto se apruebe fuera del plazo señalado para ello.

b) Cuando la impugnación se refiera a la nivelación presupuestaria.

c) Se opte por prescindir del período de exposición al público.

d) Se lo pida el Presidente de la Corporación.

70. El acto mediante el cual se declara la existencia de un crédito exigible contra la Entidad derivado de un gasto autorizado y comprometido se denomina:

a) Ordenación de pago.

b) Disposición de gasto.

c) Liquidación de la obligación.

d) Autorización del gasto.

71. Cuando haya de efectuarse un gasto que no tenga crédito previsto en el Presupuesto se:

a) Hace un nuevo Presupuesto.

b) Acude a un suplemento de crédito.

c) Acude a un crédito extraordinario.

d) Utiliza un crédito no afectado.

72. ¿Cómo se denominan aquellas modificaciones del Presupuesto de Gastos en los que, siendo necesario realizar un gasto específico y determinado que no puede demorarse hasta el ejercicio siguiente, el crédito previsto resulta insuficiente y no puede ser objeto de ampliación?

a) Crédito extraordinario.
b) Suplemento de crédito.
c) Ampliación de crédito.
d) Crédito ampliable.

73. El Remanente Líquido de Tesorería, con el que financiar un crédito extraordinario o un suplemento de crédito, se integra por:

a) Mayores ingresos efectivamente recaudados que los previstos.
b) Fondos líquidos y derechos pendientes de cobro.
c) Anulaciones o bajas de créditos.
d) Operaciones especiales de crédito.

74. Se puede acudir a una operación de crédito para dotar un crédito extraordinario o un suplemento de crédito, con el fin de atender nuevos gastos por operaciones corrientes, siempre que la carga financiera de la Entidad no supere el siguiente porcentaje:

a) 25 %.
b) 10 %.
c) 5 %.
d) 50 %.

75. En este caso, la operación de crédito ha de quedar cancelada:

a) Antes de que concluya el ejercicio económico en el que se contraiga.
b) Antes de dos años.
c) Antes de que se renueve la Corporación.
d) Utilizando créditos ampliables.

76. El expediente de habilitación de créditos ha de ser ejecutivo:

a) Después de renovarse la Corporación.
b) En cualquiera de los ejercicios que de mandato tenga la Corporación.
c) En el mismo ejercicio en el que se apruebe.
d) Cuando lo estime oportuno el Alcalde, según las necesidades planteadas.

77. El plazo para resolver una reclamación contra un acuerdo de habilitación de créditos por calamidades públicas es de:

a) Un mes.
b) Quince días.

c) Diez días.
d) Ocho días.

78. Tiene carácter inmediatamente ejecutivo un acuerdo sobre:

a) Habilitación de crédito extraordinario.
b) Habilitación de crédito extraordinario en caso de catástrofe pública.
c) Cualquier suplemento de crédito.
d) Ninguno de los anteriores.

79. La modificación del Presupuesto de gastos mediante la que, sin alterar la cuantía total del mismo, se imputa el importe total o parcial de un crédito a otras partidas presupuestarias con diferente vinculación jurídica se denomina:

a) Habilitación de créditos extraordinarios.
b) Transferencias de crédito.
c) Generaciones de créditos por ingresos.
d) Bajas por anulación.

80. El órgano competente para efectuar la liquidación del Presupuesto, en un Municipio de régimen común, es el/la:

a) Junta de Gobierno Local.
b) Pleno de la Corporación.
c) Tribunal de Cuentas.
d) Alcalde o Presidente.

81. ¿A quién corresponde la incoación del expediente de concesión de crédito extraordinario?

a) Al Pleno de la Entidad local.
b) A la Junta de Gobierno local.
c) Al Secretario de la Corporación local.
d) Al Presidente de la Entidad local.

82. Señala cuál de las siguientes no puede ser una modificación de crédito que se lleve a cabo en los Presupuestos de Gastos de la Entidad y de sus Organismos Autónomos:

a) La incorporación de remanentes de crédito de ejercicio anterior.
b) Las bajas por anulación.
c) La generación de créditos por ingresos.
d) Las transferencias de remanentes de otras entidades.

83. La confección de los estados demostrativos de la liquidación del Presupuesto de la Entidad local, deberá realizarse:

a) Antes del día 1 de marzo del ejercicio siguiente.
b) Antes del día 31 de diciembre del ejercicio actual.
c) Antes del día 31 de octubre del ejercicio siguiente.
d) Antes del día 1 de enero del ejercicio actual.

84. Los remanentes de crédito no estarán integrados por:

a) La diferencia entre los gastos dispuestos o comprometidos y las obligaciones reconocidas.
b) La suma de los créditos disponibles, créditos no disponibles y créditos retenidos pendientes de utilizar.
c) La diferencia entre los gastos reconocidos y las obligaciones pendientes de reconocer.
d) La diferencia entre los gastos autorizados y los gastos comprometidos.

85. Con carácter general, los remanentes de crédito, al cierre del ejercicio:

a) Quedarán anulados y no se podrán incorporar al Presupuesto del ejercicio siguiente.
b) Quedarán anulados pero se podrán incorporar al Presupuesto del ejercicio siguiente.
c) No son anulados y se podrán incorporar al Presupuesto del ejercicio siguiente.
d) Se incorporan al Presupuesto del ejercicio siguiente, en todo caso.

Solución al test n.º 27

1. b) La expresión cifrada, conjunta y sistemática de las obligaciones que, como máximo, pueden reconocer la Entidad y sus Organismos Autónomos.

2. c) Las respuestas a) y b) son correctas.

3. d) Todas respuestas son correctas.

4. b) Orden EHA/3565/2008, de 3 de diciembre, por la que se aprueba la estructura de los Presupuestos de las Entidades Locales.

5. b) Pensiones.

6. a) Actuaciones de carácter económico.

7. a) Actuaciones de carácter general.

8. a) Producción de bienes públicos de carácter preferente.

9. b) Actuaciones de protección y promoción social.

10. c) Operaciones financieras y no financieras.

11. d) Atender a las necesidades imprevistas, inaplazables y no discrecionales, para las que no exista crédito presupuestario o el previsto resulte insuficiente.

12. b) De las capitales de provincia.

13. d) Todas las respuestas son verdaderas.

14. b) Se distinguen las operaciones no financieras de las financieras, subdividiéndose las primeras en operaciones corrientes y de capital.

15. b) Transferencias de capital.

16. b) La financiación de las entidades locales y sus organismos autónomos procedente de la emisión de Deuda Pública.

17. a) El Presidente de la entidad.

18. b) Anexo de personal de la Entidad Local.

19. a) Por quince días.

20. a) No se hubiesen presentado reclamaciones.

21. d) Todas las respuestas son válidas.

22. c) Se considerará automáticamente prorrogado el del anterior, con sus créditos iniciales.

23. c) Aquellas modificaciones del Presupuesto de Gastos, mediante las que se asigna crédito para la realización de un gasto específico y determinado que no puede demorarse hasta el ejercicio siguiente y para el que no existe crédito.

24. c) Las respuestas a y b son correctas.

25. b) Del Pleno de la Corporación, salvo cuando las bajas y las altas afecten a créditos de personal.

26. a) No afectarán a los créditos ampliables.

27. a) Los remanentes de los presupuestos de los cinco ejercicios anteriores.

28. a) Una Memoria justificativa.

29. a) Interponerse directamente recurso contencioso-administrativo.

30. d) Las respuestas a) y b) son correctas.

31. c) Límite cuantitativo.

32. a) Por su importe íntegro.

33. c) Bases de Ejecución.

34. c) Niveles de vinculación jurídica de los créditos.

35. c) Estado de consolidación del Presupuesto de la propia Entidad con el de todos los Presupuestos y estados de previsión de sus Organismos Autónomos y Sociedades Mercantiles.

36. d) Planes y programas de inversión y financiación.

37. a) Estado de Ingresos.

38. c) Estado de Gastos.

39. a) Planes de Etapas del Planeamiento Urbanístico.

40. d) Programa Financiero o de Financiación.

41. c) Cuatro años.

42. b) Anual.

43. b) Pleno coincidiendo con la aprobación del Presupuesto.

44. b) Se le añade un nuevo ejercicio a sus previsiones.

45. c) Sin déficit inicial.

46. b) Dicha compensación se efectuará respecto de los decrementos de los ingresos y los incrementos de los créditos.

47. b) Ministerio de Hacienda.

48. c) El Pleno de la Entidad Local.

49. a) Servicios públicos básicos.

50. c) Políticas de gasto.

51. b) Número diez.

52. d) De operaciones de capital y operaciones corrientes.

53. c) 9.

54. c) 3.

55. b) Subconceptos.

56. c) Gastos de Personal.

57. a) 8.

58. a) Gastos de Personal.

59. c) Pasivos Financieros.

60. b) Antes de concluir el ejercicio económico anterior a aquel en que vaya a regir.

61. a) Antes del 15 de octubre del año anterior en que va a regir.

62. d) Se prorroga automáticamente el del ejercicio anterior.

63. b) Presidente de la misma.

64. b) Quince días hábiles.

65. b) Un mes.

66. b) Boletín Oficial de la Corporación, si lo tuviere.

67. d) El ejercicio correspondiente, una vez publicado en el boletín oficial de la corporación, si lo tuviera, y, resumido por capítulos de cada uno de los presupuestos que lo integran, en el de la provincia o, en su caso, de la Comunidad Autónoma uniprovincial.

68. c) El contencioso-administrativo, sin necesidad de previa reposición.

69. b) Cuando la impugnación se refiera a la nivelación presupuestaria.

70. c) Liquidación de la obligación.

71. c) Acude a un crédito extraordinario.

72. b) Suplemento de crédito.

73. b) Fondos líquidos y derechos pendientes de cobro.

74. a) 25 %.

75. c) Antes de que se renueve la Corporación.

76. c) En el mismo ejercicio en el que se apruebe.

77. d) Ocho días.

78. b) Habilitación de crédito extraordinario en caso de catástrofe pública.

79. b) Transferencias de crédito.

80. d) Alcalde o Presidente.

81. d) Al Presidente de la Entidad local.

82. d) Las transferencias de remanentes de otras entidades.

83. a) Antes del día 1 de marzo del ejercicio siguiente.

84. c) La diferencia entre los gastos reconocidos y las obligaciones pendientes de reconocer.

85. a) Quedarán anulados y no se podrán incorporar al Presupuesto del ejercicio siguiente.

TEST N.º 28

El Control Interno. Principios y disposiciones generales del control interno. La función interventora. La función del control financiero

1. El Real Decreto 424/2017, de 28 de abril, por el que se regula el régimen jurídico del control interno en las entidades del Sector Público Local, entró en vigor el 1 de julio de 2018, pero las auditorías de cuentas de la actividad económico-financiera del sector público local, *a posteriori* y sistemáticas, previstas en el art. 29.3.a) del Real Decreto 424/2017 se realizarán sobre las cuentas anuales cuyo ejercicio contable se cierre a partir de:

a) 31 de octubre de 2018.
b) 30 de diciembre de 2018.
c) 31 de diciembre de 2018.
d) 1 de enero de 2019.

2. Señala cuál de los siguientes no es uno de los principios del control interno en el ámbito del sector público:

a) Se ejerce con independencia funcional respecto de los titulares de las entidades controladas.
b) Se realiza mediante un procedimiento contradictorio.
c) Se asigna al Interventor de la Entidad Local.
d) El ejercicio del control interno es concentrado.

3. A tenor del art. 13 del Real Decreto 424/2017, el Pleno de la Entidad Local podrá acordar el régimen de fiscalización e intervención limitada previa, previo informe del órgano interventor y a propuesta de:

a) El Pleno.
b) El Presidente.
c) El Consejo de Ministros.
d) El Consejo de Estado.

4. Cuál es la última de las fases de la fiscalización e intervención previa ordinaria:

a) Intervención formal de la ordenación del pago.
b) Intervención de la comprobación material de la inversión.
c) Intervención material de la ordenación del pago.
d) Intervención previa.

5. Señala la respuesta incorrecta:

a) La intervención de la comprobación material de la inversión se realizará, en todo caso, concurriendo el órgano interventor, o en quien delegue, al acto de recepción de la obra, servicio o adquisición de que se trate.
b) Antes de liquidar el gasto o reconocer la obligación se verificará materialmente la efectiva realización de las obras, servicios o adquisiciones financiadas con fondos públicos y su adecuación al contenido del correspondiente contrato.
c) El resultado de la comprobación material de la inversión se reflejará en acta que será suscrita por todos los que concurran al acto de recepción de la obra, servicio, o adquisición y en la que se harán constar, en su caso, las deficiencias apreciadas, las medidas a adoptar para subsanarlas y los hechos y circunstancias relevantes del acto de recepción.
d) La intervención de la comprobación material se realizará por los órganos gestores.

6. Los órganos gestores deberán solicitar al órgano interventor, o en quien delegue, su asistencia a la comprobación material de la inversión cuando el importe de ésta sea igual o superior a:

a) 50.000,00 euros, incluido el IVA.
b) 50.000,00 euros, con exclusión del IVA.
c) 30.000,00 euros, incluido el IVA.
d) 30.000,00 euros, con exclusión del IVA.

7. A tenor del art. 13 del Real Decreto 424/2017, el Pleno de la Entidad Local podrá acordar el régimen de fiscalización e intervención limitada previa, previo informe de:

a) El Pleno.
b) El Presidente.
c) El órgano interventor.
d) El Consejo de Ministros.

8. El art. 4.3 del Real Decreto 424/2017 de 28 de abril, por el que se regula el régimen jurídico del control interno en las entidades del Sector Público Local, dispone que el modelo debe asegurar, con medios propios o externos, el control efectivo de, al menos, el 80% del presupuesto general, mediante la aplicación de las dos modalidades, la función interventora y el control financiero, debiendo alcanzarse el 100% en un plazo de:

a) Cinco años.
b) Cuatro años.

c) Tres años.
d) Dos años.

9. El órgano interventor manifestará su desacuerdo con el fondo o con la forma de los actos, documentos o expedientes que examine formulando:

a) Alegaciones.
b) Advertencias.
c) Reparos.
d) Objeciones.

10. Si el reparo afectara a la disposición de gastos, reconocimiento de obligaciones u ordenación de pagos, se suspenderá la tramitación del expediente hasta que aquél sea solventado:

a) En los casos de omisión en el expediente de requisitos o trámites esenciales.
b) Cuando no hubieran sido fiscalizados los actos que dieron origen a las órdenes de pago.
c) Cuando se base en la insuficiencia de crédito o el propuesto no sea adecuado.
d) Todas las respuestas son correctas.

11. Cuando el órgano gestor no acepte el reparo formulado por el órgano interventor en el ejercicio de la función interventora planteará al Presidente de la Entidad Local:

a) Una objeción.
b) Una advertencia.
c) Una discrepancia.
d) Una reclamación formal.

12. En qué plazo desde la recepción del reparo, las discrepancias se plantearán al Presidente o al Pleno de la Corporación Local, según corresponda:

a) En el plazo de un mes.
b) En el plazo de veinte días.
c) En el plazo de quince días.
d) En el plazo de diez días.

Solución al test n.º 28

1. d) 1 de enero de 2019.

2. d) El ejercicio del control interno es concentrado.

3. b) El Presidente.

4. b) Intervención de la comprobación material de la inversión.

5. d) La intervención de la comprobación material se realizará por los órganos gestores.

6. b) 50.000,00 euros, con exclusión del IVA.

7. c) El órgano interventor.

8. c) Tres años.

9. c) Reparos.

10. d) Todas las respuestas son correctas.

11. c) Una discrepancia.

12. c) En el plazo de quince días.

TEST N.º 29

Urbanismo y administración Local. Planeamiento General -nociones generales. Planeamiento de desarrollo- nociones generales

1. El protagonismo para regular todo lo referente al planeamiento urbanístico corresponde:

a) Al Estado.
b) A los municipios.
c) A la Administración Local.
d) A las Comunidades Autónomas.

2. ¿Tienen los planes urbanísticos carácter normativo?

a) Sí, y así ha sido reconocido por la jurispruden
cia.
b) Los planes no tienen naturaleza normativa.
c) Solo en los casos establecidos en la Ley.
d) Sí, y tienen rango legal.

3. Los instrumentos de ordenación urbanística pueden clasificarse en las siguientes categorías:

a) Planeamiento general, planeamiento de desarrollo y otros instrumentos.
b) Planeamiento general y planeamiento de desarrollo.
c) Planeamiento y otros instrumentos.
d) Planeamiento general, planeamiento pormenorizado y otros instrumentos.

4. Los Estudios de Detalle son instrumentos pertenecientes al:

a) Planeamiento pormenorizado.
b) Planeamiento de desarrollo.
c) Planeamiento general.
d) Planeamiento estructural.

5. Los planes generales son:

a) Instrumentos de ordenación integral.
b) Instrumentos de ordenación provincial.
c) Instrumentos de ordenación integral y están subordinados a los planes territoriales.
d) Instrumentos de ordenación local.

6. Entre las determinaciones generales que puede incluir el Plan General no se encuentra la siguiente:

a) Programación del desarrollo del plan.
b) Medidas para la protección del medio ambiente.
c) Reforma interior en suelo urbano.
d) Delimitación de áreas de reparto de cargas y beneficios.

7. En la determinación del Plan General consistente en la estructura general y orgánica del territorio se ha de incluir en particular:

a) El estándar mínimo para Parques, jardines y espacios libres públicos.
b) Los sistemas generales de comunicación.
c) Las zonas de protección de los sistemas generales de comunicación.
d) Todas las respuestas son correctas.

8. Entre las determinaciones generales que puede incluir el Plan General no se encuentra la siguiente:

a) Fijación de las alineaciones del viario.
b) Criterios de la revisión del plan.
c) Disposiciones que garanticen el suelo suficiente para viviendas de protección oficial.
d) Reservas de terrenos para equipamientos públicos.

9. No se exige como documentación en los Planes Generales:

a) Estudio económico-financiero.
b) Documentación definitoria de las rasantes.
c) Programa de actuación.
d) Memoria y estudios complementarios.

10. La legislación estatal exige en los Planes Generales la siguiente documentación:

a) Normas de edificación.
b) Normas urbanísticas.
c) Cartografía.
d) Resumen ejecutivo.

11. El informe de sostenibilidad:

a) Deberá incluir un mapa de riesgos naturales del ámbito objeto de ordenación.
b) Es un documento específico en los planes territoriales y urbanísticos.
c) Es un documento del que se puede prescindir.
d) Las respuestas a) y b) son correctas.

12. La formulación del Plan General corresponderá:

a) Al municipio.
b) Al municipio con carácter general.
c) A la Comunidad Autónoma.
d) A la Diputación Provincial.

13. La aprobación inicial del Plan General le corresponde:

a) Al Alcalde.
b) Al Pleno exigiéndose mayoría cualificada.
c) Al Pleno exigiéndose mayoría absoluta.
d) A la Junta de Gobierno.

14. El acuerdo de aprobación inicial del Plan General de Ordenación Urbana:

a) Podrá determinar la suspensión del otorgamiento de las licencias de parcelación, edificación y demolición.
b) Determinará la suspensión del otorgamiento de las licencias de parcelación, edificación y demolición.
c) Conllevará la suspensión del otorgamiento de las licencias de parcelación, edificación y demolición.
d) Exigirá la adopción de acuerdo por el que se determine la suspensión del otorgamiento de las licencias de parcelación, edificación y demolición.

15. El procedimiento de aprobación del Plan General se ajustará a las siguientes fases:

a) Aprobación inicial, información pública, aprobación provisional, aprobación definitiva.
b) Aprobación provisional, información pública, aprobación definitiva.
c) Aprobación inicial, información pública, aprobación definitiva.
d) Información pública, aprobación provisional, aprobación definitiva.

16. No es un efecto de la aprobación de los Planes Generales el siguiente:

a) La declaración en situación de fuera de ordenación de las edificaciones erigidas con anterioridad que resulten disconformes con la nueva ordenación
b) El derecho de las personas personadas en el procedimiento al acceso y consulta de su contenido.

c) La vinculación de los bienes al destino que resulte de su clasificación y calificación.

d) La declaración de utilidad pública y la necesidad de ocupación a los fines de expropiación o imposición de servidumbres.

17. ¿Qué artículo de la Ley de Bases de régimen Local señala que los acuerdos de aprobación definitiva de todos los instrumentos de ordenación territorial y urbanística se publicarán en el Boletín Oficial correspondiente:

a) Artículo 70.3.
b) Artículo 71.2.
c) Artículo 70.2.
d) Artículo 72.2.

18. Los Planes de Sectorización tienen por objeto:

a) El cambio de categoría de terrenos de suelo urbanizable no sectorizado a suelo urbanizable sectorizado u ordenado.
b) El cambio de categoría de terrenos de suelo rural a suelo urbano.
c) El cambio de categoría de terrenos de suelo urbanizable a suelo urbano.
d) Ninguna respuesta es correcta.

19. Las Normas subsidiarias de Planeamiento establecen, entre otras determinaciones:

a) Normas mínimas de defensa del suelo urbano.
b) Las áreas de reparto de los municipios en ausencia del Plan Territorial.
c) La delimitación de las zonas objeto de protección especial en el suelo no urbanizable.
d) Ninguna respuesta es correcta.

20. El Proyecto de Delimitación de suelo urbano:

a) Es el instrumento para los municipios que carezcan de planeamiento de desarrollo.
b) Delimita el suelo urbanizable.
c) Delimita el suelo urbano y el urbanizable.
d) Es el instrumento para los municipios que carezcan de planeamiento general.

Solución al test n.º 29

1. d) A las Comunidades Autónomas.

2. a) Sí, y así ha sido reconocido por la jurisprudencia.

3. a) Planeamiento general, planeamiento de desarrollo y otros instrumentos.

4. a) Planeamiento pormenorizado.

5. c) Instrumentos de ordenación integral y están subordinados a los planes territoriales.

6. c) Reforma interior en suelo urbano.

7. d) Todas las respuestas son correctas.

8. a) Fijación de las alineaciones del viario.

9. b) Documentación definitoria de las rasantes.

10. d) Resumen ejecutivo.

11. d) Las respuestas a) y b) son correctas.

12. b) Al municipio con carácter general.

13. c) Al Pleno exigiéndose mayoría absoluta.

14. a) Podrá determinar la suspensión del otorgamiento de las licencias de parcelación, edificación y demolición.

15. a) Aprobación inicial, información pública, aprobación provisional, aprobación definitiva.

16. b) El derecho de las personas personadas en el procedimiento al acceso y consulta de su contenido.

17. c) Artículo 70.2.

18. a) El cambio de categoría de terrenos de suelo urbanizable no sectorizado a suelo urbanizable sectorizado u ordenado.

19. c) La delimitación de las zonas objeto de protección especial en el suelo no urbanizable.

20. d) Es el instrumento para los municipios que carezcan de planeamiento general.

TEST N.º 30

Licencias urbanísticas. Declaraciones responsables. Protección de la legalidad urbanística. La infracción urbanística. Nociones generales

1. La legislación estatal en materia urbanística ha distinguido tres grandes áreas dentro del Derecho urbanístico:

a) El planeamiento, la ejecución o gestión y la disciplina urbanística.
b) El planeamiento, la ejecución o gestión y la expropiación urbanística.
c) El planeamiento, la ejecución o gestión y la responsabilidad patrimonial en materia urbanística.
d) El planeamiento, la ejecución o gestión y los actos de autorización.

2. La licencia urbanística:

a) Tiene carácter reglado.
b) Debe ser concedida o denegada en función de la legalidad vigente.
c) Es un acto por el que se habilita al interesado para que ejercite un derecho que le corresponde.
d) Todas las respuestas son correctas.

3. Los medios de intervención de las Entidades Locales sobre la actividad de los ciudadanos viene regulado en el artículo:

a) 86 de la LBRL.
b) 86 del TRLS.
c) 84 de la LBRL.
d) 84 del TRLS.

4. Entre los medios de intervención de las Entidades Locales sobre la actividad de los ciudadanos no se encuentra:

a) Órdenes individuales constitutivas de mandato para la ejecución de un acto o la prohibición del mismo.
b) Ordenanzas y bandos.
c) Sometimiento a previa licencia y otros actos de control preventivo.
d) Ejecución subsidiaria.

5. La competencia para el otorgamiento de las licencias urbanísticas en los municipios en régimen común le corresponde:

a) Al Alcalde.
b) Al Alcalde salvo que las leyes sectoriales lo atribuyan expresamente al Pleno o a la Junta de Gobierno Local.
c) Al Pleno.
d) A la Junta de Gobierno.

6. En los municipios de gran población la concesión de cualquier tipo de licencia corresponde:

a) Al Pleno.
b) Al Alcalde.
c) A la Junta de Gobierno.
d) Ninguna respuesta es correcta.

7. La Sentencia del Tribunal Constitucional 143/2017, de 14 de diciembre ha declarado inconstitucional un inciso de la letra a) del artículo 11.4 cuyo tenor literal es:

a) Parcelaciones, segregaciones u otros actos de división de fincas cuando no formen parte de un proyecto de reparcelación.
b) Parcelaciones, segregaciones u otros actos de división de fincas en cualquier clase de suelo, cuando no formen parte de un proyecto de reparcelación.
c) Parcelaciones, segregaciones u otros actos de división de fincas, cuando no formen parte de un proyecto de urbanización.
d) Parcelaciones, segregaciones u otros actos de división de fincas en cualquier clase de suelo, cuando no formen parte de un proyecto de equidistribución.

8. Serán expresos con silencio administrativo negativo, los actos que autoricen:

a) Movimientos de tierras.
b) La tala de masas arbóreas.
c) La licencia de primera ocupación.
d) Las respuestas a) y b) son correctas.

9. Si la Administración no adopta las medidas necesarias para el cese de la ocupación en el caso de que no resulte que la edificación cumple los requisitos necesarios para el destino al uso previsto:

a) Será responsable de los perjuicios que puedan ocasionarse a terceros de buena fe por la omisión de tales medidas.
b) Será responsable de los perjuicios que puedan ocasionarse a terceros de buena fe por la omisión de tales medidas, si no adopta dichas medidas en el plazo de seis meses.

c) Será responsable de los perjuicios que puedan ocasionarse a terceros de buena fe por la omisión de tales medidas, si no adopta dichas medidas en el plazo de diez meses.

d) Quedará eximida de los perjuicios que puedan ocasionarse a terceros de buena fe por la omisión de tales medidas si demuestra que hubo dolo o culpa por parte del propietario de la edificación.

10. La Administración podrá hacer cumplir el deber de conservación de los terrenos a través de:

a) Órdenes de ejecución.
b) Control a posteriori.
c) Sometimiento a licencia.
d) Sometimiento a declaración responsable.

11. Según el Tribunal Supremo las órdenes de ejecución:

a) Han de referirse a obras concretas y detalladas.
b) Son compatibles con la ruina.
c) Han de ser reiteradas.
d) Las respuestas a) y b) son correctas.

12. En las órdenes de ejecución:

a) Se ha de conceder el plazo señalado en la ley.
b) Se ha de conceder un plazo prudente en función de la complejidad de las obras a ejecutar.
c) Están sujetas al plazo de tres meses.
d) El plazo que se otorgue no podrá superar los tres meses.

13. En los casos de inejecución injustificada de una orden de ejecución se procederá:

a) A la imposición de las sanciones correspondientes.
b) Al inicio del procedimiento sancionador correspondiente.
c) A su realización subsidiaria por la Administración Pública competente.
d) A reclamar al obligado los daños y perjuicios producidos.

14. En los supuestos de ejecución subsidiaria la Administración:

a) Podrá entrar en el domicilio del obligado.
b) Solo podrá entrar en el domicilio del obligado si tiene la correspondiente autorización judicial.
c) Podrá entrar en el domicilio del obligado si este lo consiente.
d) En ningún caso podrá entrar en el domicilio del obligado.

15. El deber legal de conservar los edificios en condiciones de seguridad, salubridad y ornato público:

a) Tiene su límite en la declaración de aquellos en estado de ruina.

b) Debe ser recogido en la normativa.

c) Es un deber irrenunciable.

d) Se encuentra sujeto a subvenciones.

16. Según el Texto Refundido la Ley del Suelo de 1976 se puede distinguir los siguientes tipos de ruina:

a) Ruina urbanística, técnica y económica.

b) Ruina urbanística y no urbanística.

c) Ruina financiera y ruina técnica.

d) Ruina mayor y menor.

17. La resolución del expediente de ruina habrá de contener alguno de los pronunciamientos siguientes:

a) Declarar que no hay situación de ruina.

b) Declarar el inmueble en estado de ruina, ordenando la demolición.

c) Declarar que, aun existiendo ruina en una parte del inmueble, ésta no alcanza a cubrir los requisitos para una declaración general.

d) Todas las respuestas son correctas.

18. En materia de infracciones y sanciones es de aplicación:

a) El Reglamento de Disciplina Urbanística de 1978 con carácter básico.

b) El Texto Refundido de la Ley sobre Régimen del Suelo y Ordenación Urbana de 1976 con carácter básico.

c) Ley 40/2015, de 1 de octubre, de Régimen Jurídico de las Administraciones Públicas con carácter básico.

d) Legislación urbanística de las Comunidades Autónomas con carácter supletorio.

19. El Reglamento de Disciplina Urbanística de 1978 distingue entre:

a) Infracciones muy graves, graves y leves.

b) Infracciones graves y leves.

c) Infracciones graves y muy graves.

d) Infracciones muy graves y leves.

20. Toda actuación que contradiga el planeamiento urbanístico en vigor podrá dar lugar a:

a) El embargo de los bienes del infractor.

b) La compulsión sobre la persona del infractor.

c) El apremio sobre el patrimonio del infractor.

d) La adopción por parte de la Administración competente de las medidas precisas para que se proceda a la restauración de la realidad física alterada.

Solución al test n.º 30

1. a) El planeamiento, la ejecución o gestión y la disciplina urbanística.

2. d) Todas las respuestas son correctas.

3. c) 84 de la LBRL.

4. d) Ejecución subsidiaria.

5. b) Al Alcalde, salvo que las leyes sectoriales lo atribuyan expresamente al Pleno o a la Junta de Gobierno Local.

6. c) A la Junta de Gobierno.

7. b) Parcelaciones, segregaciones u otros actos de división de fincas en cualquier clase de suelo, cuando no formen parte de un proyecto de reparcelación.

8. d) Las respuestas a) y b) son correctas.

9. b) Será responsable de los perjuicios que puedan ocasionarse a terceros de buena fe por la omisión de tales medidas, si no adopta dichas medidas en el plazo de seis meses

10. a) Órdenes de ejecución.

11. a) Han de referirse a obras concretas y detalladas.

12. b) Se ha de conceder un plazo prudente en función de la complejidad de las obras a ejecutar.

13. c) A su realización subsidiaria por la Administración Pública competente.

14. c) Podrá entrar en el domicilio del obligado si este lo consiente.

15. a) Tiene su límite en la declaración de aquellos en estado de ruina.

16. a) Ruina urbanística, técnica y económica.

17. d) Todas las respuestas son correctas.

18. c) Ley 40/2015, de 1 de octubre, de Régimen Jurídico de las Administraciones Públicas con carácter básico.

19. b) Infracciones graves y leves.

20. d) La adopción por parte de la Administración competente de las medidas precisas para que se proceda a la restauración de la realidad física alterada.

BLOQUE II

TEST N.º 31

Informática básica: conceptos fundamentales sobre el hardware y el software. Sistemas de almacenamiento de datos. Sistemas operativos. Nociones básicas de seguridad informática

1. Indica cuál de los siguientes elementos se considera Hardware Básico:

a) CPU.
b) Tarjeta Wifi.
c) DVD.
d) Ninguna de las anteriores.

2. ¿Cuál de los siguientes elementos se puede considerar como Dispositivo de Entrada/Salida bidireccional?

a) Monitor.
b) Tarjeta de red.
c) Teclado.
d) Impresora.

3. Completar la frase. Los datos ………….. se obtienen del procesador, tras el procesamiento de los datos de entrada:

a) Salida.
b) Finales.
c) Intermedios.
d) Interiores.

4. El principio en relación a los datos e información en un sistema que indica que todos los datos necesarios para generar la información estén disponibles se denomina:

a) Integridad.
b) Encriptación.
c) Unidad.
d) Ninguna de las anteriores.

5. El CD óptico tiene una capacidad de almacenamiento aproximada de:

a) 4 GB.
b) 1 TB.
c) 4.7 GB.
d) 700 MB.

6. La diferencia fundamental entre un disco duro tradicional y un SSD estriba en que:

a) El SSD es más rápido.
b) El SSD no dispone de cabezales.
c) El disco duro dispone de mayor capacidad de almacenamiento.
d) Todas son correctas.

7. ¿El formato de archivos ext2 es típico de que Sistema Operativo?

a) Windows.
b) Linux.
c) Mac.
d) Ninguna es correcta.

8. ¿Qué unidad de almacenamiento de datos es mayor?

a) TeraByte.
b) KiloByte.
c) MegaByte.
d) GigaByte.

9. El virus que hace cada vez más lento e inoperativo al PC infectado se denomina:

a) Gusano.
b) Troyano.
c) Zombie.
d) Ninguna de las anteriores.

10. ¿Cuál de los siguientes términos NO se refiere a un algoritmo de cifrado?

a) WEP.
b) TKIP.
c) Spam.
d) WPA.

11. ¿Cuál de los siguientes elementos NO es un periférico?

a) Teclado.
b) Ratón.

c) Monitor.
d) Memoria RAM.

12. El tipo de ordenador específicamente diseñado para funcionar 24 horas durante los 7 días de la semana se denomina:

a) Portátil.
b) Servidor.
c) PC.
d) Ninguna de las anteriores.

13. La tecnología de CPU consistente en usar instrucciones simples se denomina:

a) RISC.
b) CISC.
c) DISK.
d) TISK.

14. ¿Qué tipo de memoria se utiliza para albergar la BIOS de un ordenador?

a) RAM.
b) SSD.
c) ROM.
d) Flash.

15. Si la imagen de un monitor muestra colores muy difusos es posible que el problema que tenga es que:

a) Esté imantado.
b) La frecuencia de refresco no es correcta.
c) La resolución no es adecuada.
d) Ninguna de las anteriores.

16. Un signo de que el idioma seleccionado en Windows no es castellano puede ser:

a) Mala resolución de la imagen.
b) Parpadeo de la pantalla.
c) Los caracteres de las teclas no coinciden con el que indican.
d) Ninguna de las anteriores.

17. Los controladores de los dispositivos están englobados dentro de ¿qué tipo de software?

a) De aplicación.
b) De Sistema.
c) De Programación.
d) Ninguna de las anteriores.

18. ¿A qué nos podemos referir al usar las palabras booleano, carácter, entero, natural...?

a) Dispositivos.
b) Tipos de datos.
c) Virus.
d) Programas.

19. El elemento Hardware que impide la entrada de intrusos en la red de datos interna o local se denomina:

a) Antivirus.
b) Escáner.
c) Rúter.
d) Firewall.

20. La acción o suceso que compromete la seguridad del sistema se denomina:

a) Vulnerabilidad.
b) Amenaza.
c) Acceso.
d) Identificación.

21. Un hacker que se introduce en el sistema pero no hace nada se suele denominar:

a) Virus.
b) Gusano.
c) Curioso.
d) Troyano.

22. El acceso no autorizado a sistemas informáticos tiene la denominación de

a) Hacker.
b) Hacking.
c) Firewall.
d) Bumping.

23. El procedimiento para ocultar la información mediante algoritmos se denomina:

a) Cifrado.
b) Encriptado.
c) Enrutado.
d) Ninguna de las anteriores.

24. ¿Cuál o cuáles son las tareas que le corresponden a un administrador de sistemas?

a) Crear usuarios.
b) Crear permisos.
c) Asignar permisos a los usuarios.
d) Todas las anteriores son correctas.

25. A la realización de copias de seguridad periódicas de los datos importantes se le denomina:

a) Volcado.
b) Gestión de datos.
c) BackUp.
d) Programación.

26. La unidad mínima de información en informática se denomina:

a) Byte.
b) Nibble.
c) KiloByte.
d) Bit.

27. Los ordenadores más apropiados para el tratamiento de imágenes debido a sus especificaciones son:

a) MAC.
b) Servidores.
c) Portátiles.
d) Ninguno es correcto.

28. El tipo de memoria que se utiliza cuando el sistema está encendido y para tareas del SO y de los programas de manera que cuando se apaga el PC se borra, se denomina:

a) ROM.
b) RAM.
c) SSD.
d) Disco Duro.

29. El periférico que nos ayuda a interactuar con el Sistema Operativo evitando en algunos casos el uso del teclado se denomina:

a) Monitor.
b) Pantalla.
c) Ratón.
d) Lector tarjetas.

30. ¿Cuál de los siguientes Software es de programación?

a) Controladores dispositivos.
b) Hoja de cálculo.
c) CAD.
d) Compilador.

31. ¿Cuál de las siguientes opciones se considera una arquitectura de ordenador?

a) Hardvard.
b) Windows.
c) Linux.
d) Motherboard.

32. ¿Qué velocidad de transferencia de datos permite la conexión Thunderbolt 3?

a) 10 GB/s.
b) 20 GB/s.
c) 30 GB/s.
d) 40 GB/s.

33. ¿Qué frecuencia de ondas utiliza el Bluetooth?

a) 5 GHz.
b) 2,4 GHz.
c) 10 GHz.
d) 2 MHz.

34. Las impresoras que realizan la impresión por la proyección de tinta desde un cabezal se denominan:

a) Matriciales.
b) Láser.
c) Inyección de tinta.
d) Sublimación.

35. ¿Cuál de los siguientes conectores no es un interfaz de monitor para PC?

a) USB.
b) HDMI.
c) VGA.
d) DVI.

Solución al test n.º 31

1. a) CPU.

2. b) Tarjeta de red.

3. c) Intermedios.

4. a) Integridad.

5. d) 700 MB.

6. d) Todas son correctas.

7. b) Linux.

8. a) TeraByte.

9. a) Gusano.

10. c) Spam.

11. d) Memoria RAM.

12. b) Servidor.

13. a) RISC.

14. c) ROM.

15. a) Esté imantado.

16. c) Los caracteres de las teclas no coinciden con el que indican.

17. b) De Sistema.

18. b) Tipos de datos.

19. d) Firewall.

20. b) Amenaza.

21. c) Curioso.

22. b) Hacking.

23. b) Encriptado.

24. d) Todas las anteriores son correctas.

25. c) BackUp.

26. d) Bit.

27. a) MAC.

28. b) RAM.

29. c) Ratón.

30. d) Compilador.

31. a) Hardvard.

32. d) 40 GB/s.

33. b) 2,4 GHz.

34. c) Inyección de tinta.

35. a) USB.

Introducción al sistema operativo: el entorno Windows. Fundamentos. Trabajo en el entorno gráfico de Windows: ventanas, iconos, menús contextuales, cuadros de diálogo. El escritorio y sus elementos. El menú inicio. Cortana

1. ¿Cuál de los siguientes no es un asistente personal de voz?

a) Siri.
b) Google Now.
c) Google Up.
d) Cortana.

2. Los archivos y carpetas borrados se guardan en la carpeta $Recycle.Bin, que está oculta como carpeta o archivo del sistema; ¿dónde está situada?

a) Se ubica en la unidad principal del sistema operativo.
b) En la carpeta \System\Temp\Recicle.
c) Está presente en todas las unidades de disco.
d) En la carpeta \System\Recicle.

3. En Windows 10 el botón restaurar permite:

a) Maximizar, es decir, ampliar el tamaño de la ventana a toda la pantalla.
b) Ampliar el tamaño de la ventana al 50 %.
c) Colocar el tamaño inicial de cuando fue abierta.
d) Volver la pantalla a su estado anterior.

4. En Windows 10, a la leyenda "Recientes, Frecuentes, Tareas o Más visitados" la denominamos:

a) Hello List.
b) Continuum List.
c) Jump List.
d) One List.

5. De los siguientes valores indica cuál no es una versión de Windows 10:

a) Continuum.
a) Home.
b) Enterprise.
c) Education.

6. Con respecto a la tienda de aplicaciones, podemos decir que:

a) Es una novedad.
b) Fue una novedad del Windows 8, pero se ha "relanzado" en el Windows 10.
c) Ha desaparecido en Windows 10.
d) Fue una novedad del Windows Mobile, pero se ha "relanzado" en Windows 10.

7. De las siguientes características, solo una pertenece al centro de actividades de Windows 10:

a) Tiene notificaciones del sistema.
b) Muestra exclusivamente notificaciones de Windows Defender.
c) Se visualiza directamente en la barra de tareas.
d) No muestra avisos del Windows Update.

8. El antivirus incorporado en Windows 10 se denomina Windows Defender pero anteriormente se denominaba:

a) Microsoft Visio.
b) Microsoft Firewall.
c) Microsoft AntiSpyware.
d) Microsoft Security SO.

9. ¿Cuál de las siguientes combinaciones abre la ventana "Ejecutar" en Windows 10?

a) Tecla del logotipo de Windows + F.
b) Tecla del logotipo de Windows + E.
c) Tecla del logotipo de Windows + R.
d) Tecla del logotipo de Windows + L.

10. En Windows 10, si queremos desplegar el panel de "inicio", ¿qué combinación de teclas usaremos?

a) Ctrl + Mayús + A.
b) Ctrl + Barra Espaciadora.
c) Ctrl + Alt + A.
d) Ctrl + Esc.

11. ¿Cuáles son las tres aplicaciones en Windows 10 para el manejo de los archivos multimedia?

a) Fotos, Música y Películas.
b) Fotos, Música y Movies.
c) Cortana, Música y Movies.
d) Fotos, Cortana y Movies.

12. Los iconos del escritorio se activan haciendo doble clic con el ratón o con el dedo en pantallas táctiles y pueden ser de tres tipos:

a) Programas, Carpetas y Accesos directos.
b) Programas, Carpetas y Aplicaciones.
c) Programas, Aplicaciones y Accesos directos.
d) Programas, Aplicaciones y Navegadores.

13. Si al usar la papelera de reciclaje nos encontramos con que no aparece en el escritorio de Windows 10, podremos activarla desde:

a) Configuración > Personalización > Temas > Configuración de iconos de escritorio.
b) Personalización > Configuración > Temas > Configuración de iconos de escritorio.
c) Personalización > Configuración > Iconos > Configuración de iconos de escritorio.
d) Configuración > Personalización > Iconos > Configuración de iconos de escritorio.

14. La combinación de teclas Windows + D:

a) Maximiza la ventana activa.
b) Restaura la ventana activa.
c) Minimiza todas las ventanas abiertas, y despeja el escritorio cuando se pulsa, y las restablecerá a su posición original al volverla a pulsar.
d) Despliega la configuración del sistema.

15. En la siguiente lista, ¿cuál de los siguientes elementos no concuerda con el resto?

a) Edge.
b) Explorer.
c) Chrome.
d) Firewall.

16. ¿Cuál de las siguientes no es una característica de Windows Defender?

a) Analizar capacidades similares a otros productos libres en el mercado e incluir un número de agentes de seguridad en tiempo real que vigilan varias áreas comunes de Windows para los cambios que pueden ser causados por el software espía.
b) Posibilidad de analizar las unidades de disco del sistema para encontrar unidades desfragmentadas que ocasionen lentitud y posibles errores de comunicación entre dispositivos locales y remotos.

c) Incluye la capacidad de eliminar fácilmente aplicaciones ActiveX instaladas en Internet Explorer.

d) Apoyo a la red de SpyNet de Microsoft, permitiéndole a los usuarios informar a Microsoft de posibles ataques de software espía, y que los controladores de dispositivos y aplicaciones pueden instalarse en sus computadores.

17. Microsoft Edge ha sustituido a Internet Explorer en Windows 10. Indica, de las siguientes características, cuál no es una de las que ha traído Edge:

a) Guía de Lectura.
b) Anotaciones en páginas.
c) Navegación virtual y anónima.
d) Vista de Lectura.

18. ¿Cuál de las siguientes aplicaciones de Windows 10 está relacionada con el almacenamiento?

a) Cortana.
b) OneDrive.
c) Edge.
d) Google Drive.

19. Las ventanas donde tenemos que tomar una decisión y escoger una de las opciones que presentan se llaman:

a) Cuadros de Decisión.
b) Cuadros de Diálogo.
c) Cuadros de Pregunta.
d) Cuadros de Elección.

20. Si hablamos de los accesos directos en Windows 10, podemos decir que estos se diferencian de un icono normal en que:

a) Tienen un recuadro blanco con una flecha negra en la parte inferior izquierda.
b) Tienen un recuadro blanco con una flecha negra en la parte superior izquierda.
c) Tienen un recuadro blanco con una flecha negra en la parte inferior derecha.
d) Tienen un recuadro blanco con una flecha negra en la parte superior derecha.

Solución al test n.º 32

1. c) Google Up.

2. c) Está presente en todas las unidades de disco.

3. d) Volver la pantalla a su estado anterior.

4. c) Jump List.

5. a) Continuum.

6. b) Fue una novedad del Windows 8, pero se ha "relanzado" en el Windows 10.

7. a) Tiene notificaciones del sistema.

8. c) Microsoft AntiSpyware.

9. c) Tecla del logotipo de Windows + R.

10. d) Ctrl + Esc.

11. a) Fotos, Música y Películas.

12. a) Programas, Carpetas y Accesos directos.

13. a) Configuración > Personalización > Temas > Configuración de iconos de escritorio.

14. c) Minimiza todas las ventanas abiertas, y despeja el escritorio cuando se pulsa, y las restablecerá a su posición original al volverla a pulsar.

15. d) Firewall.

16. b) Posibilidad de analizar las unidades de disco del sistema para encontrar unidades desfragmentadas que ocasionen lentitud y posibles errores de comunicación entre dispositivos locales y remotos.

17. c) Navegación virtual y anónima.

18. b) OneDrive.

19. b) Cuadros de Diálogo.

20. a) Tienen un recuadro blanco con una flecha negra en la parte inferior izquierda.

TEST N.º 33

**El explorador de Windows. Gestión de carpetas y archivos.
Operaciones de búsqueda. Herramientas "Este equipo"
y "Acceso rápido". Accesorios. Herramientas del sistema**

1. Queremos que al seleccionar un archivo de tipo .docx se muestre la información del autor y el número de páginas. Para ello, en el explorador de archivos de Windows, en la pestaña Vista, seleccionamos un tipo de panel. ¿Cuál es el adecuado?

a) Panel de detalles.
b) Panel de navegación.
c) Panel de vista previa.
d) Panel de información.

2. ¿Cuál es la combinación de teclas que hace que se abra una nueva ventana en el explorador de archivos?

a) Ctrl + N.
b) Ctrl + F.
c) Alt + N.
d) Alt + F.

3. ¿Cuál es la acción que realiza en el explorador de archivos la combinación de teclas Alt + Flecha arriba?

a) Ver la carpeta siguiente.
b) Ver la carpeta que contenía la carpeta seleccionada.
c) Ver la carpeta anterior.
d) Abrir el cuadro de diálogo Propiedades del elemento seleccionado.

4. En la frase: "Es posible que hayamos empezado a cortar un archivo y cambiemos de opinión y no queramos moverlo. No pasa nada, pulsamos la tecla _____ para indicar que no vamos a continuar". ¿A qué tecla se refiere?

a) Esc.
b) Tab.

c) Ctrl.
d) Alt + Shift.

5. ¿A cuánto equivalen 762 Kb?

a) 780.831 bits.
b) 780.831 Kbytes.
c) 780.831 Mbytes.
d) 780.831 bytes.

6. ¿Cuál es la combinación de teclas que hace que se seleccione la barra de direcciones en el explorador de archivos?

a) Ctrl + D.
b) Ctrl + F.
c) Alt + D.
d) Alt + E.

7. Desde un punto de restauración, ¿a cuál de los siguientes elementos, instalados después de crear el punto de restauración, no afecta la restauración del sistema Windows?

a) A las aplicaciones.
b) A los archivos personales.
c) A los controladores.
d) A las actualizaciones.

8. ¿Cuál de los siguientes símbolos no pueden usarse en el nombre de un archivo de Windows?

a) \ ?
b) @ ?
c) < $
d) < > &

9. ¿Qué combinación de teclas me permite volver a las carpetas anteriores en el historial del Explorador de archivos de Windows?

a) Alt + Flecha izquierda.
b) Ctrl + S.
c) Windows 🪟 + U.
d) Ctrl + Flecha izquierda.

10. En la opción "Este Equipo" del explorador de Windows, además de las carpetas por defecto, encontraré información de:

a) Conexiones de Red.
b) Unidades de disco.

c) Nuevos Elementos.
d) Carpetas favoritas.

11. En el Explorador de Windows 10:

a) Hay cinta de opciones, caja de direcciones y panel de navegación.
b) Hay cinta de opciones, caja de búsqueda y panel de direcciones.
c) Hay cinta de opciones, caja de navegación y panel de búsqueda.
d) Hay cinta de opciones, caja de búsqueda y panel de navegación.

12. Windows PowerShell:

a) Es la nueva ayuda en Windows 10.
b) Es el nuevo gestor de arranque del sistema.
c) Es una versión mejorada del intérprete de comandos DOS.
d) Es una forma de llamar al sistema operativo MSDos.

13. En Windows 10 queremos refrescar el contenido de la ventana activa. ¿Qué tecla o teclas de acceso rápido utilizaremos?

a) F5.
b) Ctr + X.
c) Alt + F4.
d) Ctrl + Alt + Tab.

14. ¿Cuál de los siguientes son todos modos de captura de la herramienta Recortes?

a) Forma libre, rectangular y circular.
b) Forma libre, ventana y línea.
c) Forma libre, circular y ventana.
d) Forma libre, rectangular y ventana.

15. Se puede retrasar la captura del recorte en la herramienta de Recortes. ¿Cuál es el intervalo de retraso que podemos usar?

a) De 1 a 3.
b) De 1 a 10.
c) De 1 a 5.
d) De 3 a 10.

16. ¿Cuál de los siguientes es un tipo de imagen que se puede abrir con Paint?

a) TIG.
b) JPEG.

c) TIF2.
d) ICA.

17. ¿Cuál de las siguientes no es un accesorio de Windows 10?

a) Notas Rápidas, grabadora de Sonidos y Word.
b) Notas Rápidas, Calculadora y WordPad.
c) Notas Rápidas, grabadora de Vídeos y Calculadora.
d) Notas Rápidas, grabadora de Sonidos y WordPad.

18. A nivel de fichas y secciones, podemos decir que la cinta de opciones del explorador de Windows 10 tiene:

a) Tres fichas y 4 secciones en la ficha Inicio.
b) Tres fichas y 5 secciones en la ficha Vista.
c) Tres fichas y 5 secciones en la ficha Inicio.
d) Dos fichas y 5 secciones en la ficha Inicio.

19. Para seleccionar varios elementos alternativos:

a) Mantenemos pulsada la tecla Shift y hacemos clic sobre los elementos.
b) Hacemos clic en el primero de los elementos y mantenemos pulsada la tecla Shift y hacemos clic sobre el último de los elementos.
c) Mantenemos pulsada la tecla Ctrl y hacemos clic sobre los elementos.
d) Hacemos clic en el primero de los elementos y mantenemos pulsada la tecla Ctrl y hacemos clic sobre el último de los elementos.

20. Para mover una carpeta lo que hacemos es:

a) Cortar y Mover.
b) Copiar y Pegar.
c) Mover y Pegar.
d) Cortar y Pegar.

21. En Windows 10 podemos crear una unidad de Red y para ello usamos la opción de "Conectar a unidad de red"; indica en qué pestaña está la opción:

a) Inicio.
b) Equipo.
c) Vista.
d) Compartir.

22. Podemos decir que la letra "A" en las unidades:

a) Está en desuso y solía ser para disqueteras.
b) Es para unidades extraíbles.

c) Depende de la existencia de unidad B.

d) Para grabadoras de DVD/CD.

23. En Windows 10, ¿los nombres de archivo tienen un máximo permitido?

a) No hay limitación de tamaño.

b) 255 letras.

c) 255 caracteres.

d) 255 bits.

24. En Windows 10 queremos mostrar el cuadro de diálogo de las propiedades del elemento seleccionado. ¿Qué tecla o teclas de acceso rápido utilizaremos?

a) Alt + Tab.

b) Ctrl + Enter.

c) Alt + Enter.

d) Ctrl + Alt + Tab.

25. Si queremos abrir una ventana nueva del Explorador de Windows sin tener en cuenta que haya otras abiertas, ¿qué combinación de teclas se usa?

a) Ctrl + L.

b) Mayus + E.

c) Windows ▦+ L.

d) Windows ▦ + E.

26. En Windows 10 queremos ver alguna Información sobre el computador, como el nombre del PC, la edición de Windows instalada, o la cantidad de RAM instalada. Dentro de la configuración sistema, ¿qué opción elegiremos?

a) Aplicaciones y Características.

b) Almacenamiento.

d) Notificaciones y Acciones.

c) Acerca de…

27. Los dispositivos que se conectan mediante las entradas que permiten los conectores USB, necesitan, antes de retirarlos del equipo, cerrar todos los procesos que tienen acceso a sus archivos. Para la extracción segura de dispositivos USB se usa la función de:

a) Extracción segura.

b) Extracción USB.

c) Desconexión segura.

d) Desconexión USB.

28. En Windows 10 tenemos una aplicación muy sencilla de configurar que tiene por gran virtud simplificar el trabajo con el escáner físico tradicional, ya que permite escanear y enviar imágenes de documentos a otro fax o a una dirección de correo electrónico. ¿Cuál es su nombre?

a) Impresoras y escáneres.
b) Windows Fax.
c) Windows Scanner.
d) Fax y Escáner.

29. ¿Por qué cantidad de bits está formado un byte?

a) Por 16.
b) Por 8.
c) Por 2.
d) Por 32.

30. ¿Qué unidad de medida sería la más correcta para referirnos a discos duros considerados "grandes"?

a) Petabyte.
b) Terabyte.
c) Megabyte.
d) Kilobyte.

Solución al test n.º 33

1. a) Panel de detalles.

2. a) Ctrl + N.

3. b) Ver la carpeta que contenía la carpeta seleccionada.

4. a) Esc.

5. d) 780.831 bytes.

6. c) Alt + D.

7. b) A los archivos personales.

8. a) \ ?

9. a) Alt + Flecha izquierda.

10. b) Unidades de disco.

11. d) Hay cinta de opciones, caja de búsqueda y panel de navegación.

12. c) Es una versión mejorada del intérprete de comandos DOS.

13. a) F5.

14. d) Forma libre, rectangular y ventana.

15. c) De 1 a 5.

16. b) JPEG.

17. a) Notas Rápidas, grabadora de Sonidos y Word.

18. c) Tres fichas y 5 secciones en la ficha Inicio.

19. c) Mantenemos pulsada la tecla Ctrl y hacemos clic sobre los elementos.

20. d) Cortar y Pegar.

21. b) Equipo

22. a) Está en desuso y solía ser para disqueteras.

23. c) 255 caracteres.

24. c) Alt + Enter.

25. d) Windows ⊞ + E.

26. c) Acerca de…

27. c) Desconexión segura.

28. d) Fax y escáner.

29. b) Por 8.

30. b) Terabyte.

TEST N.º 34

**Procesadores de texto: Word 2021. Principales funciones
y utilidades. Creación y estructuración del documento.
Gestión, grabación, recuperación e impresión de ficheros.
Personalización del entorno de trabajo**

1. ¿Desde qué pestaña de la cinta de opciones de Word podremos comparar dos versiones de un documento?

a) Inicio.
b) Referencias.
c) Word no nos permite realizar esa acción.
d) Revisar.

2. ¿Cuál de las siguientes relaciones entre opción y grupo no es correcta?

a) Tachado y Fuente.
b) Interlineado y Párrafo.
c) Espaciado y (Párrafo+Fuente).
d) Hipervínculo (Referencias).

3. La alineación es un comando de Word 2021 que afecta a:

a) La selección de texto.
b) La dirección del texto.
c) El interlineado del texto.
d) Los párrafos.

4. ¿En qué ficha y grupo está la opción para utilizar las tabulaciones?

a) Insertar / Tabulaciones.
b) Inicio / Párrafo/ botón cuadro diálogo Párrafo.
c) Inicio / formato / Tabulaciones.
d) Inicio / Tabulaciones.

5. En Word, ¿cuál es la diferencia entre pulsar INTRO y pulsar las teclas Mayúsculas + INTRO?

a) Intro indica párrafo nuevo, y Mayúsculas + Intro indica salto de línea.
b) No hay diferencias para Word.
c) Intro indica párrafo nuevo, y Mayúsculas + Intro indica salto de sección.
d) Intro indica salto de línea nuevo, y Mayúsculas + Intro indica salto de sección.

6. El botón Borrar Formato en Word:

a) Borra todo el Formato de la selección.
b) Deja el texto sin formato y lo elimina.
c) Funciona haciendo doble clic.
d) Ese botón existe en Excel pero no en Word.

7. Los sangrados en Word:

a) Definen el límite izquierdo de los párrafos de un documento, pero no el derecho.
b) Definen el límite derecho de los párrafos de un documento, pero no el izquierdo.
c) Definen el límite izquierdo y el límite derecho de los párrafos de un documento.
d) Definen el límite izquierdo de los párrafos de un documento y el estado de la primera línea de cada uno.

8. La carta modelo en un proceso de combinar correspondencia de Word:

a) Tendrá la tabla de datos para combinar.
b) No tendrá los campos de combinación.
c) Incluirá el texto que no varía.
d) Tendrá tantas hojas como datos se combinen.

9. El método más rápido para acceder a las opciones de la cinta de opciones de Word 2021 es hacer un clic con el ratón sobre ellas, si queremos acceder a las distintas opciones de los paneles y menús a partir del teclado, podemos pulsar la tecla:

a) F1.
b) SHIFT.
c) CTRL.
d) ALT.

10. La combinación de teclas para la alineación centrada es:

a) CTRL + T.
b) CTRL + Q.
c) CTRL + J.
d) CTRL+ ALT + C.

11. El interlineado se puede definir como:

a) El espacio que hay entre los párrafos de un documento.
b) El espacio que hay entre los caracteres de un párrafo.
c) El espacio que hay entre los párrafos seleccionados.
d) El espacio que hay entre una y otra línea de un mismo párrafo.

12. ¿En qué menú de Word 2021 se encuentra la opción Marcas de Agua?

a) Insertar.
b) Diseño.
c) Disposición.
d) Inicio.

13. ¿Qué combinación de teclas divide la ventana de un documento?

Alt + Ctrol + R.
Alt + Ctrol + V.
Alt + Ctrol + I.
Alt + Ctrol + D.

14. La sangría francesa:

a) Controla el límite izquierdo de todas las líneas del párrafo menos la segunda.
b) Controla el límite izquierdo de todas las líneas del párrafo menos la última.
c) Controla el límite izquierdo de todas las líneas del párrafo menos la primera.
d) Controla el límite derecho de todas las líneas del párrafo menos la segunda.

15. Para disminuir un nivel en una lista Multinivel de Word 2021 pulsamos:

a) Mayúsculas + Control.
b) Mayúsculas + Ins.
c) Mayúsculas + L.
d) Ninguna es correcta.

16. ¿Cuál es el valor máximo del porcentaje de Escala del espaciado de caracteres?

a) 400.
b) 600.
c) 200.
d) 1000.

17. ¿Cuál es la definición de tabulación de barra?

a) Alinea el texto tabulado del lado derecho.
b) Alinea los números decimales.

c) Dibuja una línea vertical en el documento.

d) Te permite insertar un marcador de sangría en la regla horizontal para alinear la primera línea de los párrafos del texto.

18. ¿Qué combinación de teclas Inserta una nota al pie de página?

a) Ctrol + Alt + O.
b) Ctrol + Alt + D.
c) Ctrol + Alt + S.
d) Ctrol + Alt + R.

19. Un estilo de Word 2021 puede ser:

a) De párrafo, carácter, imagen y tabla.
b) De párrafo, carácter, imagen y lista.
c) De párrafo, carácter, lista y tabla.
d) Ninguna es correcta.

20. La biblioteca de viñetas es:
a) El conjunto de viñetas usadas en el documento actual.
b) El conjunto de viñetas disponibles para usar.
c) El conjunto de viñetas de tipo párrafo.
d) El conjunto de viñetas de tipo true type.

21. ¿Cuál de las siguientes no es una alineación válida de una tabla en Word 2021?

a) Ajustar a la izquierda.
b) Ajustar a la derecha.
c) Ajustar al centro.
d) Derecha.

22. ¿Cuál es la combinación de teclas en Word 2021 que sirve para moverse una celda a la izquierda de la actual?

a) Alt + TAB.
b) Flecha izquierda.
c) TAB.
d) Mayúsc + TAB.

23. ¿Cuál de las siguientes afirmaciones es correcta en Word 2021?

a) El botón *Combinar celdas* solo estará activo si hay más de una celda seleccionada en la tabla.

b) El botón *Combinar celdas* solo estará activo si hay una celda seleccionada en la tabla.

c) El botón *Combinar celdas* solo estará activo si hay menos de cinco celdas seleccionadas en la tabla.

d) El botón *Combinar celdas* solo estará activo si hay más de tres celdas seleccionada en la tabla.

24. Si estando situados en la última celda de la segunda fila de una tabla de Word 2021 pulsamos la tecla TAB, ¿qué sucederá?

a) Si no estamos en la última fila, se creará una nueva fila.
b) Se desplazará a la celda siguiente siempre que no estemos en la penúltima columna.
c) Si es la última fila creará una nueva fila.
d) Se desplazará a la celda anterior.

25. ¿Cuál de los siguientes valores es un tipo correcto para usar en una columna de Word 2021?

a) Párrafo.
b) Fecha/Hora.
c) Número.
d) Booleano.

26. ¿Cuántas opciones de cambio de dirección de texto tenemos en Word 2021?

a) 2.
b) 4.
c) 5.
d) 3.

27. Si tenemos el siguiente texto "CARLOS,TOJEIRO,ALCALÁ,20,47 €,CALLE REAL 25,15002,A CORUÑA" y usamos la utilidad de convertir texto en tabla, con separador de ",", ¿cuántas columnas y filas nos ofrecerá por defecto?

a) 8 columnas y 1 fila.
b) 1 columna y 8 filas.
c) 7 columnas y 1 fila.
d) 1 columna y 7 filas.

28. La extensión de la plantilla por defecto en Word 2021 es:

a) dotx
b) dotm
c) docx
d) dot

29. La combinación de teclas que crea un salto de línea manual es:

a) Control + Enter.
b) Mayúsculas + Enter.
c) Alt + Enter.
d) Control + Alt + Enter.

30. ¿Cuál de las siguientes es un ajuste válido del texto con respecto a una tabla en Word 2021?

a) Alrededor.
b) Estrecho.
c) En línea con el texto.
d) Cuadrado.

31. ¿Cuántos tipos de tabulaciones, y de rellenos en ellas, hay en Word 2021?

a) 4 y 4.
b) 4 y 3.
c) 5 y 4.
d) 5 y 3.

32. ¿Cuáles de las siguientes opciones son los saltos de sección correctos en Word 2021?

a) Página Continua, De página, Página par, Página impar.
b) Página Siguiente, Columna, Página par, Página impar.
c) Página Siguiente, Continua, Página par, Página impar.
d) Página Siguiente, Continua, Columna, Ajuste de texto.

33. Indica cuál no es una opción válida de los tipos de efecto de texto en Word 2021?

a) Reflejo.
b) Iluminado.
c) Bordes suaves.
d) Sombreado.

34. En Word 2021 hay varios tipos de SmartArt; ¿cuál de las siguientes opciones NO es una de ellos?

a) Ciclo.
b) Jerárquico.
c) Matriz.
d) Pirámide.

35. Cuando insertamos una tabla en Word 2021, ¿cuál de las siguientes opciones no es un valor del autoajuste correcto?

a) Ancho de columna fijo.
b) Autoajustar al contenido.
c) Ancho de columna automático.
d) Autoajustar a la ventana.

Solución al test n.º 34

1. a) Revisar.

2. d) Hipervínculo (Referencias).

3. d) Los párrafos.

4. b) Inicio / Párrafo/ botón cuadro diálogo Párrafo.

5. a) Intro indica párrafo nuevo, y Mayúsculas + Intro indica salto de línea.

6. a) Borra todo el Formato de la selección.

7. c) Definen el límite izquierdo y el límite derecho de los párrafos de un documento.

8. c) Incluirá el texto que no varía.

9. d) ALT.

10. a) CTRL + T.

11. d) El espacio que hay entre una y otra línea de un mismo párrafo.

12. b) Diseño.

13. b) Alt + Ctrol + V.

14. c) Controla el límite izquierdo de todas las líneas del párrafo menos la primera.

15. d) Ninguna es correcta.

16. b) 600.

17. c) Dibuja una línea vertical en el documento.

18. a) Ctrol + Alt + O.

19. c) De párrafo, carácter, lista y tabla.

20. b) El conjunto de viñetas disponibles para usar.

21. b) Ajustar a la derecha.

22. d) Mayúsc + TAB.

23. a) El botón *Combinar celdas* solo estará activo si hay más de una celda selecciona-da en la tabla.

24. c) Si es la última fila creará una nueva fila.

25. c) Número.

26. d) 3.

27. a) 8 columnas y 1 fila.

28. b) dotm

29. b) Mayúsculas + Enter.

30. a) Alrededor.

31. d) 5 y 3.

32. c) Página Siguiente, Continua, Página par, Página impar.

33. d) Sombreado.

34. b) Jerárquico.

35. c) Ancho de columna automático.

TEST N.º 35

Hojas de cálculo: Excel 2021. Principales funciones y utilidades. Libros, hojas y celdas. Configuración. Introducción y edición de datos. Fórmulas y funciones. Gráficos. Gestión de datos. Personalización del entorno de trabajo

1. Si queremos eliminar un comentario que tiene una celda de Excel 2021, ¿a qué ficha tenemos que acceder?

a) Revisar.
b) Comentarios.
c) Datos.
d) Programador.

2. Las constantes de Excel 2021 pueden ser valores:

a) Numéricos y de tipo texto.
b) Horas y Fechas.
c) Numéricos, de texto, horas y fechas.
d) Numéricos, de texto, horas y fechas y booleanos.

3. Si en una celda aparecen símbolos de sostenido (#####):

a) Está en notación científica negativa.
b) Es un valor de texto incorrecto.
c) El valor no cabe en la altura de la celda.
d) El valor no cabe en la anchura de la celda.

4. De manera predeterminada, Excel 2021:

a) Muestra 1 hoja de cálculo.
b) Muestra 5 hojas de cálculo.
c) Muestra 10 hojas de cálculo.
d) Es un valor configurable.

5. La opción de ocultar Hoja de Excel 2021 podemos encontrarla en:

a) El botón de lista *Insertar*.
b) El botón de lista *Hoja*.
c) El botón de lista *Formato*.
d) El botón de lista *Eliminar*.

6. La etiqueta de la hoja de cálculo se colorea totalmente:

a) Cuando estás en una hoja distinta.
b) Cuando estás en la propia hoja.
c) Siempre está coloreada.
d) Si la hoja no está totalmente vacía.

7. En la ficha Página, en el grupo *Configurar Página*, podemos:

a) Definir los márgenes de la hoja.
b) Definir los saltos de página.
c) Definir la orientación.
d) Definir los márgenes, los saltos de página pero no el centrado de las páginas.

8. La escala de ajuste de la hoja de cálculo tiene un valor máximo de:

a) 100 %.
b) 400 %.
c) 250 %.
d) 150 %.

9. Un encabezado en Excel 2021 es la parte de la Hoja que está:

a) Entre el borde inferior y el margen superior.
b) Entre el borde inferior y el margen inferior.
c) Entre el borde superior y el margen superior.
d) Entre el borde superior y el margen superior.

10. El código #N/A es:

a) Error de acceso a la celda.
b) Fórmula matricial.
c) Error de celda.
d) División por 0.

11. Las funciones de Excel 2021 son:

a) Fórmulas predefinidas.
b) Cálculos predefinidos.
c) Argumentos predefinidos.
d) Macros.

12. La función =SUMA(A1 ; A8 ; A10)

a) Suma todas las celdas desde la A1 a la A8 y además la A10.
b) Suma todas las celdas desde la A1 a la A10 menos la A8.
c) Suma todas las celdas desde la A1 a la A8 y el resultado lo coloca en la A10.
d) Suma las celdas A1, A8 y la A10.

13. La función =SUMA(A1 ; 3 ; A8)

a) Suma 3 veces la celda A1 y la A8.
b) Suma la celda A1 y 3 veces la celda A8.
c) No es una fórmula correcta.
d) Suma la celda A1, una constante de 3 y la celda A8.

14. La función RESIDUO:

a) Calcula el interés residual de un préstamo.
b) Devuelve el resto de una división.
c) Calcula la parte entera de una división.
d) No es una función correcta; sería RESTO.

15. La función" =REDONDEAR (B3 ; -2)", teniendo en B3 el valor "14,14":

a) Dará un error como resultado.
b) Redondea el valor B3 al valor más cercano a "-2".
c) Redondea el valor B3 y le resta "2".
d) Devuelve como resultado 0.

16. Un gráfico en Excel 2021 puede llegar a tener:

a) Eje X.
b) Eje X, Eje Y.
c) Eje X, Eje Y, Eje Z.
d) Eje X y Eje Z.

17. Si tenemos los siguientes valores en las celdas

A1 =10
A2=5
A3=2

¿Qué resultado dará la siguiente fórmula
=Y(promedio(A1;A2)<A3;A1<A2) ?

a) VERDADERO
b) FALSO.

c) 10.

d) 2,5

18. Si en los rótulos de la lista aparecen botones de lista desplegable es porque:

a) Se ha realizado una ordenación personalizada.

b) Se ha realizado un Filtrado.

c) Se ha realizado un Subtotal.

d) Se ha realizado un Filtro Avanzado.

19. Los datos de una lista de una hoja de cálculo se ordenan:

a) Alfabéticamente.

b) Personalizadamente.

c) Puede ser Alfabéticamente o Personalizadamente.

d) Por la fila de las celdas afectadas.

20. El área de trazado de un gráfico:

a) Es el área total ocupada por el gráfico.

b) Es el área que ocupa la representación de las series de datos.

c) Es el área que ocupan el título y la leyenda del gráfico.

d) Es el área que ocupa la leyenda y los rótulos de datos.

21. En un ejercicio de consolidación de diferentes hojas en varios libros, ¿cuál de los siguientes comentarios es verdadero?

a) El tamaño de los rangos usados tiene que ser el mismo.

b) No pueden usarse rangos de diferentes libros.

c) Ambas son verdaderas.

d) Ambas son falsas.

22. En el asistente para convertir texto en columnas, ¿cuál no es un separador válido?

a) Tabulación.

b) Coma.

c) Punto.

d) Punto y coma.

23. En notación científica de Excel 2021 el valor "1E3" significa:

a) 1 por 10 elevado a 3.

b) 1 por 10 logaritmo de 3.

c) 1 por 10 logaritmo neperiano de 3.
d) Ninguna es correcta.

24. La combinación en Excel 2021 para insertar una hoja de cálculo nueva es:

a) MAYUS + N
b) MAYUS + H
c) MAYUS + W
d) Ninguna es correcta.

25. Los argumentos de una función de Excel 2021 se separan por:

a) Punto.
b) Coma.
c) Punto y Coma.
d) Signo +.

26. Los argumentos de una función en Excel 2021 pueden ser:

a) Solamente números, texto y rangos.
b) Entre otras cosas valores lógicos.
c) Entre otras cosas paréntesis.
d) Ninguna es correcta.

27. La función "=ABS(4*-2)" en Excel 2021 dará como resultado:

a) Error #N/A
b) 8
c) Error #!VAL¡
d) -8

28. Si la función REDONDEAR de Excel 2021 tiene como argumento de decimales "0":

a) Redondea al número entero más próximo.
b) Redondea al número entero de nivel inferior.
c) Redondea al número entero de nivel superior.
d) Ninguna es correcta.

29. ¿Cuál no es un elemento de un gráfico en Excel 2021?

a) Leyenda.
b) Eje de coordenadas.
c) Eje de valores.
d) Serie de datos.

30. En un formato de una celda de Excel 2021, ¿qué significa un símbolo "#"?

a) Que ese espacio será ocupado por un número.
b) Una posición decimal.
c) Una posición entera.
d) Que ese espacio será ocupado por un carácter.

Solución al test n.º 35

1. a) Revisar.

2. c) Numéricos, de texto, horas y fechas.

3. d) El valor no cabe en la anchura de la celda.

4. d) Es un valor configurable.

5. c) El botón de lista *Formato*.

6. a) Cuando estás en una hoja distinta.

7. c) Definir la orientación.

8. b) 400 %.

9. c) Entre el borde superior y el margen superior.

10. c) Error de celda.

11. a) Fórmulas predefinidas.

12. d) Suma las celdas A1, A8 y la A10.

13. d) Suma la celda A1, una constante de 3 y la celda A8.

14. b) Devuelve el resto de una división.

15. d) Devuelve como resultado 0.

16. c) Eje X, Eje Y, Eje Z.

17. b) FALSO.

18. b) Se ha realizado un Filtrado.

19. c) Puede ser Alfabéticamente o Personalizadamente.

20. b) Es el área que ocupa la representación de las series de datos.

21. d) Ambas son falsas.

22. c) Punto.

23. a) 1 por 10 elevado a 3.

24. d) Ninguna es correcta.

25. c) Punto y Coma.

26. b) Entre otras cosas valores lógicos.

27. b) 8.

28. a) Redondea al número entero más próximo.

29. b) Eje de coordenadas.

30. a) Que ese espacio será ocupado por un número

TEST N.º 36

Bases de datos: Access 2021. Principales funciones y utilidades. Tablas. Consultas. Formularios. Informes. Relaciones. Importación, vinculación y exportación de datos

1. En un informe de Access, ¿cuál de las siguientes opciones podemos realizar?

a) Modificar y actualizar datos de las tablas.
b) Insertar y eliminar datos de las tablas.
c) Presentar, organizar y actualizar los datos de las tablas.
d) Presentar y organizar los datos de las tablas.

2. ¿Cuál no es un tipo de dato en el Access 2021?

a) Calculado.
b) Hipervínculo.
c) Número Grande.
d) Autonumérico.

3. En un informe tabular se muestran los campos:

a) En una fila horizontal con etiquetas de campo en la parte superior del informe.
b) En una fila horizontal con etiquetas de campo en la parte inferior del informe.
c) En una fila horizontal con etiquetas de campo en la parte central del informe.
d) En una columna vertical con etiquetas de campo en la parte central del informe.

4. Un formulario en Columnas muestra:

a) Cada registro se muestra en una página distinta, con los datos distribuidos en columnas.
b) Cada registro se muestra en una página distinta, con los datos distribuidos en Hojas de datos.
c) Cada registro se muestra en una página distinta, con los datos tabulados.
d) Los datos en forma de tabla, cada registro en una fila, unos debajo de otros.

5. La fila "O" de las consultas se denomina:

a) Fila de criterios.
b) Fila de condiciones.
c) Fila de criterios o Fila de condiciones.
d) Fila de excepciones.

6. ¿Cuál de las siguientes opciones no es una de las características de las consultas de acción?

a) Crear una tabla.
b) Crear subtotales con los datos.
c) Eliminar datos.
d) Actualizar datos.

7. Al modificar relaciones Uno a Varios podemos:

a) Actualizar y eliminar en cascada campos relacionados.
b) Solo actualizar en cascada campos relacionados.
c) Solo eliminar en cascada campos relacionados.
d) Actualizar y eliminar en cascada datos de campos.

8. La integridad referencial es:

a) Un conjunto de relaciones.
b) Un conjunto de valores no nulos.
c) Un conjunto de campos relacionados.
d) Un conjunto de reglas.

9. En el tipo de relación "Uno a Varios":

a) Cada registro de la tabla principal tiene más de un registro enlazado en la tabla relacionada.
b) Cada registro de la tabla principal puede tener más de un registro enlazado en la tabla relacionada.
c) Cada registro de la tabla relacionada tiene más de un registro enlazado en la tabla principal.
d) Cada registro de la tabla principal puede tener más de un registro enlazado en la tabla principal.

10. ¿Puede tener una tabla dos campos con el mismo nombre en Access 2021?

a) Solo si son de tipos de datos diferentes.
b) Solo si uno de ellos es clave primaria.

c) Solo si uno de ellos es clave secundaria de otra tabla de referencia.
d) No se puede en ningún caso.

11. Los nombres de los campos de Access tienen una longitud máxima de:

a) 128 caracteres.
b) 64 caracteres.
c) 256 caracteres.
d) 32 caracteres.

12. ¿Cuál de los siguientes pares no es un valor posible para los campos de tipo Sí / No?

a) Verdadero / Falso.
b) Activado / Desactivado.
c) Sí / No.
d) True / False.

13. En Access, ¿cuál de los siguientes nombres de campo es válido?

a) direccion[web]
b) precio.$
c) 1_id_moneda€
d) oferta!

14. En un campo de tipo "Fecha/Hora", ¿cuál de los siguientes no existe en Access 2021?

a) Fecha General.
b) Hora Larga.
c) Fecha Mediana.
d) Hora Completa.

15. En Access tenemos dos tablas: "Datos Albarán" y "Líneas Albarán". En Datos Albarán está la información relativa a cada albarán y en Líneas Albarán cada línea de los elementos del albarán. Siempre que se hace un pedido se emite un albarán aunque un albarán puede incluir también varios elementos. ¿Cuál de las siguientes relaciones es la que mantiene Datos albarán con Líneas albarán?

a) Varios a Varios.
b) Varios a Uno.
c) Uno a Varios.
d) Uno a Uno.

16. En Access, creamos una consulta para eliminar de la tabla de Productos aquellos registros cuyo valor en el campo activo sea igual a NO. ¿Cuál de los siguientes tipos de consulta deberemos utilizar?

a) Consulta de creación de tabla.
b) Consulta de selección.
c) Consulta de actualización.
d) Consulta de eliminación.

17. ¿Se puede usar un campo Número para almacenar un código postal en una tabla de Access 2021?

a) No es algo aconsejable pero sí se puede.
b) No se puede.
c) Se puede si es un campo vinculado con otra tabla.
d) Ninguna es correcta.

18. Un campo que contenga los apellidos de un cliente ¿puede ser clave principal de una tabla en Access 2021?

a) Depende de los valores de los apellidos.
b) Depende de los tipos de cliente.
c) Sí.
d) Sí, pero solo si existe integridad referencial.

19. Las siglas del lenguaje SQL de Access 2021 significan:

a) *Standard Query Language.*
b) *Structured Query Language.*
c) *Symbol Query Language.*
d) Ninguna es correcta.

20. ¿Cuál es una opción válida para importar datos desde Excel a Access 2021?

a) Importar el origen de datos a una nueva tabla.
b) Agregar el origen de datos a una tabla existente.
c) Vincular el origen de datos en una nueva tabla vinculada.
d) Todas son correctas.

Solución al test n.º 36

1. d) Presentar y organizar los datos de las tablas.

2. d) Autonumérico.

3. a) En una fila horizontal con etiquetas de campo en la parte superior del informe.

4. a) Cada registro se muestra en una página distinta, con los datos distribuidos en columnas.

5. c) Fila de criterios o Fila de condiciones.

6. b) Crear subtotales con los datos.

7. a) Actualizar y eliminar en cascada campos relacionados.

8. d) Un conjunto de reglas.

9. b) Cada registro de la tabla principal puede tener más de un registro enlazado en la tabla relacionada.

10. d) No se puede en ningún caso.

11. b) 64 caracteres.

12. c) Sí / No.

13. c) 1_id_moneda€

14. d) Hora Completa.

15. c) Uno a Varios.

16. d) Consulta de eliminación.

17. a) No es algo aconsejable pero sí se puede.

18. c) Sí.

19. b) *Structured Query Language.*

20. d) Todas son correctas.

TEST N.º 37

Correo electrónico: Outlook 2021. Conceptos elementales y funcionamiento. El entorno de trabajo. Enviar, recibir, responder y reenviar mensajes. Creación de mensajes. Reglas de mensaje. Libreta de direcciones

1. Di cuál es una dirección de correo válida:

a) persona@proveedorcom
b) www.proveedor.com
c) persona.proveedor.com
d) cta@cts.es.

2. La parte de la izquierda de una dirección de correo electrónico se denomina:

a) Dominio.
b) Organización.
c) Dominio de organización.
d) Nombre de Usuario.

3. ¿Cuál de las siguientes combinaciones de teclas es la que está asociada a "Responder a todos"?

a) Ctrol + R
b) Ctrol + Mayus+ R
c) Ctrol + F
d) Ctrol + U

4. Los clientes de correo POP:

a) Tienen que estar conectados todo el tiempo.
b) Los mensajes se descargan de golpe si están disponibles.
c) Los mensajes se descargan parcialmente aun sin estar disponibles.
d) Tienen que estar conectados a intervalos de 15'.

5. ¿Qué es un Hoax?

a) Un Bulo o Noticia falsa.
b) Suplantación de identidad.
c) Un virus.
d) Un error de configuración en el navegador.

6. El protocolo SMTP:

a) Permite recibir mensajes.
b) Permite enviar mensajes.
c) Permite enviar y recibir mensajes.
d) No es un protocolo.

7. Cuando un usuario envía un correo:

a) El mensaje se dirige primero hasta el buzón de correo de su proveedor de internet.
b) El mensaje se dirige primero hasta el buzón de correo del proveedor de internet del destinatario.
c) El mensaje se dirige primero hasta el buzón de correo del proveedor de internet del destinatario si es de tipo POP.
d) El mensaje se dirige primero hasta el buzón de correo del proveedor de internet del destinatario si es de tipo SMTP.

8. En Microsoft Outlook se pueden configurar:

a) Correos gratuitos.
b) Correos de proveedor de pago.
c) Tanto correos gratuitos como de proveedores de pago.
d) Correos de proveedor de pago, pero con licencia empresarial.

9. ¿Cuál de las siguientes expresiones no es correcta?

a) Los destinatarios incluidos en un campo CCO pueden recibir el correo y ver el resto de los destinatarios incluidos en los campos Para y CC, así como responderles.
b) Los destinatarios incluidos en un campo CCO no pueden ver a otros posibles destinatarios del campo CCO.
c) Ningún destinatario, independientemente del campo donde se encuentre, tendrá constancia de alguna dirección de correo electrónico incluida en CCO.
d) Solo los destinatarios del campo PARA podrán saber qué personas han recibido el mensaje en copia oculta.

10. La carpeta de correo no deseado o Spam contiene:

a) Correos recibidos con origen desconocido.
b) Correos enviados con destino sospechoso.

c) Correos recibidos o enviados con origen desconocido.

d) Correos enviados con destino sospechoso de los últimos 30 días.

11. Al pulsar la opción de imprimir de la ficha archivo, en Outlook, podemos elegir en la configuración entre "tabla" o "memorando"; ¿qué diferencia existe entre ambas opciones?

a) *Tabla* imprime la lista de correos y *Memorando* el correo seleccionado.

b) *Tabla* imprime el correo seleccionado y *Memorando* la lista de correos.

c) *Tabla* imprime el correo seleccionado y *Memorando* permite modificar la configuración de la impresión.

d) *Tabla* imprime el correo seleccionado en formato tabular y *Memorando* solo el asunto.

12. La opción "Responder a todos":

a) Responde al remitente y a los usuarios de la lista de contactos seleccionados previamente.

b) Responde al remitente y al resto de usuarios que estén en el mensaje.

c) Responde al remitente y solo a los usuarios del mensaje que estén en el CC.

d) Responde al remitente y solo a los usuarios del mensaje que estén en el "Para".

13. Los destinatarios del campo CC:

a) No son visibles para los del campo CCO.

b) Solo son visibles para los del campo PARA.

c) Solo son visibles para los del campo CC.

d) Son visibles para todos los destinatarios.

14. Las prioridades del mensaje pueden tener prioridad:

a) Alta y Media.

b) Alta, Media y Baja.

c) Alta y Baja.

d) Alta, Media y Normal.

15. La parte del entorno que permite ver una vista previa del correo seleccionado se llama:

a) Panel de lectura.

b) Visor de lectura.

c) Vista de lectura.

d) Panel de Vista.

16. Al reenviar un mensaje en el asunto aparecerá:

a) RE:
b) RW:
c) RS:
d) RV.

17. Las reglas de Outlook:

a) No pueden ejecutarse manualmente.
b) No pueden ejecutarse automáticamente.
c) Pueden ejecutarse manual o automáticamente.
d) No pueden ejecutarse manualmente, pero sí automáticamente.

18. Las reglas pueden aplicarse:

a) Solo para mensajes que se reciban.
b) Solo para mensajes que se envían.
c) Para mensajes que se envían o reciben.
d) Solo para mensajes que se envían de un determinado remitente.

19. La extensión de los archivos de archivado de mensajes es:

a) PST.
b) PTS.
c) PAT.
d) ICS.

20. El icono de seguimiento se corresponde en Outlook con:

Una flecha azul.
Una admiración roja.
Una bandera roja.
Una bandera azul.

21. La pestaña de ENVIAR y RECIBIR solo aparece visible:

a) Cuando estamos redactando un correo nuevo.
b) Cuando estamos dentro de la opción de correo.
c) Cuando tenemos marcado un correo de la bandeja de salida.
d) Ninguna es correcta.

22. Los mensajes no leídos:

a) Aparecen en fondo azul.
b) Tienen una banderita de color rojo.

c) Aparece un sobre abierto en azul.
d) Ninguna es correcta.

23. Al usar la opción de RESPONDER a TODOS:

a) No podemos usar el CCO.
b) Solo podemos usar el PARA y el CCO.
c) Podemos usar PARA, CC y CCO.
d) Ninguna es correcta.

24. La longitud máxima de una dirección de correo electrónica es de:

a) 400.
b) 250.
c) 254.
d) 350.

25. La longitud mínima de un correo electrónico es de:

a) 6.
b) 4.
c) 3.
d) 10.

26. ¿Cuál de las siguientes combinaciones de teclas es la que está asociada a "Responder"?

a) Ctrol + R
b) Ctrol + Mayus+ R
c) Ctrol + F
d) Ctrol + U

27. ¿Cuál de las siguientes combinaciones de teclas es la que está asociada a "Re-enviar"?

a) Ctrol + R
b) Ctrol + Mayus+ R
c) Ctrol + F
d) Ctrol + U

28. Sobre el correo electrónico indica cuál de las siguientes afirmaciones es falsa:

a) En el envío y recepción de un correo electrónico no es necesario que el emisor y receptor se encuentren conectados simultáneamente.
b) Entre otros, algunos de los protocolos que intervienen en la emisión y recepción son MIME, SMTP y POP3.

c) El uso de un cliente de correo tipo webmail requiere tener instalado el protocolo POP3 en el equipo local donde se utilice ese cliente web mail.

d) Existen herramientas que inspeccionan los correos electrónicos recibidos e intentan determinar si se trata de un correo basura o spam.

29. En Outlook 2021 de forma predeterminada en la característica de correo, ¿en qué pestaña y grupo de comandos se encuentra el comando nuevo mensaje de correo electrónico?

a) Pestaña enviar y recibir y grupo enviar.
b) Pestaña inicio y grupo enviar y recibir.
c) Pestaña enviar y recibir y grupo nuevo.
d) Pestaña inicio y grupo nuevo.

30. En Outlook 2021, sobre el envío respuesta y reenvío, ¿cuál de las siguientes afirmaciones es falsa?

a) Al responder a un mensaje se agrega el prefijo RE: a la línea del asunto.
b) Al responder a un mensaje, los datos adjuntos al mensaje original se incluyen en la respuesta.
c) Al reenviar un mensaje se agrega el prefijo RV: a la línea de asunto.
d) Varios mensajes de correo electrónico se pueden reenviar como una colección en un solo mensaje.

Solución al test n.º 37

1. d) cta@cts.es.

2. d) Nombre de Usuario.

3. b) Ctrol + Mayus+ R

4. b) Los mensajes se descargan de golpe si están disponibles.

5. a) Un Bulo o Noticia falsa.

6. b) Permite enviar mensajes.

7. a) El mensaje se dirige primero hasta el buzón de correo de su proveedor de internet.

8. c) Tanto correos gratuitos como de proveedores de pago.

9. d) Solo los destinatarios del campo PARA podrán saber qué personas han recibido el mensaje en copia oculta.

10. a) Correos recibidos con origen desconocido.

11. a) *Tabla* imprime la lista de correos y *Memorando* el correo seleccionado.

12. b) Responde al remitente y al resto de usuarios que estén en el mensaje.

13. d) Son visibles para todos los destinatarios.

14. c) Alta y Baja.

15. a) Panel de lectura.

16. d) RV.

17. c) Pueden ejecutarse manual o automáticamente.

18. c) Para mensajes que se envían o reciben.

19. a) PST.

20. c) Una bandera roja.

21. b) Cuando estamos dentro de la opción de correo.

22. d) Ninguna es correcta.

23. c) Podemos usar PARA, CC y CCO.

24. c) 254.

25. a) 6.

26. a) Ctrol + R

27. c) Ctrol + F

28. c) El uso de un cliente de correo tipo webmail requiere tener instalado el protocolo POP3 en el equipo local donde se utilice ese cliente web mail.

29. d) Pestaña inicio y grupo nuevo.

30. b) Al responder a un mensaje, los datos adjuntos al mensaje original se incluyen en la respuesta.

TEST N.º 38

La Red Internet: origen, evolución y estado actual. Conceptos elementales sobre protocolos y servicios en Internet. Funcionalidades básicas de los navegadores web

1. ¿Qué afirmación es correcta al respecto de Internet?

a) Internet es una red de ordenadores centralizada.
b) Internet es una red de ordenadores descentralizada.
c) Internet es un conjunto de ordenadores sin relación de ningún tipo.
d) Ninguna de las anteriores.

2. ¿Cuándo apareció el primer navegador Web?

a) En 1980.
b) En 1989.
c) En 1990.
d) En 1999.

3. La publicidad en la red de Internet se conoce como:

a) Banner.
b) Pop-Ups.
c) Chats.
d) Cookies.

4. ¿Cómo se denomina a la red local de datos?

a) WAN.
b) UMTS.
c) WiFi.
d) LAN.

5. ¿Cuál de los siguientes términos no está relacionado con protocolos de Internet?

a) TCP/IP.
b) HTTP.
c) Java.
d) FTP.

6. El lugar donde se ofrecen páginas de Internet para ser consultadas se denomina:

a) Proxy.
b) Server.
c) Gateway.
d) Rúter.

7. Para convertir un nombre de dominio en una dirección IP pública a la que poder acceder se hace uso de:

a) DNS.
b) NDS.
c) SDN.
d) Gateway.

8. Para proteger nuestro PC de accesos indeseados, se puede hacer uso de:

a) Gateway.
b) Router.
c) Firewall.
d) Ninguna de las respuestas anteriores es correcta.

9. ¿Cuál es una de las particularidades del protocolo TCP/IP?

a) Es un protocolo específico para dispositivos móviles.
b) No permite detectar paquetes perdidos.
c) Permite identificar paquetes no recibidos y solicitarlos de nuevo.
d) Ninguna de las anteriores.

10. ¿Qué pretenden los operadores con el uso del CG-NAT?

a) Usar una misma IP pública para varios usuarios.
b) Aumentar la velocidad de las conexiones.
c) Generar más tráfico en la red.
d) Ninguna de las anteriores.

11. Indica cuál de las siguientes direcciones IP es errónea:

a) 192.168.2.1
b) 192.256.2.5

c) 80.52.63.5
d) 123.2.1.1

12. Indica cuál de las siguientes opciones no es un navegador de Internet:

a) Edge.
b) Chrome.
c) Safari.
d) Filezilla.

13. Para ver el histórico de navegación en Edge, podemos hacer uso de la combinación de teclas:

a) Ctrl + Mayús + H.
b) Ctrl + H.
c) Mayús + H.
d) Ninguna de las anteriores

14. ¿Qué formato de compresión de imágenes se suele usar para las webs?

a) RAW.
b) MPEG.
c) JPG.
d) BMP.

15. Los enlaces a páginas web o partes de un documento se denominan:

a) Vínculos.
b) Anclas.
c) Extensiones.
d) Ventanas.

16. ¿Como se denomina al objeto referente a guardar una página web para visitarla de forma más fácil posteriormente?

a) Marcador.
b) Favorito.
c) Las dos respuestas anteriores son correctas.
d) Vínculo.

17. La memoria donde se carga parte de la página web que se visita para navegar más rápido y transmitir únicamente los cambios en la misma se denomina:

a) Cookie.
b) Caché.
c) Historial.
d) Marcador.

18. ¿Qué son las cookies de un navegador Web?

a) Son una memoria para acceder más rápidamente a las webs.
b) Son los datos del usuario que se almacenan al acceder a ciertas webs para agilizar su uso en futuros accesos.
c) Son elementos que dificultan la navegación a través de internet.
d) Son virus que ralentizan la navegación.

19. ¿Qué servicios se pueden utilizar para hacer copias de seguridad de datos o compartir archivos en la nube?

a) Facebook.
b) DropBox.
c) Twitter.
d) Ninguno de los anteriores.

20. El contenido de la red y los niños es un tema que se trata en una disciplina denominada:

a) Ciberética.
b) Proveedores.
c) El protocolo TCP.
d) Ninguna de las respuestas anteriores es correcta.

21. ¿Cuál es la forma de acceso a internet más utilizada a día de hoy en los hogares?

a) Modem RTC.
b) UMTS.
c) Fibra.
d) Radio.

22. El símbolo utilizado para separar el nombre de usuario del servidor en las direcciones de correo electrónico es:

a) Q
b) O
c) &
d) @

23. Para conectar con un ordenador remoto con la finalidad de darle órdenes se utiliza el protocolo:

a) Telnet.
b) HTML.
c) TCP/IP.
d) FTP.

24. ¿Qué es un dominio informático en relación con Internet?

a) Una posesión.
b) Una dirección única en internet.
c) Un hardware para conectarse más rápidamente.
d) Ninguna de las respuestas anteriores es correcta.

25. Para navegar con seguridad es conveniente realizar ¿cuál de las siguientes opciones?

a) Entrar solo en sitios conocidos.
b) Usar antivirus.
c) Usar Firewall.
d) Todas las respuestas anteriores son correctas.

26. En los contenidos Web debería prevalecer para facilitar su visualización y navegabilidad ¿qué característica?

a) La simplicidad y claridad.
b) El diseño y la multitud de datos.
c) La inclusión de la mayor cantidad de datos posible para que el usuario tenga todo a su disposición.
d) Ninguna de las respuestas anteriores es correcta.

27. Indica cuál de las siguientes opciones no es un buscador de internet:

a) Google.
b) DuckDuckGo.
c) Bing.
d) Gmail.

28. Para preservar la confidencialidad de la información, convendría usar ¿qué buscador de contenidos?

a) Google.
b) Bing.
c) Duckduckgo.
d) Ninguno de los anteriores.

29. El nuevo protocolo de asignación de IP previsto para disponer de más números se denomina:

a) IPv4.
b) IPv6.
c) IPv5.
d) IPv3.

30. Para optimizar la navegación por internet conviene, de vez en cuando ¿qué acción realizar?

a) Borrar cookies y caché.
b) Dejarlo todo como está.
c) Navegar sobre todo de noche cuando hay menos tráfico.
d) Ninguna de las anteriores.

31. La organización que vela por los estándares a utilizar en la Web se denomina:

a) W3C.
b) WAC.
c) 3WC.
d) WWW.

32. ¿Cuál de las siguientes aplicaciones se utiliza para chats o videoconferencias?

a) Facebook.
b) Skype.
c) Onedrive.
d) Anydesk.

33. El tipo de comercio utilizado para realizar transacciones entre consumidores particulares se denomina:

a) B2B.
b) B2C.
c) B2G.
d) C2C.

34. ¿Qué velocidad de transferencia podrá alcanzar el 5G de móvil?

a) 100 Mbps.
b) 1 Gbps.
c) 10 Gbps.
d) 100 Gbps.

35. ¿Qué utilizan actualmente los proveedores de internet para dotar de IPs a los clientes y facilitarles acceso a internet?

a) CGNAT.
b) Virtual Com.
c) DNS.
d) Emails.

Solución al test n.º 38

1. b) Internet es una red de ordenadores descentralizada.

2. c) En 1990.

3. a) Banner.

4. d) LAN.

5. c) Java.

6. b) Server.

7. a) DNS.

8. c) Firewall.

9. c) Permite identificar paquetes no recibidos y solicitarlos de nuevo.

10. a) Usar una misma IP pública para varios usuarios.

11. b) 192.256.2.5.

12. d) Filezilla.

13. a) Ctrl + H.

14. c) JPG.

15. a) Vínculos.

16. c) Las dos respuestas anteriores son correctas.

17. b) Caché.

18. b) Son los datos del usuario que se almacenan al acceder a ciertas web para agilizar su uso en futuros accesos.

19. b) DropBox.

20. a) Ciberética.

21. c) Fibra.

22. d) @.

23. a) Telnet.

24. b) Una dirección única en internet.

25. d) Todas las respuestas anteriores son correctas.

26. a) La simplicidad y claridad.

27. d) Gmail.

28. c) Duckduckgo.

29. b) IPv6.

30. a) Borrar cookies y caché.

31. a) W3C.

32. b) Skype.

33. d) C2C.

34. b) 1 Gbps.

35. a) CGNAT.

Cómo acceder al Curso

Auxiliar Administrativo/a
Test del temario

El uso de los códigos **es exclusivo de los compradores de los productos de Editorial MAD**. Cada producto posee un código único y de un solo uso. Es personal e intransferible y da acceso a servicios y contenidos adicionales. Editorial MAD se reserva el derecho de hacer cuantas comprobaciones sean necesarias para identificar al legítimo poseedor del código y dejar de dar servicio a quien haga uso fraudulento del mismo, además de emprender cuantas acciones legales estime oportunas según la legislación vigente.

Deberás acceder a:

mad.es/registro-campus

Si una vez aceptadas las condiciones de uso del Campus decides hacer uso del mismo, necesitarás del siguiente código de acceso junto con los códigos del resto de títulos que se exigen (si fuera el caso):

3B8QKDPV95